이재명 죽이기

김준엽 지음

이재명 죽이기

2023년 6월 15일 초판 1쇄 인쇄
2023년 6월 23일 초판 1쇄 발행

펴낸곳	이로츠
지은이	김준엽
디자인	이로츠
출판등록	2016년 3월 15일(제 2016-000023호)
주소	인천광역시 미추홀구 경원대로780번 길 22, 108동 1903호
문의	yrots100@gmail.com
ISBN	979-11-980209-2-5 03300

이재명 죽이기

김준엽 지음

이로츠

머리말

강도 일본이 우리의 국호를 없이 하며, 우리의 정권을 빼앗으며, 우리 생존의 필요조건을 다 박탈하였다. 경제의 생명인 산림·천택川澤·철도·어장 내지 소공업의 원료까지 다 빼앗아 일체의 생산기능을 칼로 버이며 도끼로 끊고, 토지세·가옥세·인구세·가축세·영업세·청결세·소득세······ 기타 각종 잡세가 날로 증가하야 혈액은 있는 대로 다 빨아가고, 여간(어지간한) 상업가들은 일본의 제조품을 조선인에게 매개하는 중간인이 되어 차차 자본집중의 원칙 하에서 멸망할 뿐이다. 대다수 인민, 곧 일반 농민들은 피땀을 흘리어 토지를 갈아, 그 종년終年 소득으로 일신一身과 처자의 호구거리도 남기지 못하고, 우리를 잡아먹으려는 일본 강도에게 진공進供하야 그 살을 찌워주는 영원한 우마가 될 뿐이요, 끝내 우마의 생활도 못하게 일본 이민의 수입이 연년 고도의 속률(해마다 높고 빠른 비율로)로 증가하여 딸깍발이(일본인, 게다를 신을 때 나는 소리에 빗대어 일컬음) 등쌀에 우리 민족은 발 디딜 땅이 없어 산으로 물로, 서간도로, 북간도로, 시베리아의 황야로 몰리어 가 배고픈 귀신이 아니면 정처 없이 떠돌아다니는 귀신이 될 뿐이다.

이 글은 조선의열단 단장 김원봉의 부탁을 받고 단재 신채호 선생이 쓴 '조선혁명선언'의 도입부다. 상하이에 머물고 계시던 신채호 선생은 1923년 1월, 1개월에 걸친 고뇌 끝에 선언문을 완성한다. 의열단원들은 이 글을 자신들의 강령으로 인식했다. 의열단원들은 거사 후 인쇄한 이 선언문을 현장에서 살포하기도 했다. 또한, 이 글은 3.1운동 이후 조선 내에서 싹트고 있던 자치론, 내정독립론 등 기회주의적인 흐름을 향한 준엄한 경고이기도 했다.

노무현 전 대통령이 비명에 가신 2009년, 김대중 전 대통령은 생의 마지막 연설에서 "할 수 있는 게 없으면 벽에 대고 욕이라도 하라"고 했다. 이 책은 김대중 전 대통령의 이 말에서 비롯했다. 내가 벽에 대고 욕하는 마음으로 이 책을 쓴 이유는 신채호 선생이 울분에 찬 선언문으로 경계하고 비판했던 사대주의와 기회주의가 윤석열 정권이라는 기괴한 권력의 등장과 함께 다시 머리를 들고 있기 때문이다. 또 하나의 이유는, 한 명의 시민으로서 내가 선택했던 지도자가 꼭 기억하고 실천했으면 하는 오래된 지혜들을 발굴해 주고 싶은 마음에서다.

1987년 민주화 이후, 자신들의 '초법적 자유'가 상실됐다고 믿는 수구 기득권 세력들은 자신들을 불편하게 만드는 인물들을 온갖 방법을 동원하여 제거하려고 했으며, 지금도 그 일을 멈추지 않고 있다. 김대중, 노무현, 조국, 그리고 이재명에 이르기까지 가용할 수 있는 모든 수단을 동원하여 사회적, 심지어 육체적 죽음으로까지 몰아가고 있다. 그러나 기득권 세력의 폐해와 기득권의 저항이 비단 오늘날 나타난 특별한 일은 아니다. 그들은 시대를 불문하고 역사가 진보하는 순간마다 등장해서 발목을 잡고, 자신들이 가진 '초법적 자유'를 유지하기 위해 수단과 방법을 가리지 않았다.

이 책을 통해 나는 역사 속에서 기득권 세력은 누구였으며, 그들에 맞서 역사의 진보를 꿈꾸던 사람들은 누구였는지 밝히고 그 과정에서 우리에게 주는 교훈과 지혜를 오늘을 사는 시민들과 함께 찾아보려 한다. 임진왜란의 참화에서 나라를 구했으나 결국 정치의 희생양이 된 서애 류성룡과 여해 이순신, 삼전도의 치욕을 씻어내려 했던 백호 윤휴, 왕권을 농단하는 문정왕후를 추상같이 비판한 남명 조식, 혁명적 토지개혁을 주장한 삼봉 정도전 등 오늘의 우리를 있게 한 개혁가들의 지혜가 어느 때보다 필요한 시대를 지나고 있기 때문이다.

이 책에 등장하는 인물들은 한결같이 난세 또는 격변의 시대를 살다 갔다. 이재명이라는 인물 또한 그들 못지않은 격변의 시대를 지나고 있다. 또한, 우리 사회 기득권인 검찰, 언론, 재벌, 냉전 극우세력이 펼치고 있는 '이재명 죽이기'에 응전 중이기도 하다. 감히 주장하건대 이재명이 겪고 있는 모멸과 탄압은 오래전부터 이어져 오는 개혁가의 필연적 과정일 뿐이다.

춘추전국시대에 천하를 주유하며 올바른 군주를 찾아다니던 공자는 자신이 생각하는 이상적 사회에 대한 정의를 내린다. 첫째, 천하위공天下爲公의 사회다. 사적인 것이 없이 모든 것이 공적인 사회를 말한다. 곧 모든 백성이 평등한 사회로서 공자는 '대동大同사회'라 했다. 둘째, 천하위가天下爲家의 사회다. 자신의 부모와 자식만을 극진히 여기는 사회를 말한다. 공의公義와 대의大義보단 개인의 행복과 가족의 이익이 우선시 되는 사회이다. 공자는 이를 '소강小康사회'라고 명명했다. 셋째, 혼란과 탐욕이 세상을 지배하는 사회, 이를 '난세亂世'라고 했다. 공자가 살았던 춘추전국시대는 난세 중의 난세였다. 공자는 난세를 평정하고 자신의 지혜를 전해줄 올바른 군주를 찾아서 천하를 주유했다. 만약, 오천오백만 모두가 군주인 2023년 '난세 초입'의 대한민국에 공자가 온다면 과연 어떤 지혜를 내줄 것인가? 나는 우리 국민이 '올바른 군주'로 공자에게 선택받길 꿈꾸며 이 책을 썼다. 이는 이 책을 쓴 세 번째 이유이기도 하다.

끝으로 이 책을 집필하며 마주한 역사는 21세기 대한민국에서 살아가게 해주신 부모님께 감사하는 마음을 절로 들게 했다. 특히 아버지 없이 나를 건강한 시민으로 성장하게 해주신 어머니께 특별한 감사를 전하고 싶다. 나의 첫 번째 책에 이어 이 책의 출간을 성심껏 도와준 아우 훈태에게도 감사를 전한다. 끝으로 이 책을 읽을 시민들께는 감사한 마음 전에 부족한 글로 인해 미안한 마음이 앞선다. 같은 시대, 같은 국가에서 함께 살아가는 '일국의 국민'이 절실한 마음을 담았다고 생각하고 널리 이해해 주시길 당부드린다.

- 2023년 5월 17일 김준엽

차례

1장
어제의 이재명을
추적하다

1964년, 우리들의 블루스

．

역사의 혹은 역사 이전의 모든 단계에서 인간은 누구나 사회 속에서 태어나고, 아주 어렸을 적부터 그 사회에 의해서 형성된다. 인간이 사용하는 언어는 개인적인 상속물이 아니라 그가 성장해온 집단에서 사회적으로 취득된 것이다. 언어뿐만 아니라 환경도 인간의 사유의 성격을 결정하는 데에 기여한다. 아주 어렸을 적의 인간이 사회로부터 분리된다면 말할 수도 생각할 수도 없을 것이다.

― E. H. 카 [1]

1964년 8월 4일은 한국군의 베트남 전쟁 파병안이 대한민국 국회에서 통과된 날이다. 2차 세계대전이 끝난 뒤 동아시아를 휩쓸고 있던 내전의 한가운데에 내전을 끝낸 지 갓 10년이 지난 대한민국 군대가 파병된 것이다. 종전 직후인 1946년에 시작된 인도차이나 전쟁(베트남 독립전쟁)은 베트남 분단을 만들어내고, 결국 베트남의 분단은 1955년에 이르러 한국전쟁에서 달궈진 미군의 총구를 베트남으로 향하게 만든다. 한국전쟁으로 그려진 냉전의 밑그림 위에 선명한 대결 구도가 다시 형성되어 20년간의 참혹한 비극이 시작된 것이다. 이런 가운데 한국군은 자신들이 10년 전에 겪은 동족상잔의 참극으로 다시 들어가게 된다.

또한, 같은 해 인도양 넘어 아프리카 대륙 동쪽에선 1961년 독립한 탕가니카와 1963년 독립한 잔지바르가 통합하여 탄자니아라는 독립국을 탄생시켰으며, 말라위, 잠비아, 몰타 등이 영국식민지로부터 독립하게 된다. 그뿐만 아니라, 1964년엔 중국이 핵실험에 성공하고, 미국 흑인 인권운동의 상징 마틴 루터 킹 목사가 노벨평화상을 수상했으며, 패전국 일본이 올림픽을 성공적으로 개최하여 재도약의 발판을 마련하기도 했다. 프랑스 드골 대통령은 70년대 시작된 미국과 중국 간의 관계 개선보다 10년 앞서

1965년 한일협정의 굴욕

① 재일동포의 법적 지위 및 영주권 문제 등이 일본 정부의 임의적 처분에 맡겨짐.

② 문화재 및 문화협력에 관한 협정은 일제가 35년간 불법으로 강탈해간 모든 한국 문화재를 일본의 소유물로 인정해 버림.

③ 위안부, 사할린 동포, 원폭 피해 문제 등은 아예 거론조차 못 함.

④ 독도 문제도 논란의 소지를 남겼다. 당시 일본 측 협상 대표는 1962년 9월 "독도는 크기가 히비야 공원 정도밖에 안 된다. 폭파라도 해 버리자"라고 주장했고, 일본 외상 오히라는 "국제사법재판소의 판단을 구하자"라고 주장한 바 있었다. 당시 우리 측 협상 대표인 중앙정보부장 김종필은 "제3국에 조정을 맡기자"라는 역제안을 해 논란거리를 남겼다. 조인 직전인 1965년 4월에도 일본은 한국 정부에 "다케시마의 불법 점거에 관하여 엄중 항의한다." 문서를 보내 국교 정상화가 한국의 독도 지배를 인정한 것이 아니라는 점을 분명히 했다.[2]

중국공산당을 승인하고, 중국공산당과의 교류를 시작한다.

1964년 한국 또한 대혼돈의 시기를 겪고 있었다. 5.16 군사쿠데타 이후 민선 대통령에 취임한 박정희 대통령이 밀실에서 추진한 한일국교 정상화 협상에 반대하는 6.3항쟁이 일어났으며, 군사정권은 서울지역에 비상계엄령을 선포하면서 극단의 상황으로 치닫고 있었다.

이런 가운데 8월엔 중앙정보부가 통일혁명당 간첩단 사건을 발표하고, 이후 한국 사회는 민주화, 인권이 아닌 '반공'이 국시가 되어 본격적인 공포정치 시대로 접어들게 된다. 공포정치의 명분은 국시로 내세운 반공과 경제개발이었다. 반공은 끊임없이 발표된 간첩단 사건으로 구현해 나갔으며, 경제개발은 1963년 시작된 독일 파견 광부와 간호사들로부터 시작되었다. 1964년 12월 한일 협상을 마무리한 박정희 대통령은 독일을 방문하여 1차 파독 광부와 간호사들을 접견한다. 식민지를 겪으며 생겨난 코리안 디아스포라가 해방 후엔 경제개발이라는 절대 가치를 실현하기 위해 빠른 속도로 증가하게 된다. 박정희 정권이 끝나는 1980년까지 계속된 독일 파견 외화벌이에 연인원 1만여 명이 참가한다.

인간은 1960년대라는 격동의 시대에도 변함없이 어딘가에서 '본의 아니게' 태어나서 각양각색의 사회에 던져지고 있었다. 이재명도 예외 없이 '본의 아니게' 1963년 지구촌에서 가장 외진 변방이며, 전쟁의 흔적이 고스란히 남아 있는 분단의 땅 대한민국에, 그것도 조선이라는 구시대의 잔재가 가장 선명하게 남아 있는 경상북도 안동에서 태어난다. 이재명의 출생지는 1960년대에 미국에서 등장하기 시작한 '중산층' 가정도 아니고, 그럴듯한 상류사회의 멤버십도 없이 동시대 지구인이 겪을 수 있는 가장 힘든 환경이었다. 한마디로 이재명은 60년대 목소리 없는 한국인 가운데 한 사람이었다.

근대 이후 모든 인간은 하늘이 부여한 존엄한 존재라는 결론에 이르게 된다. 인간은 지난 수천 년간의 경험으로 깨달은 자연권을 자유/평등/박애라는 가치로 승화시켜 국민국가를 만들었으며, 그것이 오늘에 이르고 있다. 1963년 시작된 이재명의 삶은 출생과 동시에 잃어버린 자신의 자연권을 회복하고, 자유/평등/박애라는 인류 보편가치가 유보된 사회를 변화시키려는 치열한 항쟁이었다.

1964년 당시 주요 국가 지도자
- 대한민국 : 박정희(1917년 11월 14일 ~ 1979년 10월 26일)
- 미국 : 린든 B. 존슨(1908년 8월 27일 ~ 1973년 1월 22일)
- 중국 : 마오쩌둥(1893년 12월 26일 ~ 1976년 9월 9일)
- 소련(러시아) : 흐루시초프(1894년 4월 15일 ~ 1971년 9월 11일) /
  브레즈네프(1906년 12월 19일 ~ 1982년 11월 10일)-10월 이후 집권
- 일본 : 이케다 하야토(1899년 12월 4일 ~ 1965년 8월 13일) /
  사토 에이사쿠(1901년 3월 27일 ~ 1975년 6월 3일) 11월 이후 집권

1

어제의 이재명을 추적하다

1971년, 생존이 곧 승리인 싸움

•

1971년 4월 27일, 1969년 3선 개헌으로 다시 한번 대통령선거 출마 자격을 획득한 박정희 대통령과 40대 기수론 돌풍으로 야당의 대통령 후보가 된 김대중 후보 간의 대격돌이 벌어졌다. 이후락 중앙정보부장이 주도한 관권, 금권 선거가 횡행한 가운데 민주공화당 후보로 나선 박정희 대통령은 3선에 성공하게 된다.[3] 중앙정보부의 온갖 부정선거와 집권여당의 치졸한 지역주의 전략에도 불구하고 백만 표 차로 끝난 선거 결과는 박정희 정권에게 큰 위협으로 다가왔다. 대선 한 달 뒤 치러진 국회의원선거에서 야당인 신민당은 개헌저지선 이상의 의석을 확보하며 확고한 견제세력으로서의 위상을 세우게 된다.[4] 이에 위기를 느낀 박정희 정권은 이듬해인 1972년 유신헌법을 통해 영구 총통 시대를 시작하고, 1973년 8월 8일엔 최대의 정적인 야당 지도자 김대중을 일본 도쿄에서 납치하고, 살해를 시도하다 미국 CIA에 저지당하는 천인공노할 만행까지 저지르기에 이른다.

'1971년 김대중'이 '2023년 이재명'에게
중앙정보부의 정보정치 피해자가 검찰(법무부)의 수사정치 피해자에게

나는 정권을 잡으면 정보정치를 일소할 것입니다. 오늘날 이 나라는 말만 민주주의입니다. 백성 민民, 임금 주主 백성이 주인이라는 것입니다. 그러나 새빨간 거짓말입니다. 백성에게 선거의 자유가 없습니다. 야당 유세장엔 나오지도 못하고 가더라도 박수를 치지 못합니다. 중앙정보부는 언론을 완전히 장악했습니다. 그래서 신문과 방송이 사실을 보도하지 못하도록 하고 있습니다. 부정선거를 지휘하고 야당을 탄압하고 분열시키고 심지어 여당조차도 박정희 1인 독재에 반대한 사람은 살아남지 못합니다.

재작년 삼선개헌 때 반대한 공화당 국회의원들은 지하로 끌려가서 몽둥이로 맞고 온갖 고문을 당했습니다. 삼선개헌 하면 나라가 망한다고 공화당 의장직을 그만두고 탈당한 김종필이라는 사람이 오늘날 자기 마음에도 없는 소리를 하고 돌아다니는 것도 정보정치의 압력 때문에 그런 것입니다.

민주주의는 공산당을 이깁니다.

중앙정보부는 학생들을 괴롭히고 학자와 문화인들을 탄압하고 있으며 못 하는 일이 없습니다. 경제에 개입해서 모든 이권에 간섭합니다. 요즘도 경제인들을 수백 명 불러다가 "김대중에게는 돈을 주지 마라. 만일 돈을 주었다가는 너희 사업을 아주 망쳐놓겠다"라고 협박해서 절대로 안 준다는 각서를 받고 있습니다. 그리고 이런 각서를 썼다는 말도 밖에 나가서 안 하겠다는 각서를 또 한 장 받고 있습니다.

중앙정보부는 독재의 본산입니다. 이 같은 정보정치를 그대로 놔두면 이 나라의 암흑과 독재는 영원할 뿐 아니라 국민 여러분의 권리와 자유가 소생될 길이 없습니다. 내가 정권을 잡으면 중앙정보부를 단호히 폐지해서 국민의 자유를 소생시킬 것을 여러분 앞에 약속드립니다.

_ 1971년 4월 18일, 신민당 김대중 후보 장충단공원 연설 중

대선과 총선이 끝나고 얼마 지나지 않아 1971년 8월 10일 자 동아일보에 '불하 땅값 인하 요구 광주단지 대규모 난동'이라는 제목의 기사가 실렸다.

1

10일 오전 10시경 경기도 광주군 중부면 광주대단지 주민 오만여 명은 탄리 성남출장소 뒷산에 모여 각종 세금면제와 실업자 구제, 토지불하 가격인하 등 세 가지 조건을 내걸고 서울시장을 만날 것을 요구하다가 약속시간인 오전 11시가 지나도록 양시장이 나타나지 않자 격분, 오전 11시 45분 이 중 삼백여 명이 성남출장소에 방화, 본관 건물을 전소케 하고 광주대단지 사업소장의 승용지프차 및 서울관 7492호 신진에이스를 불태우는가 하면 몽둥이를 휘두르며 지나가며 지나가는 차량들을 빼앗아 타고 거리를 질주하는 난동을 부렸다.

인구 14만 명이 살고 있는 광주대단지는 당초 서울시가 일백여 개의 공장을 유치키로 하고 지난 선거(71년 대통령선거)때 주민들에게 짧은 시일 안에 공장을 설립하여 실업자를 구제해 주겠으며 광주대단지가 완전히 개발될 때까지 각종 세금을 면제해 주겠다고 공약했었으나 현재까지 가동 되고 있는 공장은 대영타이어 공장 등 세 개 공장뿐이며 이것마저도 서울시가 공약한 직공들의 10분의 1밖에 취업시키지 않았고 며칠 전에는 면세해 주겠다는 세금마저 고지서가 나와 주민들의 불평이 일기 시작했었다.[5]

이 기사에서 난동으로 묘사된 '광주대단지 사건'은 대한민국 60, 70년대를 상징하는 사건이다. '이촌향도離村向都', '수출입국', '저임금', '판자촌', '부동산 투기' 등 개발도상국으로 진입한 국가들이 예외 없이 거쳐 가는 사회 현상이 6시간 동안 벌어진 광주대단지 사건에 압축되어 있다.

성공회대학교 김동춘 교수는 광주대단지 사건은 당시 박정희 정권의 경제정책에 내재해 있던 필연적 사건이었다고 말한다.

박정희 정권의 경제성장 전략은 농촌 희생과 공업 우선, 민중 배제와 대기업 위주의 근대화로 집약할 수 있는데 정책 결정 과정에서 사회 구성원의 동의나 합의의 절차를 무시하는 경향이 많았다. 1970년 전후 박정희 정권의 밀어붙이기식의 판잣집 강제철거와 무허가 정착지 조성사업은 그러한 정책의 전형이었다. 박정희 정권은 판잣집을 도시미관에 방해가 되는 쓰레기 정도로 간주하였다. 빈민들에 대한 아파트 입주권 부여나 강제철거 정책에 한계에 부딪힌 상황에서, 일자리, 교통, 환경 등 구체적인 자족 도시 조성 대책이 결여된 채 서울시는 수도권의 남부의 한 지역으로 빈민들을 집단이주 시키려는 정책을 입안하였고, 광주대단지의 조성은 이 점에서 처음부터 폭발의 뇌관을 안고 있었다.[6]

1969년부터 군사작전같이 전개된 서울 도심 정비사업으로 청계천 일대와 용산, 영등포 등 서울 시내 판자촌은 철거반원들의 무자비한 폭력에 하나둘씩 무너지고 그곳에 머물던 10만 명의 철거민들은 지금의 성남 중원구, 수정구에 해당하는 당시 경기도 광주군에 있는 허허벌판에 강제로 내던져진다. 철거민들은 전기와 수도, 화장실도 없는 황무지에 결국 지켜지지 않을 작은 약속(① 한 가구당 20평씩 평당 2천 원에 분양(경기도가 청구한 실제 금액은 8천 원~1만6천 원), ② 입주하고 3년 뒤부터 분할상환, ③ 공장을 세워 일자리를 창출)을 받아든 채 무참하게 버려진 것이다. 1930~1937년까지 소련의 스탈린에 의해 자행된 20만 고려인 강제 이주와 다를 바 없는 반反인권의 상징 같은 사건이었다.

1

8월 10일 사건이 벌어진 후 3일이 지난 8월 12일, 정부는 경기도 광주군 성남출장소 관할이던 광주대단지 일대를 성남시로 승격하고, 상하수도 등 기본적인 생활환경 개선 사업과 일자리 창출 사업을 발표하고 철거민들의 요구 사항을 받아들이게 된다.

양택식 서울시장과 전성천 목사 등 투쟁위 측의 합의사항 [7]
① 전매입주자들의 대지 가격도 원 철거 입주자와 같이 취급한다.
② 주민복지를 위하여 구호양곡을 방출하고 자조 근로 공사를 아울러 실시한다.
③ 경기도 당국과 협의하여 취득세부과는 보류토록 하겠으며 그 밖의 세금도 가급적 면제되도록 중앙정부와 협의하겠다.
④ 주민들은 당국과 협조하여 계속 지역발전에 노력해 줄 것을 바란다.
※ 2021년 6월 10일, 성남시의회는 조례 개정을 통해 '8·10 성남(광주대단지) 민권운동'으로 명칭을 확정한다.

한국학중앙연구원 임미리 박사는 민주화운동기념사업회 한국민주주의연구소에서 발간한 《기억과 전망》 2012년 여름호에 실린 논문 [1971년 광주대단지 사건의 재해석—투쟁 주체와 결과를 중심으로]에서 당시 광주대단지에 대해 다음과 같이 평가한다.

철거민들은 빈곤 때문에 삶터에서 쫓겨나 광주대단지로 강제이주 당하면서 첫 번째 사회적 배제를 겪어야 했고 그것은 빈곤의 악화와 교육기회의 차단을 낳았다. 국민 대부분의 소득이 올라가고 교육을 통한 신분상승을 꿈꾸던 시기에 대단지 주민들은 '산모가 아기를 삶아 먹'을 정도의 굶주림에 시달리며 불만과 공포로 날을 새워야 했다. 그리고 사건 이후에 맞게 된 두 번째 사회적 배제는 지금까지도 이어져 주민들의 마음 속에, 그리고 성남시 역사에 상처로 남아 있다.[8]

임미리 박사의 평가처럼 당시 광주대단지는 배제에서 다시 배제된, 그 늘을 넘어 어둠의 경계에 내몰린 최악의 공간이었다.

1976년, '소년 이재명'은 더욱 거세진 '이촌향도'의 물결을 따라 광주대단지 철거민의 함성이 살아 있던 경기도 성남시로 흘러든다. 당시 성남시 엔 가발, 스포츠용품, 시계 공장 등 중소형 공장들이 밀집해 있었다. 15살이 되던 해 소년 이재명은 열다섯 번째 공장에 취직했다고 한다. 15살에 열다섯 번째 공장이라는 말은 그 당시 '소년 노동'의 열악한 현실을 적나라하게 보여준다. 소년 이재명은 스포츠 장갑을 만드는 공장에서 프레스공으로 일하다 손이 프레스에 끼는 사고를 당하게 된다. 이재명의 굽은 팔은 그곳에서 생긴 노동의 상처다. 이재명은 당시 공장 노동자들의 상황을 다음과 같이 이야기했다.

"내가 곁눈질로 겨우 기술을 배운 선임 기술자는 한쪽 손의 손가락이 두 개였다. 인상이 험하고 그만큼 폭력적이었고 여공들을 자주 괴롭혔다. 그는 초등학교를 나왔고, 군대에 가기 전이었으니 고작 열여덟, 열아홉이었다. 하긴 군대에 갈 수도 없었다. 그 나이에 벌써 양손 손가락이 합쳐서 일곱 개뿐이었으니 말이다."[9]

노동자들의 손가락을 제물 삼은 경제개발의 깃발 아래, 모든 시민의 권리가 유보된 엄혹한 시절에 아예 존재조차 지워져버린 도시의 제일 끝자락 성남의 판자촌에서 갸륵한 소년의 꿈이 본격적으로 성장하기 시작한다.

1

어제의 이재명을 추적하다

유시민 작가는 2023년 3월에 시민언론 민들레에 기고한 '수모(受侮)를 견디는 힘'이란 제목의 칼럼에서 이재명 더불어민주당 대표를 향해 다음과 같이 권면한다.

대중에게 '정치가'로 인정받으려면 오랜 시간 수모를 견뎌야 한다. 대의를 위해 작은 이익을 버리면서도 현실 정치판에서 밀려나지 않고 생존해야 한다. 수모를 견디는 능력이 없이 진보 정치의 지도자가 된 사람은 없었다. 김대중 대통령과 노무현 대통령이 어떤 수모를 견뎠는지는 굳이 말하지 않겠다. 문재인 대통령도 2012년 대선에서 낙선한 후 민주당 대표를 하는 동안 경쟁하는 정당뿐 아니라 안철수·박지원 등 민주당 내부의 반대 세력에게 비열한 모욕을 숱하게 당했다…(중략)… 인간 이재명은 수모를 견디는 힘이 뛰어나다. 다른 능력도 뛰어나지만, 그 힘도 있어서 여기까지 왔다. '깻잎 한 장 차이'로 대선에서 졌기 때문에 당하는 오늘의 수모를 견딜 힘이 그에게 있다고 나는 믿는다. 불체포특권을 포기하지 말고, 재판정을 드나드는 것을 부끄러워하지 말고, 당 대표와 국회의원의 권한을 충분히 행사하면서, 윤석열 대통령이 가하는 '조리돌림'을 인간적 정치적 법률적으로 견뎌내기 바란다. 정치인 이재명은 생존이 곧 승리인 싸움을 하고 있다.[10]

유시민 작가가 이야기하는 '수모를 견디는 힘'이 뛰어난 인간 이재명의 힘은 존재 자체가 수모였을 광주대단지(성남)의 '소년 이재명'으로부터 이어받은 힘이다.

1989년, 비로소 목소리를 갖다

·

우리는 정치의 미래를 걱정했어요. 정부에서 시민을 상대로 군대를 보낼 거라고는 상상도 못 했죠. 그저 겁주고 싶어 하는 거로만 생각했어요", "그동안 있었던 일은 절대 후회하지 않을 거예요. 미래를 위해서는 희생도 필요하죠. 나는 절대 후회하지 않아요. 그간의 일은 제게 큰 깨달음을 줬어요. 덕분에 중국 사람들의 마음속에 민주주의가 닿을 수 있었어요."

_1989년 천안문광장 시위 참여자 왕 단(당시 베이징대 학생)[11]

1989년 6월 4일은 문화대혁명 이후 가장 잔혹한 또 하나의 비극이 중국의 수도 베이징에서 일어난 날이다. 제2차 세계대전이 끝난 직후부터 이어져 오던 반목과 증오의 냉전시대가 그 종착지를 향해 내닫고 있을 무렵 세계사에 유례 없는 참극이 벌어진 것이다. 민주주의를 요구하던 중국 시민들의 지극히 정당한 요구는 권력을 쥐고 있던 보수 냉전주의자들에 의해 무참히 도륙되었다. 광장에서 희생당한 사람의 수가 만 명에 이른다는 주장도 있지만 중국 정부의 공식 발표는 수백 명에 불과하며 34년이 지난 현재까지도 그 희생의 규모조차 가늠하지 못하는 지경이다.

1989년 6월 4일 자 한겨레신문은 당시 북경의 상황을 다음과 같이 전했다.

중국 계엄군 본부가 3일 긴급 성명을 통해 베이징의 시위대에 대해 계엄 업무 수행을 위한 모든 수단을 행사할 것이라고 엄중 경고한 가운데 이날 밤 천안문광장 동부지역과 서부지역에서 발생한 시위학생과 계엄군의 격렬한 충돌과정에서 계엄군이 처음으로 시위대에 발포, 4일 새벽 2시 30분 현재 적어도 30여 명이 사망하고 2백여 명이 부상하는 유혈 사태가 발생했으며 계엄군의 무차별 사격으로 사상자 숫자는 크게 늘어날 것으로 보인다.[12]

이 같은 중국공산당의 무도하고 잔인한 폭력에도 불구하고, 민주주의를 향한 세계 시민들의 의지와 행동은 냉전의 장벽을 거침없이 무너뜨리고 있었다. 1989년은 냉전의 한 축을 담당하던 공산주의 국가들이 자기모순에 의해 스스로 붕괴하기 시작한 세계사적인 대전환기였다. 이를 두고 자본주의의 승리라고 평가하기도 하지만 그것은 단면일 뿐이다. 넓은 의미에서 냉전의 붕괴는 민주주의와 좀 더 평등한 사회를 위해 행동한 세계 시민사회의 승리이고 성취라고 평가하는 것이 마땅하다.

1989년 6월 4일의 중국과 완전히 상반된 의미의 엄청난 사건이 그해 11월 9일 독일(당시 서독과 동독으로 분단된 상태) 베를린에서 일어났다. 미·소 냉전의 상징이며, 분단된 독일의 상징이기도 했던 베를린 장벽이 무너진 것이다. (1년 후엔 독일이 통일되었고, 냉전 시기 탄생한 분단국가는 남한과 북한만 남게 되었다) 그날엔 단지 시멘트로 만든 벽체만 무너진 게 아니고, 무너진 담장 위로 서독과 동독 시민들의 자유 왕래가 전격 시행된 날이기도 하다. 동시에 이 사건은 소련 공산당의 위성국가로 묶여 있던 동유럽 많은 국가의 시민들에게 던져진 희망의 메시지였다.

1989년은 한국인에게도 역사적인 해이다. 1월 1일을 기해 5천 년 만에 처음으로 해외여행 전면 자유화 조치가 시행되었기 때문이다. 지금으로부터 34년 전의 일이니 그리 오래된 일도 아니다. 그러나 제대로 된 해외여행 자유화 조치는 1993년부터라고 보는 게 맞을지도 모르겠다. 왜냐하면, 1992년까진 남성은 반공연맹(현재 자유총연맹), 여성은 예지원에서 일종의 사상검열 과정인 '반공교육'을 받아야만 여권을 손에 쥘 수 있었기 때문이다. 어찌 됐든 간에 해외여행 자유화는 시대와 역사를 가르는 중요한 이정표가 아닐 수 없다.

1989년은 이재명이 목소리를 가진 개인으로 다시 태어난 해이기도 하다. 1986년 사법고시에 합격한 이재명이 1987년 사법연수원에 입소하여 2년의 과정을 마치고 수료한 해이기 때문이다. 1963년 경북 안동에서 출발해 경기도 성남의 질곡을 지나 그늘과 어둠의 경계를 넘어섰다. 존재했으나 존재를 인정받지 못하고 목소리 없던 이재명에게 목소리가 생기고, 그 존재를 사회가 인정하는 것을 넘어 우러러보는 지점에 다다른 것이다. 그

1

어제의 이재명을 추적하다

런데도 1989년의 이재명은 다시 '광주대단지(성남)'에 자신을 던져버린다. 하지만 광주대단지(성남)로 두 번째 던져진 이재명은 목소리를 가진 어엿한 '개인 이재명'이었다.

간단하게 정리하면 이렇다. 1989년은 이념의 극단적 대립 속에 목소리 없는 사람들을 양산하던 냉전시대가 막을 내리던 해였다. 또한, 변방의 청년 이재명이 천신만고 끝에 자신만의 목소리를 얻게 된 해이며, 그 목소리가 천 갈래, 만 갈래로 나뉘어 도시 빈민, 노동자, 장애인, 청년, 양심을 지키고 살려는 시민들의 목소리로 쉼 없이 다시 태어나기 시작한 해이기도 하다.

2004년 7월 9일 자, 서울신문 '서울'면엔 "성남시민모임 뒤엔 이재명 변호사 있다"라는 제목의 기사가 실려 있다. 이재명 변호사가 실무적으로 결합해 활동하던 시민단체에 대한 내용이다. 당시 이재명 변호사는 성남시청을 상대로 대장동 인근에 설치될 서울 남부 저유소 설치 관련 안전시설 보강을 끈질기게 요구하여 마침내 안전재평가와 보강공사를 끌어냈다. 또한, 분당에 건설된 주상복합아파트 파크뷰 특혜분양사건도 집요하게 파고들어 사안의 중대성을 전국에 알리는 데 결정적인 역할을 한다. 이뿐 아니라 성남시 시립병원 건립 운동을 주도하는 등 주민밀착형 시민운동의 선두에 서서 활약했다. 이러한 경험은 향후 성남시장과 경기도지사직의 성공적인 수행의 밑거름이 된다.

2016년, 촛불의 바다 한가운데

•

2016년 11월 13일, 미국의 뉴스 전문매체 CNN은 '한국 시위대, 다시 대통령 반대 행진(South Korean protesters march against President again)'이라는 제목으로 당시 한국의 상황을 세계로 송출한다.

2016년 11월 12일 토요일, 박근혜 대통령의 퇴진을 요구하는 수십만 명의 분노한 한국인들이 거리로 뛰쳐나온 대규모 시위가 이틀 연속 서울을 뒤덮었습니다. 어린 자녀가 있는 가족, 일부 교복을 입은 학생, 노동조합 노동자들이 포함된 이번 행진은 권한이 부여되지 않은 민간인과 국가 기밀 정보를 공유했다고 인정한 박근혜 씨를 반대하는 행진입니다. 이번 시위는 수십 년 동안 이 나라에서 발생한 가장 큰 반정부 시위 중 하나였습니다. [13]

2000년대 이후 한국 사회의 위기 국면에서 등장한 촛불시위에 대해 한신대학교 강원돈 교수는 다음과 같이 말한다.

촛불집회는 2000년대에 들어 우리 사회에서 정형화된 시위의 한 형태이다. 2002년 미선·효순 촛불집회, 2004년 노무현 대통령 탄핵 반대 촛불집회, 2008년 광우병 촛불집회, 2014년 세월호 촛불집회 등 우리 사회에서는 중대한 이슈가 발생할 때마다 촛불이 타올랐다. 특별히 2008년 촛불집회와 2016년 10월 말 이래의 박근혜 퇴진 촛불집회는 대중운동의 신기원을 이루었다고 평가받고 있다. 정보통신 기술에 힘입어 다양하고 중층적인 네트워크를 형성하고 있는 군중은 촛불집회라는 거대한 퍼포먼스를 수행하면서 직접행동에 나서고, 우리 사회를 심각하게 위협하는 문제들을 드러내어 해법을 찾고, 고립과 분산과 불안의 일상과 참여와 소통과 희망의 축제 사이의 극명한 대조를 경험했다.[14]

강원돈 교수는 2016~2017년 촛불집회를 크게 세 국면으로 분류했다.[15] (이 분류를 통해 박근혜 퇴진 촛불집회의 성격과 변화 과정을 쉽게 이해할 수 있다.)

① 10월 29일 제1차 촛불집회로부터 11월 5일 제2차 촛불집회에 이르기까지 박근혜 대통령이 스스로 사임할 것을 촉구한 하야론의 국면
② 11월 12일 제3차 촛불집회로부터 11월 19일 제4차 촛불집회에 이르기까지 하야를 거부 하는 박 대통령을 권좌에서 끌어내릴 것을 주

장한 퇴진론의 국면

③ 11월 26일 제5차 촛불집회에서 헌법적 절차에 따른 대통령 탄핵을
요구한 이래로 탄핵 심판이 이루어지기까지 이어진 탄핵 국면

촛불집회의 첫 번째 국면에 해당하는 2016년 10월 29일, 변방의 가
장 구석 자리에서 태어나 1989년 비로소 사회를 향한 목소리를 갖게 된 이
재명이라는 '변방사또'가 대중 앞에 정치인으로서 자신의 존재를 처음으
로 각인시킨 날이다. 2010년 성남시장으로 당선된 이후 보수 집권세력과
의 갈등과 그 갈등을 돌파해내는 과감하고, 명쾌한 행정력으로 대중의 산
발적인 관심을 받아 왔던 것은 사실이지만, 권력을 위임한 국민과 위임받
은 통치권자의 극단적 대결의 한가운데 서서 관심을 받는다는 것은 그 무
게를 감히 비교할 수는 없다.

어느 나라, 어느 시대에서든 최고 반열에 오른 정치인들은 자신을 대
중에게 각인시켜 지도자로 우뚝 서는 순간을 가지고 있다. 단, 그 순간은
바라보는 관점과 입장에 따라 다를 수 있음을 전제하고, 김대중, 김영삼,
노무현, 문재인이라는 '정상적인' 네 분의 전직 대통령들의 '순간'을 정리해
보려고 한다.

먼저, 김대중 대통령은 초선 국회의원이던 1964년 4월 20일, 임시국회
에서 당시 자유민주당 소속 김준연 의원의 체포동의안 통과를 막기 위해
벌인 5시간 19분간의 국내 최초 필리버스터로 대중의 기억에 자신을 각인
시켰다. 김영삼 대통령은 1970년 처음으로 40대 기수론을 들고 나와 신민
당 돌풍을 만들어내며 지도자의 반열에 올랐다. 노무현 대통령은 40대 초

1

어제의 이재명을 추적하다

선의원 시절인 1988년 11월 2일부터 1989년 12월 31일까지 14개월 동안 진행된 5공 비리 청문회에서 최고 재벌 총수인 현대그룹 정주영 회장과 독재자 전두환을 향해 추상같은 질의와 질타를 던지며 일약 전국구 스타 정치인의 반열에 오르게 된다. 문재인 대통령은 2012년 대통령선거에서 패배한 후 자칫 박원순 서울시장과 안철수 대표의 대중성에 밀려 잊힐 뻔했지만, 2014년 세월호 참사 이후 유족들에게 보인 진정성 있는 태도, 그리고 광화문광장 천막에서 10일간 진행한 세월호 특별법 제정 촉구 단식투쟁을 통해 진실하고 성실한 대중정치인으로 국민에게 인정받게 된다.

2016년 시작된 촛불집회는 이재명에게 기초단체장에서 대권에 도전해도 손색없는 대중정치인으로 거듭나게 하는 대반전의 계기였다. 다시 말해, 2016년 겨울 민주 시민이 모여 창조한 거대한 촛불의 바다는 민주화를 지켜낸 혁명의 바다이기도 했지만, 이재명이라는 싱싱한 지도자를 건져낸 희망의 바다이기도 했다.

이재명의 촛불집회 즉석연설 전문

성남에서 온 이재명 시장입니다. 인사드리겠습니다.

대한민국은 민주공화국입니다. 국민이 나라의 주인이고 모든 권력은 국민으로부터 나오고, 대통령은 나라의 지배자가 아니라 국민을 대표해서 국민을 위해 일하는 머슴이요, 대리인일 뿐입니다. 여러분, 그런 그가! 마치 지배자인 양 여왕인 양 상황上皇 순실이를 끼고, 국민을! 대한민국을! 민주공화국을! 우롱하고 있습니다.

국민이 지금까지 대통령이 저질러온 온갖 부패와 무능과 타락을 인내해 왔습니다. 300명이 죽어가는 그 현장을 떠나서 어딘지 알 수도 없는 곳에서 7시간을 보낸 사실도 우리가 지금까지 참아왔습니다. 평화를 해치고 한반도를 전쟁의 위험을 빠트리는 것조차도 우리가 견뎌왔습니다. 국민의 삶이 망가지고, 공평하고 공정해야 할 나라가 불평등하고 불공정인 나락으로 떨어질 때도, 우리는 견뎌왔습니다.

그러나! 그 대통령이라는 존재가! 국민이 맡긴 그 위대한 통치권한을 근본도 알 수 없는 무당의 가족에게! 그 이상한 사람들에게! 통째로 던져버린 걸 우리는 용서할 수 없습니다. 여러분! 우리가 힘이 없고, 돈이 없지만 '가오'가 없는 건 아닙니다.

여러분! 우리는 나라의 주인이고, 박근혜의 월급을 주고 있고, 박근혜에게 그 권한을 맡긴 이 나라의 주인입니다 여러분! 박근혜는 이미 국민이 맡긴, 무한 책임져야 할 그 권력을, 근본을 알 수 없는 저잣거리 아녀자에게 던져주고 말았습니다. 박근혜는 이미 대통령으로서의 권위를 잃었습니다. 박근혜는 이미! 이 나라를 지도할 기본적인 소양과 자질조차도 전혀 없다는 사실을 국민 앞에 스스로 자백했습니다.

여러분! 박근혜는 이미 대통령이 아닙니다. 즉각 공식적 권력을 버리고 하야해야 합니다. 아니! 사퇴해야 합니다. 탄핵이 아니라 지금 당장 대한민국의 권한을, 국가를 내려놓고 즉시 집으로 떠나가십시오! 이 나라의 주인이 명합니다!

박근혜는 국민의 지배자가 아니라 우리가 고용한 머슴이고 언제든지 해고하고 그 지위에서 쫓을 수 있습니다. 여러분! 박근혜는 노동자가 아니라 대리인이기 때문에 해고해도 됩니다. 국민 여러분, 일각에선 '하야

하면 혼란이 온다', '탄핵하면 안 된다' 이렇게 말하고 있습니다.

저는 확신합니다!

지금 전쟁의 위기를 겪고 나라가 망해가고 수백 명의 국민이 죽어가는 현장을 떠나버린 대통령이 있는 것보다도 더 큰 혼란이 있을 수 있습니까? 여러분! 지금보다 더 나빠질 수 있습니까?

대통령이 떠난다고 해서 지금보다 우리의 삶이 더 나빠지고 한반도가 더 위험해지겠습니까? 더 나빠질 게 없을 만큼 망가졌습니다. 더 위험할 수 없을 만큼 위험합니다. 그래서 박근혜 대통령은 이미 대통령이 아니기 때문에 국민의 뜻에 따라 지금 즉시 옷을 벗고 집으로 돌아가십시오!

민주공화국을 위하여, 우리가 싸워야 합니다. 공평한 기회가 보장되는 평등한 나라를 위하여, 공정한 경쟁이 보장이 되는 진정한 자유로운 나라를 위하여, 전쟁의 위협이 없는 평화로운 나라를 위하여, 생명의 침해가 걱정이 없는 안정한 나라를 위하여 우리가 싸울 때입니다.

박근혜를 내보내고, 이 박근혜의 몸통인 새누리당을 해체하고! 기득권 격파하고 새로운 길로 나아갑시다, 여러분! 우리가 싸우면, 우리가 힘을 합치면, 우리가 이길 수 있습니다. 새로운 길도 만들 수 있습니다. 이 기득권, 과거의 나쁜 구조를 빼고, 새로운 길, 희망의 길, 만들 수 있습니다. 여러분! 함께 싸웁시다! 여러분!

_2016년 10월 29일

2016년 1월 16일, 치러진 대만 총통 선거에서 차이잉원蔡英文이 당선되었다. 이는 신해혁명 이후 105년 역사상 첫 여성 국가원수의 탄생이었다.

이재명 죽이기

그리고 2016년 12월 9일, 대한민국에선 1919년 3.1 운동으로 건국된 이후 첫 여성 국가원수인 박근혜 대통령에 대한 탄핵소추안이 국회에서 가결되었다.

2장

이재명은 이재명과 싸워 이겨야 한다

태종의 칼과 붓

●

조선 3대 임금인 태종은 제1·2차 왕자의 난을 함께 도모했던 처남 민무구와 민무질을 제주에 유폐하여 자진하게 하였다. 그리고 자신의 후계자였던 세자 이제(양녕대군)의 든든한 버팀목이던 또 다른 처남 민무휼과 민무회의 목숨까지 거둬들였다. 측근이었던 이숙번의 관직을 박탈하고, 한양 도성 출입을 금하는 처벌을 행했다. 왕좌를 양위하고 상왕에 오른 태종은 세종 즉위년과 세종 2년(1418~1419), 2년여에 걸쳐 자신이 휘두르던 군권에 도전한 병조판서 강상인을 거열형(죄인의 사지와 머리를 말이나 소에 묶고 각 방향으로 달리게 하여 사지를 찢는 형벌)으로 죽이고, '강상인의 옥사'를 이용해 세종의 장인이자 영의정이던 심온(1375~1419)에게 사약을 받아 들게 한다.

세종 3년(1421) 허물어진 도성의 수축 문제가 나오자 상왕 태종은 눈물을 흘리며 '도성을 수축하지 않을 수 없는데, 큰 역사가 일어나면 사람들이 반드시 원망할 것이다. 그러나 잠시 수고함이 없이 오래 편안할 수 없는 것이니, 내가 수고를 맡고 편안함을 주상에게 물려주는 것이 좋지 않은가?'라고 했다. [1]

해방 이후 대한민국 현대사는 물질적 풍요의 관점에서만 보면 '한강의 기적'으로 불리는 성공의 역사였다. 그러나 정의의 관점에서 보면, '불평등'이라는 사회경제적 모순과 '분단'이라는 정치경제적 모순에서 헤어 나오지 못하고 있는 것 또한 부인할 수 없는 현실이다. 정상궤도에 올라섰다고 생각하면 환부의 고름처럼 다시 차올라 사회를 혼돈과 좌절 속으로 이끌어가는 이 모순은 어떻게 극복해야 하는가?

나는 이 악순환의 고리를 끊어내기 위한 하나의 방편으로 '태종의 리더십'을 좋은 선례로 삼고 싶다. 왜냐하면, 현재의 모순은 해방 후 친일파 처단의 실패와 그로 인한 국가 정통성의 빈약함에서 비롯한다고 보기 때문이다. 세계사에서도 흔치 않은 '오백 년' 조선왕조는 자기 살을 도려내는 자세로 왕실과 외척, 가신과 측근 심지어 왕인 아들의 장인까지 야수처럼 단절해낸 태종의 리더십이 쌓아 올린 굳건한 정통성에 기반하고 있었다. 태종은 부덕함으로 신망을 잃어버린 자신의 장자長子 이제를 세자 자리에서 밀어내고, 셋째 아들 이도를 세자로 올리는 일도 서슴지 않았다.

그러나 태종은 왕조에 위협이 되는 정적에게 칼만 휘두르던 폭군이 아니었다. 태종실록 2년(1402) 6월조는 "상이 매일 청심정(개경 수창궁 후원)에 나가서 독서하는데, 덥거나 비가 오거나 그치지 않았다"라고 적고 있고, 3

2

년 9월조는 "상이 배우기를 좋아하여 게으르지 않았으며 독서하는 엄한 과정을 세웠다"라고 전하고 있다. 태종은 특히 역사서와 경서를 열심히 읽었다. 역사서에는 현실 정치에 응용 가능한 사례들이, 경서에는 유교 국가 조선의 통치 철학이 담겨 있기 때문이었다.[2] 한마디로 태종은 '한 손에는 검을 한 손에는 붓'을 든 양면의 지도자였다.

또한, 태종은 강자에겐 강하고, 약자에겐 자비를 베풀던 '강강약약'의 리더십을 실천한 지도자이기도 했다. 이재명이 시시때때로 자신의 소명이라고 주장하는 '억강부약抑强扶弱'은 태종의 리더십과 맞닿아 있다. 강자에게 한없이 나약하고 약자에겐 무소불위의 권력을 휘두르는 2023년 대한민국 최고 통치권자와는 극단적으로 대비된다.

태종이 일생을 통해 보인 '강강약약'의 리더십은 태종의 대척점에 서있던 인물들을 통해 단번에 확인할 수 있다. 고려 말 대표적인 문신 관료인 정몽주, 아버지 이성계와 함께 왕조를 창업한 정도전, 전주 이씨와 공동 정권이라고 불릴 만큼 강력한 권력을 쥐고 있었던 여흥 민씨 4형제, 숨소리까지 같이 했던 최측근 실세 이숙번, 군부의 신망이 두터웠던 병조판서 강상인, 자신이 양위해준 국왕 세종의 장인이자 영의정이던 심온 등 하나같이 왕권에 비견되는 강력한 힘을 가지고 있던 인물들이다.

21세기 이재명에게 무조건 15세기 태종 이방원을 닮으라고 말할 수는 없다. 닮지는 않더라도 그의 기억 속에 늘 15세기 태종 이방원이 머물러 있기를 희망할 뿐이다. 한마디로 조선 초는 '칼을 든 이방원'과 '붓을 든 이방원'이 치열하게 싸우면서 오백 년 왕조의 기반을 다지던 역동의 시대였다. 이와 마찬가지로 다시 민생이 위기에 처하고 적폐 청산이 이루어지지 않은

2023년, '민생을 챙기는 이재명'과 '개혁을 추구하는 이재명'의 치열한 싸움은 피할 수 없는 숙명이다.

부패한 이재명 VS 유능한 이재명

•

이재명 더불어민주당 대통령 후보 수락 연설 중

존경하는 국민 여러분! 사랑하는 당원동지 여러분! 대선이 150일 앞으로 다가왔습니다.

이번 대선은, 부패 기득권과의 최후 대첩입니다. 미래와 과거의 대결, 민생개혁 세력과 구태 기득권 카르텔의 대결입니다. 어두운 과거로 회귀할 것인가 희망의 새 나라로 출발할 것인가를 결정해야 합니다. 저는 실적으로 실력을 검증받은 '준비된 대통령'이라 자부합니다. 성남의 성공한 민생정책은 경기도의 정책이 되었고, 경기도의 성공한 민생정책은 전국으로 확산되었습니다. 정치인의 공약은 국민과의 계약 그 이상입니다. 저는 지킬 약속만 했고, 약속한 것은 반드시 지켰습니다. 공약 이행률 평균 95%가 이를 증명합니다. 저는 유능함을 실적으로 증명했습니다. 내세울 것 하나 없는 저를 국민께서 인정해 주신 것도 오로지 해야 할 일을 잘 해냈기 때문으로 믿습니다.

특별히 한 가지 더 말씀드리겠습니다. 토건 세력과 유착한 정치세력의 부패와 비리를 반드시 뿌리 뽑겠습니다. 한순간도 미루지 않겠습니다. 당선 즉시 강력한 '부동산 대개혁'으로 부동산 불로소득 공화국이라는 오명을 없애버리겠습니다.

'개발 이익 완전 국민 환원제'는 물론이고, 성남시와 경기도에서 시행한 '건설 원가·분양 원가 공개'를 전국으로 즉시 확대하겠습니다. 이번 '국민의힘 화천대유 게이트'처럼 사업 과정에서 금품제공 등 불법행위가 적발되면 사후에도 개발 이익을 전액 환수해 부당한 불로소득이 소수 기득권자의 손에 돌아가지 않도록 완전히 뿌리 뽑겠습니다.

_2021년 10월 10일

2023년, 대한민국엔 두 명의 이재명이 존재한다. 한 명은 수천억 원을 배임하고, 수백억 원의 뇌물을 받아먹은 이재명이고, 또 한 사람은 오천 년 역사에서 가장 큰 규모의 개발 이익을 환수하고, 코로나 19가 창궐하는 가운데 경기도민의 건강을 불철주야 보살핀 최고의 행정가 이재명이다. 이처럼 상반된 대중의 인식은 두 신문의 대비되는 사설 제목을 통해 확실히 알 수 있다.

첫 번째는 "헌정사 첫 '방탄용 대표직'의 결말, 사상 첫 野 대표 구속영장"이라고 쓴 2023년 2월 17일 자 조선일보의 사설 제목이다. 두 번째는 "정국 '블랙홀' 될 초유의 제1야당 대표 구속영장 청구"라고 쓴 한겨레신문의 사설 제목이다. 조선일보에 따르면, 이재명 대표는 이미 확정판결을 받았는데 국회 제1당 대표직이라는 특권적 지위를 이용해 형벌을 피하고 있다고 여겨진다. 반대로 한겨레신문의 사설은 검찰의 무리한 구속영장 청구가 정국의 혼란만 가중시킬 것이라고 걱정하고 있다.

민주사회는 다양성을 근간으로 하기에 한 명의 대중정치인에 대한 평가나 호불호는 다양하게 표출될 수밖에 없다. 크게 보면 '지지하거나', '지지하지 않거나', 또는 '무관심하거나' 이 세 가지의 경우를 벗어나지 않는다. 즉 매우 단순한 형태로 문자화되거나 회자되기 마련이다. 앞서 두 언론사의 서로 다른 사설 제목은 이러한 대중의 상반된 의견을 잘 보여준다. 결국 돈 받아먹고, 국가에 손해를 끼친 '부패한 이재명'이냐, 아니면 성남과 경기도를 위기에서 현명하게 구해낸 '유능한 이재명'이냐 하는 문제로 귀결될 수밖에 없다. 대중정치인 이재명이 피해갈 수 없는 숙명이다. 이재명 본인이 이러한 숙명을 받아들이지 못한다면 대중정치인으로서 생명력이 길 수 없다. 만약 이를 받아들인다면 문제는 '부패한 이재명=비판'과 '유능한 이재명=지지'라는 두 사람의 싸움에서 누가 이기느냐만 남아 있다.

고려 우왕 원년인 1375년 5월, 전라도 회진현(지금의 나주) 거평 부곡을 향해 말 타고 나선 사내 한 명이 있었다. 그 사람은 바로 이성계와 손잡고 조선이라는 새로운 왕조를 개국한 삼봉 정도전이었다. 고려 말은 친원파와 무너지는 원나라를 버리고 새롭게 등장하고 있던 명나라와 유대하자는 친명파 사이에서 외교노선을 둘러싸고 극심한 대결이 벌어지던 시기였다. "원나라 사신의 목을 베든지, 아니면 오라를 지워 명나라로 보내겠다"라고 주장할 정도로 새로 등장한 명나라와의 유대를 주장한 정도전은 결국 당시 정권을 잡고 있던 친원파에 의해 거평 부곡으로 유배형에 처해진다. 유배로 시작된 정도전의 야인생활 9년은 백성들과 같은 처지에서 백성들의 삶을 경험하고, 백성의 관점에서 인간 본연의 모습을 발견한 시기이기도 했다. 정도전은《삼봉집》4권〈소재동기〉에서 백성들과의 만남을 다음과 같이 기록하고 있다.

> 동리 사람들은 순박하고 허영심이 없으며 힘써 농사짓기를 업으로 삼는데, 그 중에서도 황연은 더욱 그러했다. 그의 집에서는 술을 잘 빚고 황연이 또 술 마시기를 좋아하였으므로, 술이 익으면 반드시 나를 먼저 청하여 함께 마시었다. 손이 오면 언제나 술을 내어 대접하는데 날이 오랠수록 더욱 공손했다.
>
> 또 김성길金成吉이란 자가 있어 약간의 글자를 알았고, 그 아우 천天도 담소談笑를 잘했는데 모두가 술을 잘 마셨으며, 형제가 한 집에 살았다. 또 서안길徐安吉이란 자가 있어 늙어 중이 되어서 안심安心이라 불렀는데, 코가 높고 얼굴이 길며 용모와 행동이 괴이했으며, 모든 사투리·속담, 여항閭巷의 일들을 기억하지 못하는 것이 없었다. 또 김천부金千富·조송曹松이란 자가 있는데, 그들도 술을 마시는 것이 김성길·황연과 비슷했다. 날마다 나를 찾아와 놀고, 매 철마다 토산물을 얻게 되면 반드시 술과 음료수를 가지고 와서 한껏 즐기고서 돌아갔다.[3]

정도전과 이성계가 손잡은 역성혁명의 가장 큰 명분이었던 '계민수전計民授田[4]'의 원칙이 정도전과 고려 변방의 백성들 사이에서 이렇게 자라나고 있었다. 계민수전이란 백성의 수를 헤아려 백성에게 농사지을 땅을

2
.

나누어준다는 것이다.

정도전의 혁명은 고려사회의 대표적인 폐단이었던 토지제도 개혁의 착수에서 시작한다. 정도전은 토지개혁을 통해 조선 건국 혁명의 명분을 찾으려 한 것이 아닐까? 또한, 고려 왕조 아래에서 토지개혁을 시작한 것은 백성들에게 새로운 세상이 도래하고 있다는 희망을 심어주려는 방편이기도 했을 것이다. 만약 고려사회가 정도전이 내세운 토지개혁을 전면적으로 시행했다면 왕조 교체의 위기는 맞이하지 않았을 수도 있었다. 그러나 그 기회를 놓친 고려는 결국 망하고 만다. 《고려사》〈식화지〉에 따르면, 간악한 무리들이 남의 토지를 자신의 땅에 합쳐서 소유하고 있었다. 그 정도가 한 주보다 크고, 군 전체를 포함하여 산천으로 경계로 삼을 정도였다고 기록되어 있다.

전하(태조 이성계)는 잠저에 있을 때 친히 그 폐단을 보고 개탄스럽게 여기어 사전을 혁파하는 일을 자기의 소임으로 정하였다. 그것은 대개 경내의 토지를 모두 몰수하여 국가에 귀속시키고, 인구를 헤아려서 토지를 나누어 주어서(計民授田) 옛날의 올바른 토지제도를 회복시키려고 한 것이었는데……

_《삼봉집》13권(조선경국전 상) 〈부전〉 경리 중에서

옛날에는 토지를 관에서 소유하여 백성에게 주었으니, 백성이 경작하는 토지는 모두 관에서 준 것이었다. 천하의 백성으로서 토지를 받지 않은 사람이 없고, 경작하지 않은 사람이 없었다. 그러므로 백성은 빈

부나 강약의 차이가 그다지 심하지 않았으며, 토지에서의 소출이 모두 국가에 들어갔으므로 나라도 역시 부유하였다.

_《삼봉집》13권(조선경국전 상) 〈부전〉 경리 중에서

사전을 개혁하는 이론은 신이 처음에 생각하기를 모두 공가公家에 속하게 하면 국용國用을 후하게 하고 병식兵食을 족하게 하며 사대부들에게 녹祿을 주고 군역에 공급함으로써 상하로 하여금 궤핍匱乏의 근심이 없게 하는 것이었습니다.

_《고려사》 권119, 〈열전32〉;《삼봉집》 7권 〈습유〉 공양조선우군통제사전 중에서

정도전은 이상을 추구하는 사상가이기도 했지만, 현실의 조건들을 냉정하게 판단하고 조정할 줄 아는 실천적 정치인이기도 했다. 조준을 통해서 토지개혁 상소를 올리는 모습에서 '현실 정치인' 정도전의 모습을 엿볼 수 있다. 고려 왕조를 통한 개혁파와 역성혁명파 간의 권력투쟁을 수반한 전제 개혁이 진행되는 과정에서 상대적으로 온건한 개혁을 지향했던 조준 등과 견해를 달리하여 자신의 이상만을 내세운다면 자칫 역성 개혁파 전체의 분열을 초래할 수도 있었다. 정도전은 조준과 이색의 대립을 주시하며, 삼대(하·은·주)의 정전제의 이상을 견지해 나갔다. 또한, 현실적으로는 조준을 통해 실행 가능한 전제 개혁을 관철하려 했다.

그러나 뜻을 같이한 2, 3명의 대신과 함께 전대의 법을 강구하고 오늘의 현실에 알맞은 것을 참작한 다음, 경내의 토지를 측량하여 파악된

2
·

토지를 결수로 계산하여 그중의 얼마를 상공전, 국용전, 군자전, 문무역과전으로 나누어 주고, 한량으로서 경성에 거주하면서 왕실을 호위하는 자, 과부로서 수절하는 자, 향역·진도津渡의 관리, 그리고 서민과 공장에 이르기까지 공역을 맡는 자에게도 모두 토지를 주었다. 백성에게 토지를 분배하는 일이 비록 옛사람에게는 미치지 못하였으나, 토지 제도를 정제하여 일대의 전법으로 삼았으니, 전조의 문란한 제도에 비하면 어찌 만 배나 나은 게 아니겠는가?

_《삼봉집》13권 〈조선경국전 상〉 〈부전〉 경리 중에서

원명 교체기라는 국제 정세의 급격한 변화와 고려의 사회경제적 모순이 임계점에 다다른 시점에 전라도 변방 부곡인[5] 마을에서 유배생활을 하던 14세기 정도전과 미국을 정점으로 하는 일극 세계체제가 붕괴하고, 상호 이익에 따라 협력하고 연대하는 다극 세계체제로 전환되는 시기에 검찰청과 법원을 오가며 '유배생활' 중인 21세기 이재명은 형벌의 형태만 다를 뿐 똑같은 처지에 있다.

근대 이후 변혁을 지향하던 지도자가 안전하고 편한 길을 걸어갔던 사례는 단 한 명도 없었다. 이재명이 처한 상황과는 다르지만, 본질은 똑같다. 인도의 간디가 그러했고, 미국의 마틴 루터 킹과 남아프리카공화국의 넬슨 만델라도 그랬고, 한국의 김대중 또한 가시밭길을 수십 년 동안 걸어야 했다. 이외에도 수없이 많은 지도자가 1375년 정도전의 길을 걸었고, 2023년 이재명 역시 같은 고난의 길을 지나고 있다.

그들이 수모와 고통을 극복하며 그 길에서 빠져나올 수 있었던 것은

누구도 넘볼 수 없는 탁월한 비전으로 무장해 있었기 때문이다. 간디는 '비폭력 저항운동'으로, 킹 목사는 '기독교 해방정신'으로, 만델라는 '초인적 화해정신'으로, 김대중은 '한반도 평화정책'으로, 정도전은 '혁명적 토지개혁'으로 고난의 길을 헤치고 나와 소망을 성취할 수 있었다.

내일을 기약할 수 없을 만큼 거세게 휘두르는 정치검찰의 망나니 칼춤과 기성언론의 악마화 작업에 발가벗겨진 채 '부패한 이재명'으로 하루에도 수백, 수천 번씩 노출되고 있는 이재명을 구할 수 있는 유일한 무기는 국민의 마음을 거세게 요동치게 할 탁월한 비전뿐이다. 그동안 내세웠다 지금은 수면 아래로 가라앉은 '기본소득'보다 강력하고, 실현 가능한 비전으로 무장할 때, 바로 그때 '부패한 이재명'을 꺾고 '유능한 이재명'이 최후의 승자가 될 수 있다. 그렇다면 부패한 이재명과 싸워 이길 유능한 이재명의 탁월한 비전은 무엇일까? 이재명에게 가장 필요한 것은 정도전의 혁명적 토지개혁에 비견될 만한 '혁명적 비전'이며, 그 비전은 국회 본회의장이 아닌 민중의 바다 한가운데서 건져 올려야 한다.

당대표 이재명 VS 풍운아 이재명

•

미국 민주당 전당대회 버락 오바마 연설 중

감사합니다. 여러분, 정말 감사합니다. 딕 더빈 상원의원님. 당신은 우리 모두를 자랑스럽게 해줍니다. 미국의 중심을 가로지르는 교차로이자, 링컨의 땅, 위대한 일리노이주를 대표하여, 전당대회에서 연설할 수 있는 특별한 권리를 갖게 된 것에 대해 진심으로 감사합니다. 나에게 오늘 저녁은 대단히 영광스러운 시간입니다. 솔직히 말해, 내가 오늘 이 연단에 서 있는 것 자체가 놀라운 일입니다.

나의 아버지는 유학생이었습니다. 그는 케냐의 작은 마을에서 나고 자랐습니다. 아버지는 염소를 치면서 컸고, 양철 지붕의 판잣집에서 학교에 다녔습니다. 아버지의 아버지, 그러니까 나의 할아버지는 영국인 가정의 요리사였습니다. 하지만 할아버지는 자신의 아들에 대해서만은 큰 꿈을 품었습니다. 아버지는 노력과 인내 끝에 마법과도 같은 곳에서 공부

할 수 있는 장학금을 받았습니다. 바로 미국이었습니다. 아버지 이전의 수많은 이민자에게도 자유와 기회의 빛을 비춰준 등대 같은 곳입니다.

　미국에서 공부하는 동안, 아버지는 어머니를 만났습니다. 어머니는 케냐의 지구 반대편 캔자스주에서 태어난 분이었습니다. 어머니의 아버지는 대공황 시기 내내 유정과 농장에서 일했습니다. 진주만 사태가 발발한 다음 날, 외할아버지는 군에 입대했습니다. 그리고 패튼 장군의 지휘 아래 유럽 대륙을 누볐습니다. 그동안 외할머니는 집에서 아기를 돌보면서 폭격기 조립 라인에서 일했습니다. 전쟁이 끝난 이후 두 분은 GI 법안의 보조를 받아 학업을 마쳤습니다. '연방주택국' 대출을 받아 집을 샀습니다. 나중에는 서쪽의 머나먼 하와이로 기회를 찾아 떠났습니다. 그 두 분 역시 딸에 대해서 큰 꿈을 품었습니다. 멀리 떨어진 두 대륙에서 품어진 꿈이었지만, 그것은 하나의 같은 꿈이었습니다.

_2004년 7월 24일(보스턴)

　1984년 민주당 대선후보였던 게리 하트는 2004년 보스턴 전당대회의 풍경을 이렇게 말했다. "나는 전당대회장 안을 걸어가고 있었어요. 전당대회란 건 정신없는 행사죠. 청중들은 쉼 없이 웅성거리고 와글거립니다. 연설은 십중팔구 소음에 묻히죠. 하지만 오바마가 연설을 시작하자 사람들은 조용해졌고 귀를 기울였고, 오바마의 말에 공감했습니다."

　연단 뒤에서 감동의 연설을 듣던 오바마의 부인 미셸의 얼굴에서는 눈물이 번졌다. 그 눈물은 다른 청중들에게 이어졌고 "이건 역사적인 사건이다"라고 외치는 사람들도 있었다. 그날 전당대회의 주인공은 존 케리가 아

니라 오바마였다.[6]

2016년 10월 대한민국 서울 청계광장에서 피 끓는 이재명의 연설이 있기 12년 전인 2004년 여름, 미국 보스턴에선 미국 최초의 흑인 대통령 탄생의 예고편이 중계되고 있었다. 오바마의 연설은 오케스트라의 선율 같았다. 안정된 목소리와 주제에 따라 달라지는 음성의 높낮이는 모인 사람들이 오케스트라의 연주가 울려 퍼지는 콘서트홀에 앉아 있는 듯한 느낌이 들게 했다. 미국의 많은 평론가가 '빌 클린턴의 연설은 연인 간의 대화 같고, 버락 오바마의 연설은 수준 높은 오케스트라의 연주 같다'라고 한 말이 그대로 재현된 것이다. 수사학의 사전적 의미는 '설득의 수단으로서 문장과 언어의 사용법에 관한 이론'이다. 이런 관점에서 오바마는 수사학을 현실에서 구현한 최상의 정치연설을 보여주었다.

정치는 말로 하는 전쟁이며 정치인의 말은 전쟁터에서 오가는 화살이며, 창이고, 방패이다. 당연히 정치적 지위에 따라 정치인의 말은 파급력이 달라진다. 성남시장 이재명의 말과 대선후보로서, 국회의원으로서, 민주당 당대표로서 내뱉는 말은 그 무게와 영향력이 다르다. 즉 '말'의 힘은 부여된 사회적 권한과 책임의 크기에 비례한다. '전쟁을 불사해야 한다'라는 말을 사석에서 평범한 소시민이 호기로운 감정에 치우쳐 내뱉더라도 금세 사라져 버리지만, 권력의 최고 정점에 있는 대통령이 내뱉으면 진짜 전쟁을 염두에 둔 막중한 발언이 된다. 권력자의 말은 온 세상에 메아리쳐 닿지 않는 곳이 없다. 그만큼 권력자의 말은 치밀한 계산과 전략적 사고의 결과물이어야 한다(과연 2023년의 대한민국 대통령은 자신이 내뱉는 말의 엄중함을 알고 있을까?).

이러한 이유로 어느 누구건 사회가 부여한 책임과 권한이 막중해질수록 그 위치에 걸맞은 정형화된 화법과 어휘를 구사하기 마련이다. 그러나 이런 화법은 대중들에게 감동과 공감을 불러일으키지 못한다. 이런 정형화된 언어를 깨고 나올 때 정치인은 '풍운아'가 된다.

나는 2004년의 오바마와 2016년의 이재명에게 풍운아라는 '딱지'를 붙이려고 한다. 이유는 다음과 같다. 첫째, 미국 사회와 한국 사회에서 가장 혹독한 차별을 뛰어넘은 인물들이라는 점이다. 한 사람은 인종차별의 벽을 뛰어넘었고, 또 한 사람은 잔혹한 사회경제적 차별을 뛰어넘었다. 둘째, 오바마는 미국의 대표적인 대도시인 시카고의 도시빈민과 약자들을 위한 시민운동가였고, 이재명 또한 '천당 위에 분당'이라는 신도시 주변에서 빈곤에 신음하던 '광주대단지' 출신들을 위한 시민운동가였다. 셋째, 감동적인 대중연설 한 번으로 전국적 스타 정치인으로 발돋움했다. 이후 오바마는 일리노이주 상원의원으로, 이재명은 경기도지사로 '정치 체급'을 급상승시켰다. 이러한 공통점을 지닌 두 사람의 말은 스타일과 어법이 다르지만, 기존의 주류 정치에 지친 대중들에게 커다란 감동을 전해주었으며, 대중의 머릿속에 각인되었다.

그러나 그 둘의 정치 경로는 사뭇 다르게 전개되었다. 오바마는 2008년 대통령에 당선되고, 2012년엔 재선에 성공하며, 2017년 1월 임기를 무사히 마치고 퇴임한 승자가 되었다. 하지만 이재명은 2018년 경기도지사에 당선되고, 2022년 대통령선거에서 패배한 후, 2022년 국회의원에 당선되고, 2022년 국회 제1당 당대표에 안착해 있지만, 정치검찰이 겨눈 칼날에 포위되어 운신의 폭이 좁아졌다. 이 시점에 이재명에게 필요한 선택은 '당대표 이재명'에 안주하지 않고 '풍운아 이재명'으로 되돌아가는 것이다(당대표를 사퇴하라는 말이 아니라, 기득권을 가진 당대표에 묶여 있지 말라는 뜻이다).

정치는 항상 결과를 가지고 평가받는 고약한 분야다. 그러고 보면, 다수결에 따라 승패가 결정되는 민주주의 정치는 참으로 잔혹한 게임이다. 무승부는 없다. 결선투표를 해서라도 결과를 도출하는 과정이 선거이다. 그렇다면 승리를 몰고 다닌 '풍운아 오바마'에게 가장 치명적 패배를 당한 사람은 누구일까? 2008년 미국 민주당 예비선거에서 오바마에게 완패한 힐러리 클린턴이다.

빌 클린턴 전 대통령 부인이며, 연방 정부위원회 위원장을 역임했고, 뉴욕주 상원의원까지 지낸 진보적 여성 리더의 상징 힐러리 클린턴은 왜 경력도 비교가 안 되는 '일리노이 촌놈' 오바마에게 패했을까? 그 답은 할리우드 배우 수전 서덜랜드의 말에서 찾을 수 있다. 2016년 미국 민주당 경선에서 버니 샌더스를 공개 지지하고 지원했던 수전 서덜랜드는 버니 샌더스의 경선 패배가 결정된 후, 민주당 후보로 결정된 '여성 힐러리 클린턴'이 아닌 녹색당 질 스타인 후보 지지를 선언하며 다음과 같이 말했다.

난 여자란 이유로 대통령을 뽑지 않는다. 그보다 생각해야 할 것들이 훨씬 많다. 힐러리는 최저 임금 15달러를 지지하지 않는다. 힐러리는 환태평양경제동반자협정(TPP)을 지지한다. 힐러리는 다코타 액세스 송유관에 대한 입장이 없다. 힐러리는 GMO 표기에 반대한다. 힐러리는 대형 은행 해체에 반대한다. 힐러리는 로비스트들에게 선거 자금을 받는다. 힐러리는 구속력 있는 기후 조약에 반대한다. 힐러리는 이스라엘

에 대한 무조건적 군사 지원을 지지한다.[7]

서민과 노동자들의 삶을 피폐하게 만든 신자유주의 노선을 이어나간 빌 클린턴의 정치적 동반자인 힐러리에 대한 비판이다. 또한, 동시에 월스트리트 거대 금융 자본으로부터 막대한 강연료를 받고, 대기업들의 거대한 후원금을 발판 삼아 선거운동을 전개하는 힐러리에 대한 강한 불신을 드러낸 말이다.

현실의 '당대표 이재명'에게 수전 서덜랜드의 이 말보다 더 좋은 보약은 없다. 한때는 미국 진보 여성의 상징이자 우상이던 '풍운아 힐러리 클린턴'이 사회적 지위의 상승과 더불어 기존의 룰과 형식에 자신을 맡겨버린 결과 진보, 보수를 막론하고 비호감 1위로 등극했던 사실을 잊지 말아야 한다. 이재명은 스스로 묻고 답해야 한다. 지금 이재명을 만든 사람들은 누구인가? 이재명은 누구를 위해 정치를 하는가? 그들이 이재명에게 바라는 것은 무엇인가? 기존의 룰과 형식에 갇힌 '당대표 이재명'에 머물지 않고 풍운아 이재명으로 거듭날 때 오바마처럼 최후의 승리자가 될 수 있다.

경상도 이재명 VS 수도권 이재명

·

한국에서 선거 시즌만 되면, 특히 대통령선거에서 빠지지 않고 등장하는 레퍼토리가 있다. 그건 바로 정치적 이해타산에 따라 마구 휘두르는 '지역주의'라는 칼이다. 지역주의 논란에 불을 붙여 민심을 흩트려놓고 상대 진영보다 더 많은 표를 결집하고자 건강한 정책 대결을 일거에 날려버리는 블랙홀이 된다.

지역주의는 지난 50여 년 동안 여러 선거를 거치며 '지역감정', '3김 청산', '영호남 지역주의', '소지역주의', '저항적 지역주의', '지역 패권주의' 등으로 진화하거나 변형되면서 대중은 이에 식상함을 느끼게 되었는데도 정치권에서는 손쉬운 갈라치기가 가능한 이 선거 전략을 버리지 못한다. 지역주의는 한마디로 자신이 속한 계층, 직업, 소득 수준, 이념 지향, 성별, 나이, 건강 상태 등 상식적인 판단 기준을 뭉개버리고 오로지 출신 지역만 보고 판단하는 행위라고 정의내릴 수 있다.

그렇다면 지난 수십 년간 폐해가 누적되어 온 '한국 지역주의'는 언제부터 시작되었는가? 1960년대 이후 본격화되기 시작한 산업화가 영남 지역 중심으로 추진된다. 철강, 중공업, 자동차, 기계, 전자, 섬유 등 대규모 산업공단이 구미, 대구, 포항, 울산, 부산, 창원, 마산(2010년 진해시와 함께 창원시로 통합) 등 영남권 도시를 중심으로 계획되고, 개발되었다. 이러한 특정 지역 중심의 산업화 전략은 다른 지역의 지역공동체 붕괴, 대규모 인구 유출, 상대적 박탈감으로 인한 각종 지역갈등이 유발되는 등 심각한 부작용을 초래했다.

이러한 지역 불균형 발전전략은 급속한 이농離農 현상을 불러와 대규모 도시 빈민을 양산하기도 했다. 지금은 많이 완화됐지만, 군사작전처럼 추진된 경제개발은 환경, 민주화, 인권 등 시민의 기본권을 철저히 짓밟아 결국 그것들을 정상화하기 위해 막대한 사회적 비용을 지불하게끔 했다. 특히 농업이 지역 경제의 기반이었던 호남의 주민들은 서울과 수도권, 부산 등 대도시 빈민의 주류가 되었다. 이에 더해 1980년 5월에 발생한 '광주민주항쟁'은 호남인들의 소외감을 분노와 강력한 저항의식으로 배양시켜 더욱 강력한 지역

지역내총생산(GRDP) 시도별 순위(1987년)

1위	경상남도	3,777
2위	경기도	3,545
3위	인천광역시	3,484
4위	경상북도	3,397
5위	서울특별시	3,230
6위	강원도	2,910
7위	충청북도	2,637
8위	대구광역시	2,546
9위	충청남도	2,522
10위	부산광역시	2,495
11위	전라남도	2,362
12위	제주특별자치도	2,251
13위	광주광역시	2,181
14위	전라북도	2,022
	전국 평균	2,994

*출처 : KOSIS 국가통계포털(단위: 천원)

결집 현상을 유발하게 된다.

지금껏 한국 지역주의는 정치적인 문제로 환원되는 바람에 '국민의힘 후보가 호남에서', '민주당 후보가 영남에서' 당선되거나 승리하면 드디어 지역주의가 극복되기 시작했다고 느끼게 만들어 버린다. 이러한 도식은 기득권세력의 달콤한 유인책에 불과하다. 이러한 유인책에 대해 2023년 현실을 빌어 '극단적으로' 표현하자면, 집권과 동시에 일부 재벌을 위한 법인세 인하와 국민 2%를 위한 부자감세를 거침없이 밀어붙이는 국민의힘 정권은 딱 2%의 지지를 받아야 정상이다. 그들의 정책이 가리키고 있는 방향은 전 국민의 2%만을 향해 있기 때문이다. 농민 인구가 많은 호남에선 농민을 위한 정책을 가진 후보를 찍고, 노동자가 많은 영남에서는 노동자들의 권익을 위해 헌신하는 후보를 찍으면 그때야 비로소 '지역주의'가 극복됐다고 할 수 있다.

광운대학교 동아시아연구소 연구교수인 전상숙 박사의 논문 〈정치적 리더십과 지역대표성(노무현대통령과 지역주의를 중심으로)〉은 한국의 지역주의를 이해하는 데 큰 도움을 준다. 이 논문에서 전상숙 박사는 대통령과 대통령의 리더십이 정치적으로 지역주의와 긴밀히 연결되어 비정상적이고 편협한 지역중심주의를 더욱 고착시켰다고 말한다.

대통령 박정희의 3선 출마 반대를 무릅쓰고 실시된 제7대 대선에서 박정희와 김대중 두 후보는 성장거점전략의 성과와 그에 대한 비판을 지역주의적 전략으로 정권획득을 위하여 활용하였다. 그러나 제7대 대선에서 처음으로 등장한 지역주의적 정치 동원 전략은 당시만 해도 지역적 편중이 우려될 만큼 심각한 편은 아니었다. 또한, 이것은 이후 유신 체제의 수립과 함께 정치적 자유가 제한되면서 더 이상 계속될 여지도 없었다. 그런데 민주화항쟁의 성과로 실현된 직선제가 시행된 제13대 대선에서 후보들의 지역기반과 민주화운동의 경험이 대선후보의 정치 적 정당성과 결합되어 심각할 정도의 지역주의로 표출되었다. 이후, 선 거, 특히 대선에서 정치적인 지역주의가 심각하게 재현되었다.[8]

1971년 제7대 대통령선거에서 처음으로 등장한 지역주의 전략은 1987 년 제13대 대통령선거를 통해 극대화되고, 2002년 등장한 노무현 대통령 당선을 통해 완화의 계기를 만들었다고 설명한다. 그리고 노무현 대통령 당선의 의미를 다음과 같이 평가한다.

제16대 대선에서 새천년민주당 노무현 후보의 등장은 그 자체로 정치 적 지역주의 탈피의 가능성을 기대해볼 만한 것이었다...... 그는 5공 청 문회를 통해서 보인 원칙과 소신, 서민 후보, 비주류정치인의 이미지에 부응하는 지역주의 해소와 행정수도 이전이라는 선거공약을 앞세우며 낡은 정치를 대체할 '새로운 정치'를 주창하였다. 다른 한편으로 그는 젊은 층이 자발적으로 선거, 정치에 참여할 수 있는 정치적 축제의 장 을 제공하는 듯한 실질적인 선거운동전략을 전개하여 새바람을 불러일 으켰다. 노무현 후보의 서민적이고 진솔한 언행과 이미지는 이 과정에 서 상당히 중요한 역할을 하였다. 그러한 노무현의 개인적인 특성은 유 권자로 하여금 새바람을 불러일으킬 정도의 지도자로서의 리더십을 기대하게 하였다. 반면에 DJ가 아닌, 영남 출신 노무현 후보에 대한 경쟁 세력의 지역주의적인 선거 전략과 정서적 동원은 한계를 가질 수밖에 없었다…… 이로써 노무현 대통령의 집권은 종래 정치적 지역주의의 악순환 구조에 발전적인 전환의 계기를 만들었다고 할 수 있었다.[9]

이처럼 지역주의를 완화시키고, 한국 정치를 한 단계 업그레이드시킨 '노무현 대통령' 당선을 먼발치서 지켜봤을 이재명은 과연 어떤 생각을 했을까?

1988년, 노무현 대통령이 제도 정치권에 진입한 이후, 2002년 대통령에 당선되기까지 내세웠던 가장 큰 비전은 '지역주의 타파'와 '지역균형발전'이었다. 그 세월 동안 수차례 이어진 부산에서의 도전과 낙선은 국민들에게 큰 감동을 주며, 정치인 노무현의 정치적 자산이 되었고 강력한 국민적 신뢰를 구축한 계기였다. 하지만 나는 노무현 대통령의 무모하고 드라마틱한 부산 선거 실패의 과정이 대통령 노무현을 만들었다고 생각하지 않는다. 그렇다면 대통령 당선의 가장 큰 계기는 무엇인가? 누가 뭐라 해도 당선의 가장 큰 계기는 1998년 7월 21일 보궐선거를 통해 1996년 총선에서 낙선했던 종로구 국회의원으로 당선된 것이라고 생각한다.

종로는 어려운 역사의 고비마다 한국정치의 이정표를 세웠습니다. 장면 총리, 윤보선 대통령, 박순천 여사, 유진오 총재, 이민우 총재 등 정통 야당의 거목들을 탄생시켜 나라의 지도자로 키웠습니다. 종로는 자랑스러운 전통과 자부심이 있는 정치1번지입니다. 그러나 지난 16년 종로의 명예, 자부심은 실종되었습니다. 정통 야당의 거목을 탄생시켜 정치 1번지라 불리던 종로에서 노무현은 진짜 야당을 다시 세우고 싶습니다. 희망을 가질 수 있는 대들보가 되고 싶습니다.

- 96년 제15대 국회의원선거 노무현 후보 공보물 중에서[10]

당시 종로구 국회의원 이명박(한나라당)이 서울시장 경선 출마를 위해 국회의원직을 사퇴하면서 운명처럼 찾아온 기회를 잘 살렸다. 노무현 대통령의 '대한민국 정치1번지' 종로구 국회의원 당선은 그 자체로 의미가 컸지만 더욱 중요한 사실은 2년 후인 2000년 4월 총선에서 당선 가능성이 컸던 종로 지역구를 미련 없이 버리고, 다시 부산으로 내려가 낙선의 고배를 마시는 과정이다. 이 과정을 통해 지역주의 타파를 위해 헌신한 노무현의 노력과 진정성은 대중의 뇌리에 강력하게 각인된다. 노무현을 향한 대중의 신뢰는 막 태동하기 시작한 인터넷 시대와 결합해 '노무현을 사랑하는 사람들의 모임(노사모)'으로 조직되고, 청문회 스타 노무현을 넘어 '지역주의 타파'라는 국가적 어젠더가 체화된 '국민 지도자 노무현'을 만들어낸다. 이를 바탕으로 당시 노무현 후보는 '국민후보 노무현'이라는 타이틀을 달게 된다.

만약 이재명이 '제2의 노무현'이 되고 싶다면, '경상도 이재명'이 아닌 '수도권 이재명'이 돼야 한다. '수도권 이재명'이 되는 지혜는 노무현이 미리 준비해 뒀으니 그 길만 따라가면 된다. 이런 점에서 이재명은 행운아라고 할 수 있다. 이재명 본인도 '수도권 이재명'이 되기 위한 매우 좋은 배경과 조건을 이미 갖추고 있다. 경기도 성남에서 성장기를 보냈으며, 성인이

2

된 이재명은 성남의 시민운동가, 인권변호사였다. 이를 기반으로 경기도 성남시장이 되었고, 시장 시절 업적을 기반으로 경기도지사로 선택받았으며, 이후 집권당의 대통령 후보에 이르게 된다. 대통령선거에서 패배한 이재명은 인천에서 국회의원에 당선된 후 제1당의 당대표에 다다른다. 이제 이재명에게 남은 것은 서울시민의 평가를 받는 일이다. 매번 선거 때마다 등장하는 민주당의 어설픈 '동진 전략'은 잠시 접어두고, 우선 '수도권 이재명'에 집중할 때이다.

2022년 3월 9일에 실시된 20대 대통령선거 전국 득표율 차이는 0.73% 였고, 득표수 차이는 247,077표였다. 서울에서 득표율 차이는 4.83%, 득표수 차이는 310,766표였다. 이 결과는 두 가지 사실을 말해주고 있다. 이재명은 '대선에서 진 게 아니고, 서울에서 졌다'라고 보는 게 맞고, 노무현이 서울 시민(종로 구민)의 선택을 등에 업고 동쪽으로 전진했듯이 이재명도 그렇게 하는 게 맞다.

우리가 건너야 할 세 번째 다리는 '국민통합'입니다. 국민의 정부도 지역 갈등을 해소하지 못했습니다. 지역분열의 정치가 우리 정치를 왜곡시켜 왔습니다. 통탄할 일입니다. 정치와 국민이 지역으로 갈라져 대립하는 한, 어떤 정책도, 어떤 정부도, 어떤 대통령도 성공할 수 없습니다. 지난 3월 16일 광주시민의 위대한 결단을, 그날의 감동을, 저는 영원히 잊지 않을 것입니다. 그 결단은 국민의 가슴 속에 감동의 물결과 화합의 바람을 일으켰습니다. 이 결단으로 우리 민주당은 진정한 국민정당이 되었습니다. 이제 우리 정치 전체가 지역대결을 탈피해야 합니다. 정당은 정책으로 경쟁해야 합니다. 약속드립니다. 제가 민주당과 함께 분열의 정치를 종식하고 통합의 정치를 실현하겠습니다. 어떤 지역도 차별받지 않도록, 어느 지역도 소외당하는 일이 없도록, 관행과 제도를 확실하게 바로잡겠습니다.

_ 노무현 전 대통령의 2002년 민주당 대통령 후보 수락 연설 중

행정가 이재명 VS 정치인 이재명

∙

옛날에 순舜임금은 요堯임금의 뒤를 이어 12목牧에게 물어, 그들로 하여금 목민牧民하게 하였고, 주 문왕周文王이 정치를 할 제, 이에 사목司牧을 세워 목부牧夫로 삼았으며, 맹자孟子는 평륙平陸으로 가서 추목芻牧하는 것으로 목민함에 비유하였으니, 이로 미루어 보면 양민養民함을 목牧이라 한 것은 성현이 남긴 뜻이다. 성현의 가르침에는 원래 두 가지 길이 있는데, 하나는 사도司徒가 만백성을 가르쳐 각기 수신修身하도록 하고, 또 하나는 태학太學에서 국자國子를 가르쳐 각각 수신하고 치민治民하도록 하는 것이니, 치민하는 것이 바로 목민인 것이다. 그렇다면 군자君子의 학은 수신이 그 반이요, 반은 목민인 것이다. 성인의 시대가 이미 오래되었고 그 말도 없어져서 그 도가 점점 어두워졌다. 요즈음의 사목司牧이란 자들은 이익을 추구하는 데만 급급하고 어떻게 목민해야 할 것인가는 모르고 있다. 이 때문에 백성들은 곤궁하고 병들어 줄을 지어

진구렁이에 떨어져 죽는데도 그들 사목된 자들은 바야흐로 고운 옷과 맛있는 음식에 자기만 살찌고 있으니 어찌 슬픈 일이 아니겠는가⋯⋯[11]

_《목민심서》 서문 중에서

《목민심서》는 조선 후기 대학자이자 정치인이었던 다산 정약용 선생이 공직의 의미와 공직자의 윤리에 관해 쓴 책이다. 이 책의 배경이 되는 19세기 초 조선 후기 사회는 1620년(광해군 12년) 능양군과 서인 세력이 일으킨 쿠데타(인조반정) 이후 권력을 독점해온 서인(노론)의 독주가 본격적으로 조선 사회를 붕괴시키기 시작하는 시기이다. 노론 세력은 그들의 마지막 당수인 이완용이 나라를 팔아먹을 때까지(소론과 남인으로 권력이 넘어가는 두세 차례의 환국을 제외하고) 250년간 조선 후기 권력을 독점해온 당파이다. 이들은 쿠데타 당시 자신들이 첫 번째로 내세운 성리학의 도리와 가치는 쿠데타 성공과 동시에 내다 버리고, 매관매직과 백성에 대한 수탈, 세계사의 변화를 도외시한 낡고 무지몽매한 외교 등으로 조선 사회를 병들게 만든다.

결국 이 자들의 불의한 쿠데타는 얼마 지나지 않아 '정묘호란', '병자호란'으로 이어져 수많은 백성이 희생되었다. 게다가 전쟁의 결과로 아비(인조)를 대신해 볼모로 끌려갔다가 조선을 변화시킬 신문명을 몸과 마음에 담고 돌아온 아들(소현세자)을 그 아비가 무너뜨리는 참담함을 보여주기도 했다.

다산 선생은 이런 역사를 마주하고 자신의 정치 철학과 행정 지식을 담아 암담하고 비참하게 썩어가는 조선의 현실을 타개하고, 미래 조선 정

2
·

치와 행정을 이끌고 나갈 선비들이 마음 깊이 새겨야 할 것들을 《목민심서》라는 책으로 정리한 것이다. 그런데 현대에 와서 이 책을 단순히 행정학 교과서나 공무원 윤리 교재로 보는 경향이 있는데 이는 빙산의 일각만 보는 격이다. 《목민심서》의 진면목은 행정부 공무원들의 올바른 공직 수행을 위한 지침 너머에 있다. 이 책은 다산 선생의 정치 철학과 역사의식이 총망라된 정치학, 행정학, 사회학 교과서로 받아들이는 게 맞다. 《목민심서》는 도지사, 시장, 군수들과 행정부 소속 공무원뿐만 아니라 입법부, 사법부, 행정부, 공기업 등 국민의 세금으로 생계를 이어가는 모든 공직자의 직무 지침, 공복으로서의 마음가짐을 담고 있다.

'일국의 국민'인 내가 이해하고 있는 '정치'와 '행정'은 이렇다. 정치는 국가와 사회의 자원을 균형 있게 재분배하고, 그 일에서 유발되는 갈등을 조정하고 예방하는 것이다. 또한, 자원을 분배함에 있어 사회적 약자가 자원 배분에서 소외되지 않도록 그들을 보호하고, 안전하게 권리를 누릴 수 있는 제도(법률과 조례)를 생산하는 일이다. 이러한 정치를 작동하게 하는 '권력'은 각각의 국민이 소유하고 있으나 많은 국가는 대의제도인 선거를 통해 선출된 자에게 위임하고 있으며, '정치인'은 선거 등을 통해 일련의 위임을 받기 위한 활동에 참여하는 사람들을 말한다.

행정이란, 선거를 통해 권한을 위임받은 국민의 대표(정치인)들이 만든 제도(헌법과 법률)를 근거로 만들어진 정부를 경영하고, 정치권력의 주체인 국민(공공)의 안전과 행복을 지키고 확대해 나가는 일이다. 행정과 정치라는 두 영역은 '불가분'의 관계로 '견제와 균형의 원리' 또는 '책임(정치)과 집행(행정)'에 기반하여 공존한다. 우리 헌법에 정해져 있는 '견제와 균형'의 예로는, 국회에서 가결한 '법률에 대한 대통령의 거부권'(헌법 53조), '헌법과 법률을 위반한 대통령에 대한 국회의 탄핵소추권'(헌법 65조), '헌법재판소의 탄핵심판 권한'(헌법 111조)을 들 수 있다.

대통령제를 채택하고 있는 나라에서 행정부의 정점에는 '대통령'이 있다. 대통령은 내부적으로 행정부가 집행하는 모든 사항을 최종 결정하고, 책임지는 막중한 위치다. 대외적으로는 국가를 대표하는 '국가원수'의 지위를 부여받는다. 대통령이 행정부의 집행에 대한 최종 결정권과 책임을 동시에 가진다는 것은 '행정가'와 '정치인' 두 개의 다른 성격의 지위를 동시에 가진다는 의미다. 그러므로 대통령은 정책에 대한 정확한 이해와 판단 능력으로 결정하고 집행하는 행정력과 정책의 설계와 입안, 그리고 집행 과정에서 발생하는 수많은 갈등과 부작용을 해소하는 정치력을 동시에 가지고 있어야 한다. 이 두 가지 능력을 겸비한 사람이 바로 대통령 자격이 있는 사람이다. 대통령선거 때 자주 등장하는 '준비된 대통령'은 바로 이를 두고 하는 말이다. 만약 이러한 기본적인 능력 가운데 어느 하나라도 미비한 사람이 대통령이 된다면, 이후 펼쳐질 비극적 결말은 불을 보듯 빤하다. 만약 두 가지 모두 미비한 자가 대통령이 된다면 국가에 재앙이 닥칠 것이다.

그렇다면 이재명은 어떠한가? 우선 이재명은 공장 노동자, 시민운동가, 광역/기초 지방정부의 장, 국회의원, 정당의 대표 등 매우 다양한 경력을 거친 정치인이다. 그러나 공직 경력 중 대부분은 '행정가 이재명'이다. 성남시장과 경기도지사 재직 시절 이재명은 지방정부의 장에 대한 직무수행 평가에서 항상 최상위권의 자리에 있었다. 이로써 '행정가 이재명'

에 대한 평가는 논란의 여지가 없다. '성남 모라토리엄 선언'과 '시장실 개방', 가계 부담을 경감해 주는 '무상 시리즈 정책', '청년 배당 등 이재명표 청년정책', 경기도 지역화폐, 기본주택사업, 코로나-19 펜데믹 시기에 보여준 과감하고 신속한 방역조치 등의 민생정책들은 일각의 '포퓰리즘'이라는 비판에도 불구하고 분명 성공한 행정이었다. 또한, 임기 때마다 달성한 100%에 가까운 '공약이행률'은 지지자들에게 경이로움으로 받아들여진다.

반면에 '정치인 이재명'에 대한 평가를 내리기엔 아직 이르다. 정치인에 대한 평가는 곧 선거 결과를 의미하기 때문이다. 수많은 오해와 그로 인해 발생한 수사와 재판, 언론의 일방적 비판, 그리고 극과 극으로 나뉜 민주당 지지층 내부의 갈등을 딛고 집권여당의 대통령 후보가 된 것까지는 성공적이었다.

하지만 문제는 후보로 선출된 직후부터 나타나기 시작했다. 후보로 결정된 순간, 경선장 밖에서는 상대 후보 측 국회의원의 경선 불복 발언이 공중파 카메라와 마이크를 통해 전국으로 송출되었다. 이러한 분열 양상 때문에 금보다 귀한 시간을 2주 이상 허비해야 했다. 이렇게 발생한 균열이 임시로 봉합된 채 선거일은 다가왔고, 이재명은 역대 최소 득표 차로 고배를 들게 된다. 패배의 고통을 수습할 겨를도 없이 또 하나의 비극이 찾아온다. 대선 패배 후 불과 3개월이 지난 시점에 실시된 제8회 전국동시지방선거와 보궐선거였다. 어찌 보면 대선 패배 3개월 후 치른 지방선거와 보궐선거의 패배는 필연적 결과였을지 모르지만, 선거의 패배는 어떤 상황에서건 정치인에게 있어 가장 큰 타격일 수밖에 없다. '정치인 이재명'에게 그나마 다행인 것은 인천 계양을 보궐선거에서 승리하며 '솟아 날 구멍'을 찾았다는 것이다. '솟아 날 구멍'은 '정치인 이재명'이 국회라는 메이저리그에 입성한 것 자체이다. 국회에서 그는 자신의 정치력을 보여줘야 한다.

이제 실적 좋은 '행정가 이재명'에서 '정치인 이재명'으로 성공적으로 변신하여 최후의 승자가 될 것인가를 판가름할 시간이 다가오고 있다. 그것은 바로 2024년 4월 10일 실시될 제22대 국회의원선거다. 이재명 개인에겐 너무 힘든 요구겠지만 이번 총선은 분명 이재명에게 '초월적 정치력'을 요구하고 있다.

'초월적 정치력'은 다음 네 가지를 의미한다.

첫째, '이재명 죽이기'를 지상 과제로 삼은 검찰정권의 무자비한 칼날을 무사히 피해 가는 정치력이다. 둘째, 사분오열의 조짐이 갈수록 커지고 있는 당내 갈등을 원만히 통합해가는 정치력이다. 셋째, 검찰정권에 분노하고 있는 국민이 요구하기 시작한 '혁신공천'을 집행하는 정치력이다. 넷째, '혁신공천'으로 발생할 공천 잡음을 최소화한 후 총선에서 원내 제1당의 지위를 지켜내는 정치력이다.

이 네 가지 극한의 난관을 '초월적 정치력'으로 돌파해낸다면 '유능한 풍운아, 수도권 정치인 이재명' 그리고 '최후의 승자 이재명'으로 국민 앞에 우뚝 서게 될 것이다. 정치는 동서고금을 막론하고 냉혹한 승부의 연속이다.

이재명의 상식정치

저는 정치 상층부 사람들이 아니라 주로 시민들을 만나잖아요. 가끔씩 시민들에게 "나는 진보가 아니다. 내가 제일 좋아하는 것은 상식과 합리, 공정과 형평, 이런 것이다. 정상적인 사회가 되자는 것이다"라고 말하면 반응이 아주 좋아요. 매일 출퇴근하고 당장 먹고 살기 바쁜 분들에게 보수·진보 논쟁은 사실 짜증나죠. 상식 대 비상식 구도를 만드는 것은 충분한 가치가 있다고 생각합니다.[12]

_성남시장 시절 이재명의 발언

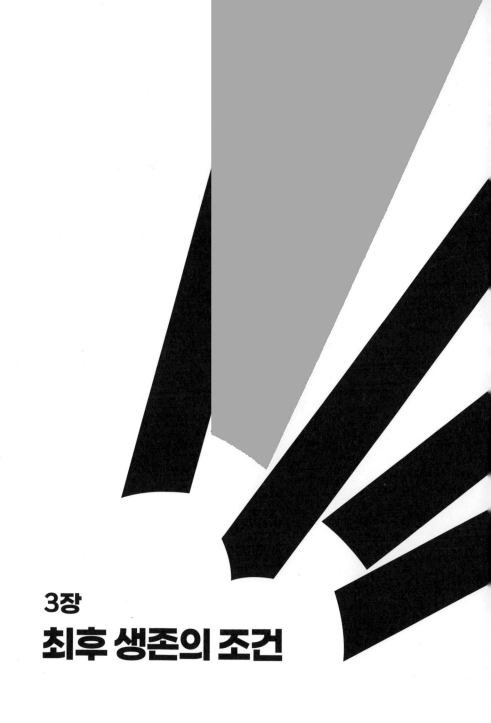

3장
최후 생존의 조건

먼저 현인을 널리 구하라

●

신은 본래 하찮은 포의로 남양의 땅에서 논밭이나 갈면서 난세에 목숨을 붙이고자 하였을 뿐, 제후를 찾아 일신의 영달을 구할 생각은 없었사옵니다. 하오나 선황제께옵서는 황공하옵게도 신을 미천하게 여기지 아니하시고 무려 세 번씩이나 몸을 낮추시어 몸소 초려를 찾아오셔서 신에게 당세의 일을 자문하시니, 신은 이에 감격하여 마침내 선황제를 위해 몸을 아끼지 않으리라 결심하고 그 뜻에 응하였사옵니다. 그후 한실의 국운이 기울어 싸움에 패하는 어려움 가운데 소임을 맡아 동분서주하며 위난한 상황에서 명을 받들어 일을 행해온 지 어언 스무 해하고도 한 해가 지났사옵니다.

-《정사 삼국지》[1], 제갈량의 '출사표' 중

서기 227년, 촉한의 재상이던 제갈량은 황제 유선에게 올린 '출사표'를 통해 자신을 만나기 위해 세 번이나 찾아 왔던 유비의 '삼고초려三顧草廬'를 상기시킨다. 제갈량은 이 출사표를 통해 선황제 유비가 자신에게 베푼 은혜에 대한 감사를 표시하고, 더 나아가 '촉한'의 미래를 위해 사람을 귀하게 쓰라는 교훈을 황제 유선에게 전하고 있다. 출사표란 전쟁터에 나가는 장수가 왕이나 황제에게 자신의 결의와 충심을 담아 올리는 글이다. 생사 여부를 장담할 수 없는 전쟁터로 떠나기 전에 남기는 공적인 '유언장'이다.

제갈량의 출사표는 출정의 의미와 더불어 촉한의 미래에 대한 염려, 그것을 극복할 지혜와 교훈을 담았다. 《소설 삼국지》 중 백미로 꼽히는 '제갈량의 출사표'는 조국과 황제를 향한 진정한 애국심과 충심의 표상이다. 그런데 기억할 것은 이 충의의 출사표는 바로 유비의 '삼고초려'에서 시작됐다는 사실이다. (유비의 삼고초려가 허구라는 주장이 많음에도 불구하고 말이다)

많은 역사가는 17세기 반계 유형원(磻溪 柳馨遠, 1622~1673), 18세기 성호 이익(星湖 李瀷, 1681년~1763년), 19세기 다산 정약용(茶山 丁若鏞, 1762년~1836년)을 조선 후기에 등장한 최고의 지식인으로 꼽는다. 굳이 이 세 분의 학자 중 한 명을 꼽으라고 한다면 나는 단연 성호 이익 선생을 선택하고 싶다. 이익 선생은 반계 유형원의 학문을 재정립하여 한 단계 높은 수준으로 높였을 뿐 아니라, 다산 정약용을 통해 실학을 집대성할 수 있게 한 인물이기 때문이다.

성호 이익 선생의 정치와 사회 개혁이론을 세 가지로 정리하면 다음과 같다.

첫째, 과거제 폐단의 개혁이다. 일부 문벌과 당파(노론)가 독점하는 과거제도 개혁과 문예에만 치중해서 과거제도가 운영된 결과 백성의 실생활과 괴리된 사대부 독점 관료 시스템을 비판했다. 그는 이를 극복하기 위한 방안으로 농민, 서얼, 노비에게까지 관직을 개방해야 한다고 주장한다. 이는 곧 노동의 어려움을 아는 덕망 있는 인재를 등용해야 한다는 뜻이었다.

둘째, 조선 후기에 더욱 극심해진 붕당의 척결이다. 붕당의 원인인 벼슬을 이용해 사익을 창출하는 구조를 혁파해야 한다고 주장했다. 그래야만 관직에 대한 과도한 욕망이 사라질 수 있을 것으로 전망했다. 이는 조선 사회가 상업, 기술, 공업 등 다양한 분야가 골고루 발전해야 한다는 의미를 담고 있었다.

셋째, 주자학의 한계를 뛰어넘는 폭넓은 사상의 도입이다. 이익 선생은 조선 초·중기보다 더 보수화되고 경직된 주자학 중심의 세계관을 뛰어넘어야 한다고 주장했다. 이를 위해 사신들을 통해 유입된 서학西學에 대해서도 개방적인 자세를 취하게 된다. 참고로 이익 선생의 손자인 당대 최고의 천재 이가환은 천주교도로 몰려 신유박해 때 형장의 이슬로 사라지고 만다.[2]

당론은 하나의 큰 옥송獄訟이었다. 극히 악한 사람이 극히 선한 사람을 치며 극히 어진 사람이 극히 흉한 사람을 배격하는 것은, 사람마다 손가락질하고 지목하여 그 시비가 분명히 판명되는 일인데 어찌하여 편당이 생기는가? 그러나 옳은 가운데도 그름이 있고, 그른 가운데도 옳음이 있으며, 또 옳은 듯하면서도 그른 것이 있고, 그른 듯하면서도 옳은 것이 있다. 사람들은 다만 자신의 옳음과 남의 그름만 보기 때문에 편당이 생기게 된다. 한 일은 분별할 수 있거니와 온 세상에 어찌하며,

당대에는 구별할 수 있으나 후대에 어찌하랴. 마치 무슨 물건을, 촛불이 환한 집에 두면 그 물건이 밝은 불빛을 받아 다 붉어지고, 은폐된 굴속에 두면 그 어두움에 묻혀 다 검어지는 것과 같다. 그러므로 편당 속에서 생장하면 비단 남에게만 밝히기 어려움이 있을 뿐 아니라 자신 역시 깨닫지 못한다. 진실로 밝은 지혜에 결단성을 지닌 사람이 아니면, 뛰쳐나가 높은 경지에 오르기 어렵다. 비유하면 마치 술에 취한 사람이 나쁜 일은 술의 잘못으로 돌리고, 좋은 일은 술의 덕으로 돌리는 것과 같은 격이다. 그러므로 조그마한 지혜와 사사로운 생각으로 잘못 남을 평가하는 자는, 적을 보고 아들이라 하고, 은혜를 베푼 이에게 원한을 품는 격이요, 모르겠다 핑계하고 구제하려 아니하는 자는 도둑이 이르러도 막지 않으며 집이 무너져도 떠받치지 않는 격이다.

_《성호사설》 7권 〈인사편〉 당론黨論 중에서[3]

위의 글은 당쟁의 폐단을 강하게 비판하는 '편당심偏黨心'에 관해 설명한 부분이다. 이처럼 이익 선생은 당쟁의 폐습을 거침없이 비판하고 대안을 제시한 실천적 지식인이었다. 이익 선생의 비판과 제시한 대안에는 2023년 한국의 현실에 그대로 적용해도 전혀 무리가 없는 합리적이고 진보적인 내용이 가득하다.

2023년 이재명에게 요구되는 가장 중요한 것은 '공명 제갈량'과 '성호 이익'처럼 시대를 꿰뚫는 혜안과 비뚤어진 세상을 바로 잡을 지혜로 무장한 현인賢人을 널리 구하는 일이다. '이 세상'에 없다면 '저 세상'에서라도 모셔 와야 한다. '법복 입은 군인'들과의 전면전은 그다음 일이다.

3
최후 생존의 조건

후세에 와서는 그렇지 못하여 조정에서 인재를 뽑는 것이 세벌世閥과 관위官位의 고하에 벗어나지 않아서 거실巨室에 있어서는 버림받는 자가 없고 원읍遠邑에 있어서는 어질고 덕이 있는 이도 버려둔다. 게다가 과명科名이란 한 투식에 따라 교묘한 방법으로 발신發身하기 때문에 지우智愚를 막론하고 몸뚱이만 있으면 문득 귀히 되어서 살찐 고기로 배를 불리고 독한 술로 정신을 잃는다. 심한 자는 혹 이르기를 "염소로 밭을 갈고 쌀을 심으면 싹이 난다"고도 하니, 요사이 중지中智 이하는 모두 귀신 도깨비 같은 놈들이다. 이러고서 백성이 어찌 곤궁에 빠져 죽지 않을 수 있겠는가? 이러므로 공경公卿들에게 백성들의 농사하는 일을 알게 하려면 반드시 벌열閥閱이란 패병(欛柄, 칼자루)을 깨뜨려 없애고, 몸소 농사의 어려움을 아는 자 중에서 재능과 덕망이 있는 자를 가려 등용해야만 거의 기대할 수 있을 것이다.[4]

_《성호사설》 10권 〈인사문〉 천발견묘薦拔畎畝 중에서

이재명 죽이기

죽은 김영삼이 산 이재명을 지킨다

•

김영삼 대통령 육군사관학교 제49기 졸업 및 임관식 연설 중

신임 장교 여러분, 군인의 길은 개인의 영화보다는 국가를 위한 헌신의 길입니다. 조국은 그러한 우리 군에 드높은 명예를 드립니다. 임무에 충실한 군인이 조국으로부터 받는 찬사는 그 어떤 훈장보다도 값진 것입니다. 그러나 올바른 길을 걸어온 대다수 군인에게 당연히 돌아가야 할 영예가 상처를 입었던 불행한 시절이 있었습니다. 나는 이 잘못된 것을 다시 제자리에 돌려놓아야 한다고 믿습니다. 문과 무는 서로 다른 나무가 아니라 한 뿌리 위의 한 나무입니다. 나라를 지키고 국민의 자유와 행복을 주는 두 수레바퀴입니다. 문과 무는 역할이 다를 뿐입니다. 이제 30여 년 만에 문민시대를 맞았습니다. 새로운 시대에 맞는 군의 역할과 위상을 찾아야 합니다. 밖으로부터 나라를 지키는 군일뿐 아니라 국민과 호흡을 같이 하고 국민의 사랑을 받는 군이 되어야 합니다. 나

3
·

는 오늘 이 자리에서 국군의 명예와 영광을 되찾아 주는 일에 앞장설 것을 다짐합니다. (1993년 3월 5일)

김영삼 대통령 공군사관학교 제41기 졸업 및 임관식 연설 중

친애하는 신임 장교 여러분, 문민시대에 우리 군의 위상을 다시 세워야 합니다. 국민의 군대가 되어야 합니다. 국민과 호흡을 함께 하고, 국민의 사랑을 받는 군만이 강할 수 있습니다. 군에 대한 국민의 신뢰를 저해하는 구습과 관행이 있다면 마땅히 청산되어야 할 것입니다. 오직 나라를 위해 헌신하는 국군의 고귀한 명예는 지켜져야 합니다. 장병들의 사기는 진작되어야 합니다. 대통령으로서 저는 이를 뒷받침하는 데 최선을 다할 것입니다. (1993년 3월 10일)

김영삼 대통령 해군사관학교 제47기 졸업 및 임관식 연설 중

국군은 '국민의 군대'로 국민과 더욱 가까워져야 합니다. 국민의 사랑과 신뢰를 받는 민주적인 군대만이 강군이 될 수 있습니다. 군의 창의력이 중시되고 애국심과 능력이 제대로 평가되는 맑고 깨끗한 분위기를 만들어나갈 것입니다. 우리 군을 안보에 전념하는 전문적인 조직으로 키워나가는 데 앞장설 것입니다. (1993년 3월 12일)

(출처 : 행정안전부 대통령기록물 홈페이지, https://www.pa.go.kr)

앞에 인용한 글은 1993년 3월 8일 김진영 육군참모총장과 서완수 기무사령관을 전격 해임하며 시작된 군대 내부 사조직 '하나회 척결' 작업 시작을 전후로 한 김영삼 대통령의 연설 중 일부이다. 이는 군부독재시대를 끝내고, 국민이 주권자인 '정상 민주국가 대한민국'이 될 것이라는 선언이기도 했다.

'하나회'는 1955년에 육군 소위로 임관한 영남(TK) / 정규 육사 1기(비정규·정규 역사가 통합된 1966년 이후엔 육사 11기로 기록) 출신 엘리트 장교들을 중심으로 군대 내에서 결성된 사조직이다. 하나회는 국민의 생명과 재산을 지키고, 국토를 수호하는 군인 본연의 직무가 아닌 개인의 영달과 정치권력 획득을 목적으로 만들어진 장교들의 정치결사체라고 할 수 있다. 하나회 척결을 위한 김영삼 대통령의 결단은 가공할 속도와 파괴력으로 무장돼 있었다. 이러한 전광석화 같은 '숙군肅軍 드라이브'는 당시 누구도 알지 못했고, 심지어 정권의 황태자라고 불리던 대통령의 아들 김현철 씨조차 모르고 있었다고 한다. 그야말로 '김영삼'이라는 불세출의 리더십이 만들어낸 혁명적 결단으로 시작되었던 것이다.

김영삼 대통령은 2008년 11월 20일 전북 전주 우석대학교에서 열린 강연에서 "1993년 취임할 때부터 군사문화 청산에 혼신의 힘을 다해 그때까지도 군대뿐 아니라 대한민국 전체를 좌지우지하던 하나회를 숙청했다. 하나회가 그대로 있었다면 김대중·노무현 전 대통령은 대통령이 될 수 없었을 것"이라고 말했다. 오늘날 이 말은 진영을 넘어 누구나 인정하고 있다. 그는 이 자리에서 '하나회 숙청'을 자신의 가장 큰 업적으로 꼽았다고 한다.[5]

1993년 8월 12일, 김영삼 대통령은 긴급 담화문을 발표한다. 3월 8일 하나회 척결이 시작된 지 5개월이 지난 시점에 또 하나의 혁명적 변화가 시작된 것이다. 먼저 대한민국 역사에 길이 빛나게 될 개혁의 시작을 당시 발표된 대통령 담화문을 통해 음미해보는 것이 좋을 듯하다.

금융실명제 실시 관련 담화문 전문[6]

저는 이 순간 엄숙한 마음으로 헌법 제76조 1항의 규정에 의거하여, 「금융실명 거래 및 비밀보장에 관한 대통령 긴급명령」을 반포합니다. 아울러 헌법 제47조 3항의 규정에 따라, 대통령의 긴급명령을 심의하기 위한 임시국회 소집을 요청하고자 합니다. 금융실명제에 대한 우리 국민의 합의와 개혁에 대한 강렬한 열망에 비추어 국회의원 여러분이 압도적인 지지로 승인해 주실 것을 믿어 의심치 않습니다.

친애하는 국민 여러분, 드디어 우리는 금융실명제를 실시합니다. 이 시간 이후 모든 금융거래는 실명으로만 이루어집니다. 금융실명제가 실시되지 않고는 이 땅의 부정부패를 원천적으로 봉쇄할 수가 없습니다. 정치와 경제의 검은 유착을 근원적으로 단절할 수가 없습니다. 금융실명 거래의 정착이 없이는 이 땅에 진정한 분배정의를 구현할 수가 없습니다. 우리 사회의 도덕성을 확립할 수가 없습니다. 금융실명제 없이는 건강한 민주주의도, 활력이 넘치는 자본주의도 꽃피울 수가 없습니다. 정치와 경제의 선진화를 이룩할 수가 없습니다. 금융실명제는 '신한국'의 건설을 위해서, 그 어느 것보다도 중요한 제도개혁입니다. 금융실명제는 개혁 중의 개혁이요, 우리 시대 개혁의 중추이자 핵심입니다.

국민 여러분, 제 이름 석 자로 예금하는 이 제도가 실시되기까지 우리는 참으로 긴 세월 동안 방황하였습니다. 역대 정권에서는 금융실명제를 약속했습니다. 그러나 법을 제정하고서도 이를 실시하지 못했습니다. 여소야대 시절에도 금융실명제를 이루어내지 못했습니다. 시간이 갈수록 금융실명제의 실시는 그만큼 어려워졌습니다. 저는 이미 오래전부터 금융실명제의 필요성을 절실히 느껴왔습니다. 작년 대통령선거 때는 가장 우선적인 공약으로 국민 악에 약속했습니다. 대통령 취임 이후 새 정부에서는 기필코 조속히 실시해야 하겠다고 결심했습니다. 관계 장관으로 하여금 조심스럽게 준비하도록 하였습니다. 그 시기와 방법을 놓고 검토를 거듭했습니다. 이런 과정에서 저는 '금융실명 거래에 관한 법률'은 그 내용에 있어서 금융실명제의 참다운 의미와 그 실효성을 반감시키고 있다는 사실을 발견했습니다. 그렇다고 국회에서 공개적인 논의를 통해 법률을 개정하자면, 예상되는 부작용이 너무도 큽니다. 과거 금융실명제의 실시 문제가 논의될 때마다 금융시장이 동요하고, 경제의 안정이 위협받는 것을 우리는 보아왔습니다. 고심한 끝에, 저는 대통령 긴급명령으로 국회에서의 법 개정 절차를 대신하지 않을 수 없었던 것입니다. 오늘의 긴급명령은 명실상부한 금융실명제에 대한 국민의 열망을 반영하고 있습니다. 바로 오늘, 이렇게 대통령 긴급명령으로 실시할 수밖에 없었던 저의 충정을 국회의원 여러분께서 깊이 이해해 주시리라 믿습니다.

국민 여러분, 금융실명제는 성실하고 정직하게 살아가는 국민에게는 아무런 영향이 없습니다. 자신의 명의로 정상적인 금융거래를 해온 절대다수의 국민에게도 변화가 없습니다. 실명에 의하지 않은 금융거래는 소정의 기한 내에 실명으로 명의를 전환하면 됩니다. 금융소득에 대한 종합소득 과세는 국세청의 전산망이 완성되는 대로 실시될 것입니다. 그러

3
·
최후 생존의 조건

나 주식량도 차익에 대한 과세는 주식시장 여건을 감안하여 저의 재임기간 중에는 실시하지 않을 것입니다. 철저한 비밀보장을 위한 절차요건을 최대한 강화할 것입니다. 금융실명제로 인한 사생활의 침해나 자유로운 경제활동의 위축이 없도록 하겠습니다. 실명으로 전환되는 금융자산에 대해서는 자금출처 조사가 있을 수 있습니다만, 그 목적은 비리의 수사가 아닌 조세징수에 한정될 것입니다. 그럼에도 불구하고 긴급명령의 실시에는 금융거래의 동요 등 다소의 부작용이 나타날 수 있습니다. '신경제 5개년 계획'의 실천과 경제의 활력을 위하여, 정부는 예상되는 부작용에 대한 만반의 대책을 마련하고 있습니다. 부동산 투기와 해외로의 자금유출을 막기 위한 대응체제를 가동시킬 것입니다. 중소기업의 자금사정 악화에는 특별 긴급지원으로 대처할 것입니다. 금융시장 안정화를 위해 한국은행에 비상 대책반을 설치, 운영할 것입니다. 그리고 각종 분야별 대책을 총괄하는 기구로 '중앙대책위원회'를 설치, 운영할 것입니다.

국민 여러분, 금융실명제 실시를 위한 대통령 긴급명령은 깨끗한 사회로 가기 위해 필수적인 제도개혁입니다. 지하경제가 사라질 것입니다. 검은돈이 없어질 것입니다. 금융실명제가 정착된다면, 정치인, 기업인, 공무원 등 모든 국민이 자신들의 부에 대하여 떳떳하고 정당해질 것입니다.

이제 깨끗한 부는 부끄러움이 아니라 자랑이 될 것입니다. 그리고 국민 모두가 땀 흘려 일하면 일한 만큼 보상받는 사회를 실감할 수 있을 것입니다. 금융실명제는 신한국으로 가는 데 반드시 넘어가야 할 고비길입니다. 제도개혁에는 아픔이 따를 수밖에 없습니다. 그러나 인내와 애

이재명 죽이기

국적인 열정으로 아픔을 극복해야 합니다. 지금부터 저는 국민 여러분과 더불어, 그리고 국회의원 여러분과 함께 금융실명제라는 우리 시대의 과제를 슬기롭게 추진해 나가고자 합니다. 국민과 국회의원 여러분께서는 역사적인 제도개혁으로 나라를 구한다는 각오로 적극 협조해 주시기 바랍니다. 우리 모두가 개혁의 주체가 됩시다. 그럴 때 우리의 개혁은 반드시 성공할 것입니다. 이러한 이유로 대통령인 저는 헌법 제47조 3항에 의거하여 국회 임시회의의 집회를 1993년 8월 16일부터 20일까지 5일간 열 것을 요구하는 바입니다. 감사합니다.(1993년 8월 12일)

(출처 : 행정안전부 대통령기록물 홈페이지, https://www.pa.go.kr)

안동대학교 김병문 교수는 김영삼의 금융실명제 개혁 내용과 과정에 대해 다음과 같이 평가한다. "금융실명제는 경제의 합리성, 시장의 자율성 확보뿐만 아니라 부패한 권력과 금력의 유착관계를 단절하고 불법적인 정치자금의 흐름을 차단하기 위해서는 필수적인 조치였으며 재벌의 소유구조, 조세금융정책의 개혁 등 다른 여러 가지 경제개혁을 위해서도 필수적인 요건이 된다는 점에서 아주 중요한 개혁의 하나였다. 그러나 금융실명제는 공론화를 통한 개혁 추진을 하지 않았다는 사실에 대한 비판이 생기면서 김영삼 대통령의 개혁의 방법 중 대표적인 깜짝쇼라는 비난이 있었다. 김영삼 대통령은 공론화를 거치게 되면 기득권세력, 이익집단의 로비나 여론 조작으로 개혁 자체가 후퇴되거나 변질될 가능성이 높았다고 판단하였다."[7]

이러한 변화를 상징하는 의미에서 김영삼 정부는 '문민정부'라는 상징적인 명칭을 타이틀로 내세운다. 헌정 사상 최초로 국민에 의해 이뤄낸 평화적 여야 정권교체로 탄생한 김대중 정부는 '국민의 정부'로, 권위주의 시대의 종말과 진정한 평민의 시대를 알린 노무현 정부는 '참여정부'로 불리는데 동일한 맥락으로 이해할 수 있다. 구시대 유산이며, 국민의 열망이었던 군부독재 종식, 평화적 여야 정권교체, 권위주의 시대의 종말이 이뤄진 이후 정부는 세계의 민주 정부들과 마찬가지로 권력을 위임받은 통치권자의 이름을 앞에 붙여 '이명박 정부', '박근혜 정부', '문재인 정부'라고 불리게 된다. 안타깝게도 '정치군인'이 '정치검사'로 대체되어 과거 군부독재정권과 같은 행태를 보이는 현 정부는 '윤석열 정부'로 부르기 매우 어색한 게 현실이다. 이렇다 보니 혹자는 '무속정부', 또 다른 이는 '김건희 정부', 어떤 이는 '김건희·윤석열 공동정부'라고 부른다.

'일국의 국민'인 내가 김영삼 시대를 재평가하자는 게 아니다. 해방 이후 전진할 수 있었던 순간에 느닷없는 반동으로 좌절해 버리는 현대사의 안타까운 상황을 김영삼 대통령이 임기 초에 보인 불같은 추진력과 결단력을 교훈 삼아 다시는 반복하지 말자는 것이다. 해방 전후로 시작된 미소냉전이 좌절시킨 '독립·통일국가'의 꿈, 5.16 군사쿠데타로 꺾여버린 4.19 혁명정신, 12.12/5.17 군사반란으로 좌절된 80년 서울의 봄과 5.18 광주민주화운동, 민주세력 분열로 좌절된 87년 6월 항쟁, 가장 최근엔 검찰 쿠데타로 좌절된 촛불혁명에 이르기까지 숱하게 경험한 좌절의 역사를 이제 끝내야 한다. 나는 '김영삼의 추진력과 결단력을 이어받은 이재명'이라면 이러한 통한의 역사를 끝낼 수 있으리라 믿는다. 정치 능력으로만 무장돼 있던 김영삼과 달리 이재명은 정치, 행정, 경제 등 다양한 분야를 이해하고 판단하는 실력을 두루 갖추었기 때문이다.

김영삼은 군부독재와의 전쟁에 최적화되어 있는 사람이었다. 그가 군부독재 종식의 선봉에 설 수 있었던 배경엔 저항 세력이 대항을 준비할 시간적 여유를 주지 않고, 자원을 이용하지 못하도록 하는 전격적이고 과감한 그의 리더십이 있었다. 이뿐 아니라 김영삼의 리더십은 1968년 그가 처음으로 들고나온 '40대 기수론'과 광주민주화운동을 전 세계에 알린 1983년 '23일간의 단식투쟁'을 통해서도 확인할 수 있다. 그렇다면 이제 이재명은 검찰독재 권력과의 대결에 최적화된 사람으로 다시 태어나야 할 시간이다. 나는 이를 위한 방안으로 '이재명이여! 삼고초려의 자세로 김영삼이돼라!'라고 말하고 싶다.

김영삼의 그림자 '1990년 1월 22일 3당 합당'

김영삼 대통령의 영원한 맞수인 김대중 대통령은 자서전에서 1990년 3당 합당에 대해 다음과 같이 전하고 있다.

"그 쿠데타의, 야합의 주역이 김영삼 씨였다는 데 나는 충격을 받았다. 물론 그에게도 그럴 만한 이유가 있었겠지만 왜 역사에 버림받을 길을 선택했는지는 한때의 민주화 동지로서 지금도 안타깝다. 민주주의에 대한 열망보다는 집권욕이 앞섰다고밖에 볼 수 없다.

3당 합당은 누가 뭐래도 밀실 야합이다. 당사자들은 '보수 세력의 대연합'이라 주장하고 싶겠지만 역사는 그렇게 기록하지 않을 것이다. 그것은 반(反)민주 야합이고 반(反)호남 연합이었다…… 하루는 김원기 원내총무가 당시 정권의 막후 실세였던 박철언 정무제1장관을 만나고 왔다며 보고했다. 여당 쪽에서 만일 우리가 통합에 응한다면 평민당하고 만 협상하겠다고 했다는 내용이었다. 참으로 불쾌했다. '내 귀가 더러워지니 더 이상 말하지 마시오'라고 김 총무의 말을 잘랐다."[8]

1990년 1월 30일 3당 합당 결의안을 통과시키던 통일민주당 임시전당대회장에 울려 퍼진 노무현 대통령의 "이의 있습니다. 반대토론 해야 합니다!"라는 외침은 민주시민들의 마음속에 깊이 새겨져 있다.

룰라의 발자국이 이재명의 방탄조끼

·

2019년 공개된 넷플릭스 오리지널 다큐멘터리 영화 〈위기의 민주주의(The Edge of Democracy)〉는 2019년 10월 '조국 법무부장관 청문회'부터 2023년 '이재명의 대장동 사건'까지 이어져 온 한국정치를 이해하는 데 많은 시사점을 준다. 이 영화는 노동자 출신 대통령 룰라의 정치 역정과 퇴임 후 그와 그의 동지들에게 가해지는 검찰(법원)의 탄압과 극복 과정을 그리고 있다. 룰라의 대통령 당선과 브라질 노동자당의 집권은 브라질의 극단적인 사회적 불평등과 뿌리 깊은 보수(수구)주의에 대한 강력한 도전이었다. 네 번째 도전 만에 대통령에 당선된 룰라는 첫 번째 주요 언론과의 인터뷰에서 브라질에서 배고픔을 추방하기 위한 '기아 제로' 프로그램을 자신의 첫 번째 과제로 선언한다. 전임 정부에서부터 계획되었던 7억 달러 예산의 초음속 제트기 구매를 취소하고 약자들을 위한 프로그램을 첫 번째 과제로 선언하자 그를 지지했던 노동자들과 도시 빈민들은 열광했고, 심지어 그를 지지하지 않았던 중산층 이상의 국민도 그의 정책이 브라질의 안정에 도움을 줄 것이라고 기대했다.

영화에서도 잠깐 소개되었지만, 룰라가 전국적인 인물로 등장하게 된 계기를 살펴보려 한다. 1977년 8월, 브라질 정부는 공식 발표되었던 1973~74년의 인플레이션 지수가 조작된 것임을 인정했다. 인플레이션 공식 지수는 임금 조정의 기준으로 사용되기 때문에 해당 연도에 임금노동자들의 실질임금 31.4%가 삭감되었던 것으로 밝혀졌다. 이 발표 직후 상파울로주의 상베르나르두 금속노조는 임금 정정운동을 전개했다. 이윽고 이 운동은 수백만 명의 노동자가 참여하는 1978년과 1979년의 대규모 파업으로 발전한다. 이 당시 매일 매일의 활동과 대규모 집회에서 브라질의 새로운 지도자로 떠오른 인물이 바로 '루이스 이나시우 룰라 다 시우바(Luiz Inácio Lula da Silva)' 금속노조 위원장이다. 금속노동자들은 다른 분야의 노동자들과 연대한 노동운동에서 최전선에 서 있었다.

1979년에는 전국에서 약 320만 명의 노동자가 파업에 동참했으며, 그중 금속노조의 파업은 27회에 이르렀고, 총 95만 8,000명이 참가했다. 또한, 교원들의 파업도 20회에 걸쳐 일어났으며, 76만 6,000명이 참여하였다. 파업의 목적은 임금 인상, 고용보장, 공장위원회의 승인, 민주주의적 자유 등이었다.[9]

앞에서 언급했지만, 룰라의 대통령 당선은 브라질의 보수주의 일색의 이념 지형을 흔들어 놓은 대사건이었다. 전임 대통령인 까르도주 역시 브라질 군사독재 시절에 룰라와 함께 민주화 투쟁을 하던 동지였고, 프랑스에서 진보적인 사회학 이론을 공부했던 지식인 출신이었지만 군사독재 시대를 겪으며 미국으로부터 이식된 냉전적 보수주의를 뛰어넘기엔 한계가 있었다. 그러나 현장 노동자 출신인 룰라는 당선 자체가 판을 흔드는 파괴력을 보여주었다. 냉전이 종식된 후 유일 초강대국이던 미국의 남미 정책도 수정이 불가피했을 정도였으며, 2008년 당선된 오바마 미국 대통령은 국제회의에서 만난 룰라를 향해 "세계에서 가장 인기 좋은 룰라를 만나서 영광이다"라는 말을 남기기도 했다.

그렇다면 1989년 브라질 민주화 회복 이후 네 번째 도전 끝에 대통령에 당선된 룰라가 재선 임기를 끝내고 퇴임할 당시 그에 대한 지지율이 80%에 달한 비결은 무엇이었을까? 그건 바로 지지자들과의 확고한 신뢰를 바탕으로 한 연합정치, 그 과정에서 성장한 통합능력, 현란한 국제 외교 수완을 꼽고 싶다. 룰라가 집권했을 당시 노동자당의 국회 의석은 총 513석 가운데 91석뿐이었기 때문에 여러 군소정당과의 연합정치는 필연이었다. 또한, 당내 노선 갈등으로 인해 일부가 축출당한 후 신당을 창당했을 만큼 룰라를 힘들게 했지만, 결과적으로 룰라만의 협력정치 모델을 만드는 기제로 작용했다. 룰라는 인사권을 동원해 서로 다른 생각들이 상호 견제하고 타협하며 공존할 수 있게 했다.

이러한 결과 취임 후 1년이 지난 2004년도 3/4분기에 GNP가 연 6.1% 성장했는데 이것은 최근 8년 동안 가장 가파른 성장세였다. 고용도 13년 만에 가장 높은 연 5.9%의 증가세를 나타냈으며, 2004년 수출이 950억 달러에 달함으로써 역대 최고치를 경신하였다.

룰라의 현실적 통합정치는 사회보장제도 개혁 과정에서 빛나게 된다. 이 연금개혁 과정에서 당내 좌파 의원 일부가 룰라의 우경화를 비판하며

이재명 죽이기

탈당해 신당을 창당하는 사태가 벌어진다. 사회보장제도 개혁은 전임 까르도주 정부가 처리하지 못하고 룰라 행정부로 이어져 내려온 심각한 갈등 사안이었다. 당시 시행되던 브라질의 연금제도는 공무원, 은퇴한 법관, 그리고 전역한 군 장교에게 엄청난 혜택을 주었다. 이것은 브라질이 고령화 사회로 접어듦에 따라 구조적인 문제를 야기하기 시작했으며 국가 재정에 점점 더 큰 부담을 안기고 있었다. 전임 까르도주는 이 제도의 개혁을 위해 많은 노력을 기울였으며, 룰라 역시 2003년에 군 장교의 은퇴 연령을 60세로 상향 조정하고 부분적인 민영화로 보일 수 있는 개혁법안을 제정하였다. 이 법안이 제정되자 여당이던 노동자당 좌파 의원들은 룰라가 가난한 사람들과 당의 기본 공약을 배신했다며 맹렬히 비난하기 시작했으며 연방 수도 브라질리아에선 대규모 시위가 전개되기에 이른다.

그럼에도 룰라는 끝까지 통합적 자세로 인내하고 조정하여 결과를 만들어낼 줄 아는 정치인이었다. 몇 가지 예에서 보듯이 룰라는 첫 번째 집권기에 정치적 동맹을 맺은 정당 및 정치인들과 원만한 관계를 유지하고 또 일상적인 관계에까지 신경 쓰며 노력했다. 그는 자신의 협상력을 이용하여, 전직 대통령이자 룰라가 과거에 극도로 거친 말을 쏟아부었던 주제 사르네이와 같은 정적까지 끌어들여서 의회 다수 의석을 유지하였을 정도다.[10]

룰라의 여러 업적 중 상징적인 것은 바로 사회개혁 정책이다. 2003년 임기 첫해 룰라는 대선 과정에서 밝힌 '기아 제로'를 다시 한번 천명하고, 싼값에 음식을 공급하는 식당, 저소득층을 위한 푸드뱅크, 가족 단위 농민을 위한 국가 지원 확대 등을 시행해 나간다. 이렇게 시작된 사회 보장 프로그램은 2004년 1월 룰라의 대표적인 사회정책인 '보우사 파밀리아 제도'로 전환된다. 큰 틀에서 보면 이 정책은 이전 까르도주 정부에서 추진한 교육비 지원 프로그램 '보우사 이스꼴리'와 자신의 임기 첫해 실시한 극빈층 생계지원 사업을 합친 것이라고 볼 수 있다. 이 제도의 특징은 빈곤층의 소득 보전과 제정 지원을 받는 모든 가정의 아이들은 의무적으로 학교에 다녀야 한다는 것이었다. 재정 지원으로 빈곤층의 소득을 높이고, 또한, 문맹으로 인해 빈곤이 세습되는 악순환의 고리를 끊어내는 두 마리 토끼를 잡는 정책이었다. 이 정책의 성공으로 룰라의 첫 번째 임기 중반 이후 하루 1달러 미만의 소득으로 살아가던 5천 만 명에 이르는 극빈층이 빈곤의 굴레에서 해방될 수 있었다. 이러한 사회정책의 성공을 기반으로 정권 재창출까지 성공한 룰라는 87%라는 놀라운 지지율 속에 두 번째 임기까지 무사히 마치고 화려하게 퇴장한다.

당연한 일이지만, 정치인 룰라에게 좋은 일만 있었던 것은 아니다. 첫째, 2005년 집권당인 노동자당이 야당 의원들을 돈으로 매수한 사건인 '멘살라웅(큰용돈을 의미)스캔들'로 정치적 위기를 맞는다. '멘살라웅'은 브라질 정치의 오래된 악습이었다. 이 사건은 당시 의회에서 과반을 차지하지 못하고 있던 노동자당이 연정을 위해 저지른 부패사건이다. 재선을 앞두고 있었던 사건이었음에도 최측근이던 주제 지르세우 정무장관 등 25명의 정치인이 사임하거나 구속된 것으로 사건이 마무리되고, 룰라는 2006년 대통령선거에서 재선에 성공한다. 1기 룰라 정부의 사회정책과 외교성과가 도덕적인 문제를 덮을 만큼 큰 호응을 받고 있었기 때문이다.

둘째, 2014년, 무너지지 않을 것 같던 룰라를 수년에 걸쳐 나락으로 떨어뜨리는 브라질 역사상 최악의 부패스캔들이 터진다. 이른바 '라바 자투

(Lava Jato)'[11]라고 불리는 부패스캔들은 브라질 최대 국영기업 페트로브라스가 리우데자네이루에 대규모 석유화학 공장을 건설하는 과정에서 건설회사들이 공사비를 부풀리는 방법으로 비자금을 만들어 정치인들과 정당, 그리고 페트로브라스 전·현직 임원들에게 뇌물을 제공한 사건이다. '내가 입을 열면 브라질은 무너진다.'라고 했던 비자금 중개인 알베르토 유세프의 말처럼 300명에 가까운 기업인, 정치인이 구속되는 초유의 사태가 벌어진다. 수사 과정에서 압수한 돈이 3조 원에 달할 만큼 엄청난 규모의 부패사건이었다. 이 사건의 수사가 본격화됨과 동시에 브라질 전역에서 대규모 시위가 발생한다. 시위대는 노동자당 해산, 룰라의 후계자 지우마 호세프 대통령의 탄핵을 구호로 내세웠다. 수세에 몰린 지우마 대통령은 자신의 멘토 룰라에게 긴급하게 도움을 요청하고, 이에 룰라는 탄핵안을 준비하던 에두아르도 하원 의장이 스위스 계좌에 비자금을 숨기고 있다는 사실을 이용해 탄핵을 중지하자고 제안하고, 지우마에게도 이를 받아들일 것을 요구했다. 그러나 이러한 비밀협상이 드러나면 닥칠 더 큰 위험을 우려한 지우마와 노동자당의 간부들은 룰라의 제안을 거절하고, 하원 의장의 비자금 수사에 협조하게 된다.

2016년 3월, 이 사건으로 구속된 아마라우 노동자당 대표는 '이 사건의 중심에는 룰라와 호세프가 있다'라는 충격적인 진술을 하게 된다. 이 진술이 나오기가 무섭게 이 사건 수사의 영웅 세르히오 모루의 칼날이 룰라를 향해 겨눠진다. 룰라가 건설사로부터 뇌물을 받았다는 내용의 혐의였다. 먼저 모루는 룰라와 지우마의 전화통화를 도청해 언론에 공개하는 여론몰이를 실행한다. 내용은 룰라에게 면책특권을 주기 위해 총리급에

3

최후 생존의 조건

해당하는 직책에 임명하려 한다는 것이었다. 공개된 통화내용은 탄핵 분위기를 고조시켰고, 스위스 비밀계좌 수사를 받던 하원 의장이 구속되면서 탄핵 표결은 상원으로 자연스레 넘어가게 된다. 2016년 8월 31일 룰라의 후계자 지우마는 결국 상원의 표결로 탄핵당하고 만다. 룰라는 이에 굴하지 않고, 2018년 대선에 출마해서 진실을 밝히고 명예를 회복하겠다고 밝혔지만, 2017년 초 자신이 가져 보지도 않은 호화 아파트를 뇌물로 받았다는 혐의로 체포되고, 그다음 해 여름, 쿠리치바에 있는 1심 연방법원에서 9년 형을 선고받고, 항소심에서는 12년으로 늘어나게 된다. 87% 국민지지를 받고 퇴임한 브라질 최초의 노동자 출신 대통령이 나락으로 떨어지는 순간이었고, 브라질 노동자당이 몰락하는 순간이었다.[12]

투옥된 룰라는 자신에 대한 기소와 재판은 조작되었고, 모루 판사가 언론과 야당, 재벌과 야합하여 만들어낸 정치탄압이라고 주장하며, 옥중 대선 출마도 불사하겠다고 공언했다. 그러나 브라질 선거법원이 부패 혐의 유죄를 이유로 룰라의 대통령선거 출마를 금지는 바람에 룰라의 옥중 출마는 좌절된다. 결국 2018년 대선에서 지우마의 탄핵을 주도했던 극우 정치인 보우소나루가 대통령에 당선되었으며, '라파 자투' 수사를 지휘하며 국민적 영웅으로 떠오른 모루 판사는 법무부장관에 임명된다. 법무부장관에 임명된 모루 판사는 TV와 신문, 라디오 방송 등을 통해 전문 방송인보다 현란한 여론몰이를 구사하던 정치화된 공무원이었다. 우리나라에서도 늘 문제 되는 피의사실 공표가 체질화된 정치판사의 전형이었다고 할 수 있다. 결국 이러한 모루의 장기는 자신에게 부메랑이 되어 돌아온다. 2019년 6월 인터넷 매체 인터셉트에 의해 현직 법무부장관인 모루가 공

이재명 죽이기

무원 자격을 망각하고 룰라를 좀 더 망가뜨리기 위해 현직 검사들과 언론 대응전략을 모의했다고 폭로된 것이다. 당시 모루와 현직 검사들은 텔레그램에 만든 단체대화방에서 룰라에 대한 온갖 악의적인 내용과 그것을 언론에 유포할 계획을 구체적으로 만들어내고 있었다. 이 사건이 확대되자 보우소나루는 모루에게 등을 돌리고, 경찰청장 임명을 둘러싼 대통령과 법무부장관의 갈등 끝에 모루는 법무부장관직을 사임한다. 이로써 차기 대권까지 노리던 모루는 대권 경쟁에서 멀어지기 시작한다. 재선을 노리던 보우소나루에 의해 내부 경쟁자였던 모루가 제거된 것이다. 2019년 9월, 브라질 검찰은 여전히 대중적 지지를 받고 있던 룰라의 입을 막기 위해 감옥에서 집으로 거처를 옮겨 주겠다고 회유하기까지 하지만, 룰라는 즉시 이러한 회유 사실을 공개하여 검찰을 당황하게 하는 해프닝도 벌어진다. 이뿐 아니라 이번 사건 내내 '형량협상'인 플리바게닝이 수차례 시도되었음은 누구나 아는 사실이다.

　　2021년 3월 8일, 브라질 대법원은 브라질 전 대통령 룰라에 대한 그동안의 모든 판결을 무효화시키는 판결을 내린다. 대법원이 무효를 선언한 내용은 룰라가 무죄라는 것은 아니었다. 유무죄 이전에 1심 판결이 쿠리치바에서 진행된 것은 재판 관할권에 문제가 있다는 것이었다. 룰라의 기소장에 있는 범죄행위는 룰라가 대통령으로 재직할 당시 벌어진 일이기 때문에 당시 룰라가 거주하고 있던 '브라질리아 법원'이 관할 법원이라는 판결이었다. 그러므로 이 재판은 아예 시작부터 무효라는 판결이었다. 재판 자체가 무효였기 때문에 룰라는 대법원이 지급 명령한 명예 보상금 미화 만오천 달러와 함께 집으로 돌아갔다. 대법원의 판결은 관할권문제에 대한 결론이었지만, 2014년부터 이어진 모루와 검찰의 수사 방식과 언론을 이용한 악의적 여론전도 판결에 영향을 미쳤다고 본다. 결정적으로 인터셉트가 공개한 모루와 검사들의 작당 모의는 이번 사건이 어디까지 진실인지에 대한 근본적인 의문을 낳는 기폭제가 되었다.

그리고 2022년 10월 30일, '루이스 이나시우 룰라 다 시우바 전 대통령'이 결선투표까지 가는 접전 끝에 득표율 50.8%로 '기득권의 하수인 자이르 보우소나루 현 대통령'을 꺾고 승리한다. 브라질 민주화가 다시 전진한다는 뉴스가 지구촌에 울려 퍼진 날이었다. 선거에서 패배한 보우소나루는 퇴임과 동시에 미국 플로리다로 도피성 외유를 떠나게 된다. 드라마 같은 사건이 해피엔딩으로 대단원의 막을 내린 것이다.

2022년 3월 대선 직후부터 시작된 대한민국 법무부와 검찰에 의한 '이재명 사냥' 작전은 '라바 자투' 작전과 닮았다. 기소만 되면 죄인으로 낙인찍히는 '피의사실 공표' 행위, 증거보다 수시로 변하는 증인들의 증언을 우선하는 편의주의적 수사 관행, 강압적인 수사 태도와 꼬리에 꼬리는 무는 '별건 수사'는 17,604km나 떨어진 브라질에서도 똑같이 자행되었다. 그리고 지금 대한민국에서도 검찰 권력의 만행은 현재진행형이다. 이 작전의 결말은 이재명의 정치적 운명뿐 아니라 우리 민주주의의 운명도 좌우할 만큼 중요한 의미를 갖는다. 다행히도 이 작전을 무사히 통과해 승리한 역사를 룰라가 보여주었다. 룰라가 대중의 신뢰와 민주주의에 대한 확신으로 기득권의 도전에 응전하여 승리했듯이 이재명 역시 한국 민주화 역사에 승리의 이정표를 세워야 한다. 룰라가 걸어간 진실 투쟁의 발자국이 이재명의 방패가 되어줄 것이다.

이재명 죽이기

서애 류성룡의 '청광취인재계'

•

널리 인재를 구할 것을 청하는 계請廣取人才啓

전에 인견하셨을 때 주상께서 "반드시 인재를 얻은 뒤에 큰일을 할 수 있으니, 비변사 당상은 각각 그들이 알고 있는 인재를 추천하도록 하라" 말씀하시기에, 신이 아뢰어 "십과취사十科取士의 예와 같이 하여 관직의 유무를 막론하고 추천하여 등용해야 됩니다" 하니, 성상이 말씀하기를, "의논하여 추천하라" 하셨습니다. 신 등은 성교를 삼가 받들고 물러가 상의하여, 어지러운 세상을 다스려 올바름으로 돌아갈 인재의 구함을 급무로 삼았습니다.

옛사람이 "비록 사마(絲麻, 명주실과 삼실)가 있어도 관괴(菅蒯, 왕골과 기령풀)를 버리지 말라(雖有絲麻無棄菅蒯)" 한 것은 작은 재주도 반드시 취하란 말이요, "비록 희강이 있어도 초췌함을 버리지 말라(雖有姬姜無棄憔悴)" 한 것은 천한 사람도 버리지 말라는 말이며, "순무를 캐고 무를 캐는 것은 뿌리만을 먹으려는 것이 아니다(采葑采菲無以下體)"라는 것은 나쁜 것을 버리고 좋은 것을 가지려는 뜻입니다. 이 세 가지 말대로 하면 사람을 등용하는 도리를 다할 수 있습니다. 지금은 사람이 반드시 구비하기를 구하여 비록 백 가지 장점이 있으나 한 가지라도 부족하면 버려서 취하지 않습니다. 또한 문벌로 한정하고 지위와 명성으로 비교하여 비록 탁월한 재주가 있어도 불행히 한미한 가문에서 태어나면 사람들이 모두 업신여겨서 돌아보지 않습니다. 이와 같이 하고서도 남의 작은 허물이나 숨은 잘못을 드러내는 데에는 교묘하여 온 세상의 모든 사람이 다 비방하는 가운데에 있어서 하나도 온전한 사람이 없습니다. 이렇게 하고서도 초야에 버려진 현인이 없고 모든 공적이 다 빛나기를 구하니, 또한 어렵지 않겠습니까. 옛적에는 사람 취하는 도리가 심히 넓어서, 혹은 노예에서 발탁하고 혹은 군사에서 뽑으며, 혹은 장사치에서 떨쳐 올려서 오직 재주만을 취하고 다른 것은 묻지 않았으니, 진실로 까닭이 있습니다.

삼가 시용時用에 간절한 것을 열 조목으로 나누어서 아래에 열거하오니, 2품 이상의 문무 재신과 양사兩司와 홍문관에 명하여 각각 아는 사람을 추천하되, 관직의 유무·서얼·공사천·승속僧俗을 막론하고 실제로 재주 있는 사람을 천거하기에 힘쓰고, 포부는 있어도 남에게 알려지지 않은 사람을 지방의 감사·병사·수령에게 명하여 다 찾아내어 장계로 아뢰게 하거나 비변사에 보고하게 하소서.

이와 같이 하되 또 빠져 드러나지 않은 사람이 있으면 스스로 천거할 것을 허락하소서. 이렇게 하여 거의 많은 인재가 폭주하고 뛰어난 인물이 모두 나와 많이 세상에 쓰이면 진실로 매우 다행하겠습니다.

이재명 죽이기

십과취사十科取士

1. 재지才智와 식견과 사려가 있고 병법을 밝게 깨달아 장수의 임무를 감당할 수 있는 사람.

1. 학술이 있고 시무를 알며, 자상하고 청렴 근신하여 재주가 수령을 감당할 만한 사람.

1. 담력과 도량이 있고 언사를 잘하여 능히 사명을 받들고 외국에 가거나, 또 적중에 드나들며 동정을 정찰할 만한 사람.

1. 집안에서 효제하여 한 고을의 모범이 되고, 강개하여 나라를 위해 목숨을 바칠 수 있고 견디어 관직에 들어갈 수 있는 사람.

1. 문장이 특출하여 사명을 잘하는 사람.

1. 용력이 있고 활을 잘 쏘거나, 혹 칼과 창을 잘 쓰며, 혹 무거운 것을 짊어지고 빨리 달리며, 혹 담기가 있어서 적진에 오름을 두려워하지 않는 사람.

1. 능히 농사에 힘쓸 줄 알아서 백성에게 밭 갈고 파종할 것을 권장하고, 조습燥濕의 마땅함을 분별하여 황무지를 개간하여 둔전을 만들 수 있는 사람.

1. 이재를 잘하여 혹 바닷물을 끓여서 소금을 만들거나 혹 산에 가서 무쇠를 주조하여 이것을 옮겨서 저것과 바꾸며, 변천하며 무역하여 상품이 되는 물건을 처분하고 팔아서 이익을 올려 쓰는 데 넉넉하게 할 수 있는 사람.

1. 산수에 능통하여 회계를 잘 보며, 군대의 식량을 알맞게 처리하되 조금도 틀리지 않는 사람.

1. 공교한 성격이 있어서 창과 칼을 만들거나, 혹 구워서 화약을 만들 줄 알며, 능히 조총과 크고 작은 포와 또 성을 지키는 데 쓰이는 기계를 만들 줄 아는 사람.[13]

_《서애선생문집》제7권, 〈계사啓辭〉 중에서(1594년 9월)

'청광취인재계'라는 제목의 이 유명한 글은 인재 발탁에 대한 서애 류성룡 선생의 정치철학을 담은 정책 건의서이다. 1594년 9월, 전쟁이 한창이던 때 선조에게 바쳤던 글이다. 현대인이 읽어도 그 합당한 취지가 그대로 받아들여질 만큼 시대를 뛰어넘는 식견이 담긴 글이다. 그는 이 글에서 아무리 천하고 신분이 낮은 사람이라도 약간의 재주만 있다면 무조건 등용시켜 활용해야 한다고 했다. 단점은 묻어두고 장점만 취해야 한다고 하며 신분이나 문벌로 인재를 고르는 악습에서 벗어나기를 간절히 바랐다. 조선의 운명이 바람 앞에 등불처럼 위태롭기 짝이 없던 임진왜란 중에 쓰인 이 글엔 조선의 생존을 위해 과거의 관행과 신분제의 관습 따위는 과감하게 버려야 한다는 류성룡의 결연한 의지가 담겨 있다.[14]

"당시 조정에서는 정읍 현감으로 있던 이순신을 불러 전라좌도 수군절도사에 임명했다."[15] 1591년 임진왜란을 1년 앞두고 있던 때 류성룡은 자신의 저서 《징비록懲毖錄》[16]에서 이 말과 함께 이순신을 천거한 과정을 다음과 같이 기록하고 있다.

그는 어려서부터 담력이 컸고 말타기와 활쏘기에 유난히도 능했다. 그가 조산 만호로 있을 때의 일이다. 북쪽 변방에 오랑캐들의 침략이 끊이지 않는 것을 보고는 계책을 세웠다. 모반한 오랑캐 우을기내를 꾀어 내어 잡아서 병영으로 끌고 와 죽인 것이다. 그러자 오랑캐들은 잠잠해 졌다...(중략)...이외에도 이순신이 세운 공은 참으로 많았다. 그러나 누구 도 그를 추천하지 않았다. 과거에 급제한 지 10여 년 만에 겨우 정읍 현 감에 올랐을 뿐이었다. 당시 왜적의 태도가 날로 극성스러워지자 임금 께서 비변사에 명령을 내려 뛰어난 장수를 천거하라고 했다. 내가 이순 신을 천거해서 그는 수사水使의 지위에 오르게 되었다. 그러나 이순신 의 갑작스런 승진에 의심의 눈길을 보내는 사람들도 있었다.[17]

조선의 미래를 위한 류성룡의 진심을 확인할 수 있는 또 다른 기록이 있다. 그건 바로 류성룡이 변방의 무명 장수였던 이순신을 전라좌수사로 천거한 이후 사간원(간원)이 선조에게 아뢰는 내용의 선조실록(조선왕조실 록) 기사다.

사간원이 아뢰기를, "전라 좌수사 이순신李舜臣은 현감으로서 아직 군수 에 부임하지도 않았는데 좌수사에 초수招授하시니 그것이 인재가 모자 란 탓이긴 하지만 관작의 남용이 이보다 심할 수 없습니다. 체차시키소 서" 하니, (선조가) 답하기를, "이순신의 일이 그러한 것은 나도 안다. 다 만 지금은 상규에 구애될 수 없다. 인재가 모자라 그렇게 하게 하지 않 을 수 없었다. 그 사람이면 충분히 감당할 터이니 관작의 고하를 따질 필요가 없다. 다시 논하여 그의 마음을 동요시키지 말라" 하였다.(선조 24년 2월 16일 2번째 기사)

사간원이 아뢰기를, "이순신은 경력이 매우 얕으므로 중망衆望에 흡족할 수 없습니다. 아무리 인재가 부족하다고 하지만 어떻게 현령을 갑자기 수사(水使, 전라좌수사)에 승임시킬 수 있겠습니까. 요행의 문이 한번 열리면 뒤폐단을 막기 어려우니 빨리 체차시키소서."(선조 24년 2월 18일 1번째 기사)[18]

선조실록에 기록된 두 개의 기사는 짧지만, 매우 많은 내용과 의미를 담고 있다. 먼저 국란을 예감하고 있는 류성룡의 선견지명과 국제 정세에 대한 폭넓은 이해와 경륜을 미뤄 짐작할 수 있다. 또한 사림士林이 권력의 주류가 된 이후 보수화된 조선 정치 현실을 뛰어넘는 개혁적인 자세를 엿볼 수 있다. 당시 이순신은 전라좌수사를 맡기에 턱없이 부족한 직위에 있었음에도 류성룡은 오로지 조선의 안위만을 생각하며 충심으로 이순신을 천거한 것이다. 이순신의 발탁은 그만큼 파격적인 승진 인사였다.

2017년 5월 19일 대한민국에서도 비슷한 일이 있었다. 그것은 바로 윤석열 당시 대전고검 검사가 다섯 기수를 뛰어넘어 서울중앙지검장에 임명된 일이다. 촛불혁명 이후 집권한 문재인 대통령은 취임한 지 열흘 만에 놀라운 파격 인사를 단행했던 것이다. 426년의 시차를 두고 발생한 두 개의 파격 인사는 전례 없던 일이라는 점과 조국의 미래를 위한 진정성의 발로였다는 공통점을 가지고 있음에도 불구하고, 그 결말은 극과 극이었다. 먼저 일어난 파격은 국난에서 나라를 구했고, 뒤에 발생한 파격은 나라를 국난의 지경으로 몰고 가는 중이다.

끝으로 이 기사의 또 한 가지 의미는 당시 사간원의 간원 말에서 찾을 수 있다. "요행의 문이 한번 열리면 뒤 폐단을 막기 어려우니…" 사간원의 간원이 거침없이 선조를 향해 던진 이 말은 당시 조선의 인사제도가 매우 합리적이고 엄격했음을 보여준다. 조선의 사간원 제도와 합리적 인사 시스템은 오늘날 정부에 바로 적용해도 손색이 없는 수준이었다.

온 나라가 전쟁으로 시름하던 그 시대를 살아가는 이순신 장군의 마음은 어떠했을까? 임진왜란과 정유재란 당시 이순신 장군이 쓴 《난중일기》[19]는 고뇌에 찬 그의 마음의 기록이기도 하다. 일기 곳곳에서 장군의 나라 걱정과 벗에 대한 그리움, 그리고 모친에 대한 효심과 자식에 대한 애틋한 사랑이 얼마나 깊었는지 볼 수 있다. 또한 류성룡과 이순신이 처해 있는 정치적 상황까지 잘 묘사돼 있으며, 선조 때 시작된 붕당정치의 현실도 읽어 낼 수 있다.

맑다. 아침에 소근포 첨사가 찾아와 화살 54개를 만들어 바쳤다. 공문을 처리하여 나누어 주었다. 충청 수사와 순천 부사, 사도 만호, 충청 우후가 같이 와서 활쏘기를 하였다. 저녁에 탐색선이 들어왔는데 어머니께서 평안하시다는 소식을 들었다. 그러나 면의 병이 중하다고 하니 걱정스럽기 짝이 없다. 순변사에게 류 정승(류성룡)이 세상을 떠났다는 부음이 왔다고 한다. (실제로 류성룡은 1607년에 세상을 떠난다) 이는 필시 유 정승을 질투하는 자가 말을 만들어 그를 훼손하려는 것이리라. 분한 마음을 이길 길이 없다. 저녁에 마음이 매우 어지러웠다. 혼자 빈 동헌에 앉아 있으니 마음을 걷잡을 길이 없고 걱정이 더욱 심해져서 밤 깊도록 잠들지 못하였다. 류 정승이 만약 돌아가셨다면 나랏일을 어떻게 할까. 어떻게 할까![20]

운명의 갈림길에서 위태롭게 서 있는 '정치인 이재명'에게 곧 다가올 2024년 국회의원선거는 운명을 가르는 최후의 일전이다. 자신의 정치 생명뿐 아니라 그간의 과정을 함께 겪어 온 동지들과 가족들의 명예, 자존심까지 걸려 있는 운명의 대결이기도 하다. '정치인 이재명'으로서 오롯이 서기 위해서는 서애 류성룡 선생이 이순신을 천거해서 나라를 구한 것처럼 또 다른 300명의 이순신들을 주권자인 국민의 이름으로 불러내야 한다. 최종 선택은 당연히 주권자의 몫이지만 300명의 이순신을 찾는 일은 지도자가 가장 무겁게 느껴야 할 책무이다. 정치인 이재명에게 '일국의 국민'이 바라는 마음은 윤석열 대통령에게도 다르지 않다(물론 받아들이지 않을 것임을 잘 안다). 굴종과 사대주의에 빠져 팔도강산을 불바다로 만든 선조와 능양군(인조)의 길을 계속 걸을 것인가? 지혜와 자주정신으로 나라를 구한 류성룡과 이순신의 길을 따라 나라를 온전히 지키고 다시 부국강병으로 이끌 것인가?

정치인 이재명이 숨 막히게 옥죄오는 검찰의 공격과 머지않아 다가올 승부에서 승리하기 위해 필요한 무기는 '징비록'과 '난중일기'이다. 류성룡과 이순신의 붓끝에 담긴 나라와 백성, 가족과 동지에 대한 애틋한 사랑과 책임감뿐이다.

이재명 죽이기

남명 조식의 '을묘사직소'

·

남명 조식은 평생 벼슬을 거부하고 명종 16년(1561) 지리산 기슭 진주의 덕
천동에 산천재를 지어 죽을 때까지 머물면서 후학 지도에 힘쓴 인물이었
다. 현실 정치 참여를 거부했지만, 현실 문제에는 날카로운 비판을 서슴지
않았다. 조정에 대한 거침없는 비판과 기존의 질서를 뛰어넘는 그의 학풍
덕분에 평생 처사로 일관했던 서경덕과 함께 북인의 정신적 지주로 인정
받는다. 정인홍, 김우옹, 최영경, 정구 등 많은 학자가 찾아와 그에게 학문
을 배워 북인의 학풍을 꽃피우게 된다. 임진왜란 당시 홍의장군으로 불리
던 의병장 곽재우도 그의 제자이며, 외손녀 사위이기도 했다.[21]

　《남명선생 별집》〈언행총록言行總錄〉에는 조식이 "칼을 차는 것을 좋
아했다"라고 적혀 있다. 경상감사 이양원이 조식에게 부임 인사를 하며
"무겁지 않으십니까?"라고 묻자 "뭐가 무겁겠소. 내 생각에는 그대 허리
춤의 금대(돈주머니)가 더 무거울 것 같은데"라고 답했다고 한다. 그런 그의

칼에 검명劍銘이 새겨져 있었다.[22]

안으로 마음을 밝게 하는 것은 경이요(義內明者敬)

밖으로 시비를 결단하는 것은 의다(外斷者義)

1555년 11월 19일(명종 10년), 지리산 자락에 은거하고 있던 조식은 단성현감을 제수받게 되고, 바로 이때 명종에게 올린 상소문이 조선을 뒤흔들게 된다. 이게 바로 그 유명한 '단성현감 사직상소'다. 명종실록은 이를 다음과 같이 기록하고 있다.

새로 제수된 단성현감丹城縣監 조식曹植이 상소하였다.

"삼가 생각하건대, 선왕先王께서 신의 변변치 못함을 모르고 처음에 참봉에 제수하셨습니다…(중략)…그러므로 전하께서 인재를 취하는 것은 임금 된 책임이고 신이 염려할 바가 아니므로 그 큰 은혜를 감히 사사로운 은혜로 여기지 않습니다. 그러나 머뭇거리면서 나아가기 어려워하는 뜻은 마침내 측석(側席, 임금이 현자를 기다리는 자리) 밑에서 감히 주달하지 않을 수 없습니다…(중략)…전하의 국사國事가 이미 잘못되고 나라의 근본이 이미 망하여 천의天意가 이미 떠나갔고 인심도 이미 떠났습니다. 비유하자면 마치 1백 년 된 큰 나무에 벌레가 속을 갉아먹어 진액이 다 말랐는데 회오리바람과 사나운 비가 언제 닥쳐올지를 전혀 모르는 것과 같이 된 지 이미 오래입니다. 조정에 있는 사람 중에 충의忠義로운 선비와 근면한 양신良臣이 없는 것은 아니나, 그 형세가 이미 극도에

이재명 죽이기

달하여 미칠 수 없으므로 사방을 돌아보아도 손을 쓸 곳이 없음을 이미 알고 있습니다. 소관小官은 아래에서 히히덕거리면서 주색酒色이나 즐기고, 대관大官은 위에서 어물거리면서 오직 재물만을 불립니다...(중략)... 자전(慈殿, 명종의 어머니 문정왕후)께서는 생각이 깊으시지만 깊숙한 궁중의 한 과부에 지나지 않으시고, 전하께서는 어리시어 단지 선왕의 한낱 외로운 후사後嗣에 지나지 않습니다. 그러니 천백千百 가지의 천재天災와 억만億萬 갈래의 인심人心을 무엇으로 감당해내며 무엇으로 수습하겠습니까? 냇물이 마르고 곡식이 내렸으니 그 조짐이 어떠합니까? 음악 소리가 슬프고 흰옷을 즐겨 입으니 소리와 형상에 조짐이 벌써 나타났습니다. 이러한 시기를 당해서는 비록 주공周公·소공召公 같은 재주를 겸한 자가 정승의 자리에 있다 하더라도 어떻게 하지 못할 것인데 더구나 초개 같은 한 미신微臣의 재질로 어찌하겠습니까? 위로는 위태로움을 만에 하나도 지탱하지 못할 것이고, 아래로는 백성을 털끝만큼도 보호하지 못할 것이니 전하의 신하가 되기가 어렵지 않겠습니까? 변변찮은 명성을 팔아 전하의 관작을 사고 녹을 먹으면서 맡은 일을 하지 못하는 것은 또한 신이 원하는 바가 아닙니다."[23]

(명종실록 19권, 명종 10년 11월 19일 1번째 기사)

이 상소문을 통해 조식은 하나의 칼이 아니라 두 개의 칼을 차고 다녔음을 알 수 있다. 하나는 마음속에 차고 다닌 '의義의 칼'이며, 또 하나의 칼은 몸에 지닌 '정正의 칼'이었다. 조식이 단성현감 제수를 사양하면서 먼저 든 이유는 자신이 현감직을 감당할 인재가 아니라는 것이었다. 그는 이 말에 뒤이어 마음속에 차고 있는 칼을 빼 든다. 바로 명종이 다스린 10년의 세월에 대한 전면적인 부정이었다. "선하의 국사國事가 이미 잘못되고 나라의 근본이 이미 망하여 천의天意가 이미 떠나갔고 인심人心도 이미 떠났습니다"라는 말은 누구도 감히 입 밖에 낼 수 없는 충격적인 표현이었다. 이어서 조식은 당시 '성역 위의 성역'이었던 당대의 금기어 '문정왕후'에 대해 가차 없이 일갈한다. "문정왕후는 궁중의 과부일 뿐이다!" 을사사화(명종 즉위년에 외척인 윤임과 윤원형이 충돌하였는데, 윤원형 일파가 윤임 일파를 제압하였다)와 양재역 벽서사건(명종 때 외척으로서 정권을 잡고 있던 윤원형 세력이 반대파 인물들을 숙청했다) 이후 조선에서 문정왕후에 대한 언급은 당대의 금기가 되었다. 이를 모를 리 없는 조식이 문정왕후에 대해 혹독한 비판을 가하고 있는 것이다. 이에 더해 임금인 명종을 "전하께서는 어리시어 단지 선왕先王의 한낱 외로운 후사後嗣에 지나지 않습니다"라고 했다. 조선의 모든 권력을 쥐고 있던 문정왕후와 윤원형은 조식을 죽일 수도 있었으나 그러지 않았다. 만약 조식을 처단한다면 그가 죽음을 딛고 조선 사림의 영웅이 될 것이 두려웠기 때문이다. 그러나 문정왕후와 윤원형의 바람은 어긋나 조식은 '살아서 조선 선비의 영웅'이 되었다.

남명 선생의 상소문을 빌려 2023년 대한민국 최고 권력자에게 직언한다면 이러하지 않을까? "김건희 씨는 한남동 관저에 사는 대통령 부인일 뿐이다. 주권자인 국민들은 당신에게 단 한 톨의 주권도 위임한 적이 없다. 지금이라도 자숙하고 자신이 있을 자리로 돌아가기 바란다. 또한 윤석열 대통령의 국정 운영은 이미 잘못됐고, 민주공화국인 대한민국의 근본이 이미 망하여 민심은 떠났다."

이재명 죽이기

남명 조식 선생의 상소문이 등장한 지 460년이 지난 2015년 4월 8일, 대한민국 국회에서는 놀라운 장면이 연출되었다. 경제학자이자 국회의원인 유승민 당시 새누리당 원내대표는 국회 교섭단체 연설에서 보수당이라고는 믿기 어려운 파격적 발언을 내놓았다. 당시 유승민 원내대표의 연설 후 신문기사 헤드라인을 모아봤다.

- 유승민 파격 연설 "재벌도 법 앞에 평등해야"(한국일보)
- 野(야) "새누리 놀라운 변화, 유승민 합의정치 공감"(연합뉴스)
- 야당이 극찬한 유승민 새누리당 원내대표 국회 연설(한겨레신문)
- 유승민 "서민 편에 서는 새 보수로"...野 환영(서울신문)
- 보수의 개혁, 새누리당에 뿌리 내릴까(경향신문)
- 朴에게 짓밟힌 유승민 "대한민국은 민주공화국"(프레시안)
- 與(여) 때리고 野(야)를 칭찬... 유승민式(식) '제3의 길'(조선일보)
- 좌파 편에 서서 대통령과 싸우는 유승민(뉴데일리)

　　'파격', '야당 극찬', '제3의길' 등이 이제껏 '망언', '막말', '실언'로 상대 당을 공격하던 낯익은 장면을 대신했다. 국회의원의 교섭단체 연설 내용이 상대 당으로부터 이렇게 큰 지지를 일으킨 건 매우 드문 일이었다. 유승민은 이날 연설에 대해 자신의 저서 《나는 왜 정치를 하는가》에서 다음과 같이 밝히고 있다.

　　못다 한 보수 개혁의 꿈은 2015년에 가서야 다시 밝힐 기회가 왔다. 그

3
.
최후 생존의 조건

해 2월 2일 나는 근본적인 변화와 혁신을 꼭 이루겠다는 약속을 하고 친박의 견제를 뚫고 새누리당의 원내대표로 당선되었다. '용감한 개혁'[24] 이후 4년의 세월 동안 더해진 정치에 대한 고민과 성찰을 담아 밤을 꼬박 새워가며 교섭단체 대표연설문을 썼다. '나는 왜 정치를 하는가'에 대한 해답을 거의 찾았다.[25]

'진영을 넘어 미래를 위한 합의의 정치를 합시다'라는 제목으로 발표된 연설 중 2014년 세월호 참사 관련 내용과 '中부담 中복지'라는 합리적 복지 철학을 밝힌 부분도 함께 읽어보자.

1년 전 4월 16일, 안산 단원고 2학년 허다윤 학생은 세월호와 함께 침몰하여 오늘까지 엄마 품에 돌아오지 못하고 있습니다. 다윤이의 어머니는 신경섬유종이라는 난치병으로 청력을 잃어가고 있지만, '내 딸의 뼈라도 껴안고 싶어서...' 세월호 인양을 촉구하는 1인 시위를 계속하고 있습니다. 다윤 양과 함께 조은화, 남현철, 박영인 학생, 양승진, 고창석 선생님, 권재근씨와 권혁규군 부자, 이영숙씨... 이렇게 9명의 실종자가 돌아오지 못했습니다.

실종자 가족들은 "피붙이의 시신이라도 찾아 유가족이 되는 게 소원"이라고 합니다. 세상에 이런 슬픈 소원이 어디에 있겠습니까? 희생자 295명, 실종자 9명, 그리고 생존자 172명을 남긴 채 1년 전의 세월호 참사는 온 국민의 가슴에 슬픔과 아픔, 그리고 부끄러움과 분노를 남겼습니다. 희생자와 실종자 가족들에게 국가는 왜 존재합니까? 우리 정치가 이분들의 눈물을 닦아드려야 하지 않겠습니까?

엊그제 박근혜 대통령께서는 "인양을 적극적으로 검토할 것"이라고 하셨습니다. 이 말씀이 가족들에게 조금이라도 위안이 되고, 지난 1년의 갈등을 씻어주기를 기대하면서 저는 정부에 촉구합니다. 기술적 검토를 조속히 마무리 짓고, 그 결과 인양이 가능하다면 세월호는 온전하게 인양해야 합니다. 세월호를 인양해서 "마지막 한 사람까지 찾기 위해 최선을 다하겠다"던 정부의 약속을 지키고, 가족들의 한을 풀어드려야 합니다. 평택 2함대에 인양해둔 천안함과 참수리 357호에서 우리가 적의 도발을 잊지 못하듯이, 세월호를 인양해서 우리의 부끄러움을 잊지 말아야 합니다.

세월호 인양에 1,000억 원이 넘는 돈이 필요하다고 합니다. 막대한 돈이지만, 정부가 국민의 이해를 구하면 국민들께서는 따뜻한 마음으로 이해하고 동의해주실 것입니다. 세월호 참사 1주기를 맞아 우리는 분열이 아니라 통합으로 나아가야 합니다. 온 국민이 함께 희생자를 추모하고, 생존자의 고통을 어루만져 드려야 합니다. 세월호 특별법 시행령, 배상 및 보상 등을 둘러싼 대립과 갈등을 치유하기 위해 정부는 진지한 자세로 임해야 합니다. 정치권은 세월호 참사라는 국가적 비극을 정치적으로 악용하려는 유혹에서 벗어나 통합과 치유의 길에 앞장서야 합니다.

세월호 참사 외에도 우리 사회에는 통합과 치유를 위해 정부와 국회가 함께 나서야 할 일이 많습니다. 군에서 사망한 자식의 유해와 시신을 데려가지 않는 부모들의 마음을 헤아리고 지금이라도 그 해결책을 찾아야 합니다. 천안함, 5.18민주화운동 등 우리 역사의 고비에서 상처를 받고 평생 트라우마를 겪고 있는 사람들에게 우리는 치유의 손길을 내밀어야 합니다. 이분들의 고통을 하나씩 해결해 나갈 때, 비로소 국민의 마음이 열리고 통합의 길이 열리게 됩니다.

두 번째 사례는 세금과 복지 이슈입니다. 세금과 복지 이슈만큼 정치적 휘발성이 강한 이슈도 없을 것입니다. 소득세 연말정산 사태에서 우리는 생생하게 보았습니다. '세금을 올린 정당은 재집권에 성공할 수 없다'는 정치권의 금언이 있을 정도입니다. 저는 이 연설을 쓰면서 2012년 새누리당의 대선공약집을 다시 읽었습니다. 그 공약은 박근혜 대통령의 공약이기도 했지만, 그와 동시에 저희 새누리당의 공약이었습니다. 문제는 134.5조 원의 공약가계부를 더 이상 지킬 수 없다는 점입니다. 이 점에 대해서는 새누리당이 반성합니다.

저는 지난 4월 1일 정부가 국가정책조정회의에서 「지속가능한 복지국가 실현을 위한 복지재정 효율화 방안」을 발표하고 중앙정부와 지방정부가 3조 원의 복지재정 절감을 위해 노력하기로 했다는 점을 평가합니다. 그러나 지난 3년간 예산 대비 세수 부족은 22.2조 원입니다. '증세 없는 복지는 허구'임이 입증되고 있습니다. 이제 우리 정치권은 국민 앞에 솔직하게 고백해야 합니다. 세금과 복지의 문제점을 털어놓고, 국민과 함께 우리 모두가 미래의 선택지를 찾아 나서야 합니다. 이 일은 공무원연금개혁보다 더 어렵고, 인기는 더 없지만, 국가 장래를 위해 더 중요한 일입니다. 세금과 복지야말로 합의의 정치가 절실하게 필요한 문제입니다. 서민증세 부자감세 같은 프레임으로 서로를 비난하는 저급한 정쟁은 인제 그만두고 여야가 같이 고민해야 합니다. 그 고민의 출발은 장기적 시야의 복지모델에 대한 합의라고 저는 생각합니다.

현재 우리의 복지는 '低부담-低복지'입니다. 현재 수준의 복지로는 양극화 문제를 해결하고 공동체의 붕괴를 막기에 크게 부족합니다. 그러나 '高부담-高복지'는 국가 재정 때문에 실현 가능하지도 않고, 그게 바람직한지도 의문입니다. 高부담-高복지로 선진국이 된 나라도 있지만, 실패한 나라도 있습니다. 통계청의「장래인구추계」를 보면 저출산-고령화로 인하여 앞으로 50년간 기형적 인구구조라는 재앙이 닥치게 되어 있습니다. 현재의 복지제도를 더 확대하지 않고 그대로 가더라도, 앞으로 복지재정은 눈덩이처럼 불어나게 되어 있습니다. 우리가 지향해야 할 목표는 '中부담-中복지'라고 저는 생각합니다. 국민부담과 복지지출이 GDP에서 차지하는 비율을 기준으로 OECD 회원국 평균 정도 수준을 장기적 목표로 정하자는 의미입니다. 이는 스웨덴, 프랑스, 독일, 영국, 이태리 같은 유럽 국가들보다는 낮지만, 현재의 미국, 일본보다는 다소 높은 수준을 지향한다는 뜻입니다. 이는 결코 낮은 목표라고 볼 수 없습니다. 최근 여야 간에 中부담-中복지에 대한 공감대가 확산되고 있는 만큼, 우리는 국민의 동의를 전제로 이 목표에 합의할 수 있을 것입니다.

中부담-中복지를 목표로 나아가려면 세금에 대한 합의가 필요합니다. 무슨 세금을 누구로부터 얼마나 더 거둘지 진지하게 고민하고 합의해야 합니다. 증세는 현실적으로 매우 어렵습니다. 그렇다고 해서 지난 3년간 22.2조 원의 세수 부족을 보면서 증세도, 복지조정도 하지 않는다면, 그 모든 부담은 결국 국채발행을 통해서 미래 세대에게 빚을 떠넘기는 비겁한 선택이 될 것입니다. 가진 자가 더 많은 세금을 낸다는 원칙, 법인세도 성역이 될 수 없다는 원칙, 그리고 소득과 자산이 있는 곳에 세금이 있다는 보편적인 원칙까지 같이 고려하면서 세금에 대한 합의에 노력해야 합니다. 우리나라의 부자와 대기업은 그들이 감내할 수 있는 수준의 세금을 떳떳하게 더 내고 더 존경받는 선진사회로 나아가야 합니다.

조세의 형평성이 확보되어야만 중산층에 대한 증세도 논의가 가능해질 것입니다. 최근의 여야 대표연설은 대부분 우리 국회가 세금과 복지 문제에 관한 대타협기구를 설치할 것을 제안했습니다. 지난 2월 우윤근 원내대표님도 이런 제안을 하셨습니다. 저는 새누리당 의원님들의 동의를 구하여 세금과 복지 문제에 대한 여야 합의 기구의 설치를 추진하겠습니다. 정부도 세금과 복지 문제에 대한 새로운 구상을 제시해 줄 것을 요청합니다.[26]

이 연설이 세상에 드러난 이후 정치인 유승민은 박근혜 대통령의 강압에 의해 원내대표직을 사퇴하는 그해 7월 8일까지 고초의 시간을 보낸다. 당시 유승민의 연설문은 기존의 냉전 보수를 넘어 진보까지 아우르는 실용적이고 균형 있는 내용으로 가득 차 있었다. 리영희 선생이 쓰신 '새는 좌우 날개로 난다'는 글이 생각나는 순간이었다. 그대로만 이루어진다면 한국 정치는 유럽과 미국의 선진 민주정치 못지않은 새로운 역사에 접어들 수 있을 것만 같았다. 하지만 당시 살아 있는 권력과 정치 환경은 그걸 받아들일 준비가 전혀 돼 있지 않았다. 기존의 보수질서를 고수하려는 집권세력의 압박과 저항감은 상상을 초월했다. 그 당시 보수언론을 통해 흘러나온 유승민에 대한 비토는 야당에 대한 적대감 못지않았다. 야당은 야당대로 자신들의 영역까지 넘어와 파란을 일으킨 유승민이 탐탁지 않았을 것이 분명했다. 이날 연설 이후 정치인 유승민은 고립무원의 처지가 되어버렸다.

연설이 있은 지 3개월이 지난 7월 유승민의 '용감한 개혁'이 또 한 번의 좌절을 겪게 된다. 당시 정부여당은 공무원연금개혁을 위해 야당과 지루한 협상을 진행 중이었다. 그러나 의석수가 많았던 집권여당은 소위 '국회 선진화법'에 가로막혀 밀려드는 야당의 협상 조건을 막아내느라 하루하루 시간을 허비해야 했다. 이러던 차에 유승민 원내대표는 야당의 요구조건 중 국회법 제98조 2의 제3항에 대한 개정안을 받아들이는 것으로 전격 합의한다. 유승민 원내대표는 내용상의 옳고 그름을 떠나 사안의 경중을 봤을 때 공무원연금개혁안의 처리가 더욱 중요하다고 판단한 것이다. 이 합의를 통해 공무원연금개혁법안과 국회법 개정안은 여야 합의로 국회를 무사히 통과할 수 있었다. 그러나 이 정상적인 여야의 합의가 유승민 원내대표를 하루아침에 '배신자 유승민'으로 낙인찍어버릴 줄 누가 알았겠는가? 유승민은 자신의 책에서 당시 상황을 다음과 같이 밝힌다.

그런데 그 다음 날부터 이 국회법 개정안이 위헌이라는 주장이 나오기 시작했다. 일부 언론들도 이에 동조하였고, 심지어 어떤 언론은 1면 톱에 '입법부 독재'라는 제목을 큼지막하게 달고 국회법 통과를 위헌으로 단정하면서 청와대와 손발을 맞추는 모습까지 보였다. 입법권은 명백히 국회의 소관이고, 대통령령이 법률을 위배한다면 국회가 행정부에 수정·변경을 요구할 수 있지 않은가? 이것은 법률전문가가 아닌 내 눈에는 상식으로 보였는데 참으로 이해하기 어려운 일들이 벌어지기 시작했다. 국회법에 대해 거부권을 행사하던 6월 25일 그날, 대통령은 '여당의 원내사령탑'이라는 표현으로 나를 콕 찍어서 '배신의 정치'를 말했다...(중략)...원내대표직을 물러나고 몇 달이 지난 후 박근혜 정부 스스로 공무원연금 개혁을 대표적인 업적이라고 슬그머니 내세우는 걸 보고 나 혼자 쓴웃음을 지었다.[27]

유승민의 결단으로 합의하고, 박근혜의 거부권으로 무산된 '국회법 제98조 2의 제3항' 개정안은 윤석열 정권이 자행하고 있는 '시행령 무단통치'로 인해 그 아쉬움이 배가되고 있다. 만약 2015년 유승민의 '용감한 개혁'이 두 번째 실패를 맞이하지 않았다면 대한민국을 '개발도상국'으로 격하시키고 있는 무능한 검찰 독재정권의 탄생도 없었을 것이다.

유승민의 '세 번째 용감한 개혁'을 기대하며, 반대편에서 '용감한 개혁'을 시도하고 있는 이재명과 함께하는 모습을 상상해 보았다. 성장 배경은 태생부터 다르지만 그들의 정치역정은 비슷한 면이 있다. '보수와 진보의 이단아', '이념보단 실용', 그리고 한 명은 경제로, 한 명은 법률로 나름대로 최고의 전문성을 구축했기 때문이다. '정치는 생물'이라는 말처럼 앞일이 어찌 될지는 누구도 모르기에 대한민국의 정상화를 위해 두 사람의 연대혹은 미래를 위한 합의의 정치를 기대해본다.

16세기 남명 조식[28]이 21세기 이재명에게

백성이 물과 같다 함은 예로부터 있는 말이다. 백성이 임금을 추대하지만, 나라를 뒤엎기도 한다. 내 진실로 알거니와, 눈으로 볼 수 있는 것은 물이로되, 험함이 밖에 드러난 것은 만만히 대하기 어렵지만, 눈으로 볼 수 없는 것은 마음이니, 험함이 안에 있는 것은 쉽게 대한다. 걷기에 평지보다 편안한 곳이 없지만, 맨발로 다니면서 살피지 않으면 발을 다치고, 거처하기에 이부자리보다 편안한 것이 없지만 모서리를 조심하지 않으면 눈을 다친다. 화는 실로 소홀함에서 연유하는 것이니 바위는 계곡에서 생기는 것이 아니다. 원독怨毒이 마음속에 있으면 한 사람의 생각이라 몹시 미세하고, 필부匹夫가 하늘에 호소해도 한 사람일 적에는 매우 보잘 것이 없다. 그러나 저 밝은 감응은 다른 것에 있지 않고 하늘이 보고 듣는 것은 이 백성이라. 백성이 원하는 바를 반드시 따르니 진실로 부모가 자식에게 하는 것과 같다.

_《남명집》 1권, 〈민암부民巖賦〉 중[29]

4장
열린 사회의 적들과
싸우는 법

함정을 피해가려는 이순신의 고민

·

임진왜란 당시 이순신이 마주한 전쟁은 왜적과의 일대 혈전임과 동시에
훈구파를 몰아내고 집권한 사림세력의 분열로 만들어진 붕당체제와의 혈
전이기도 했다. 이순신을 천거했던 류성룡은 《징비록》에서 이순신의 또
다른 전쟁을 이렇게 말하고 있다.

조정의 의견 또한 둘로 나뉘어 있었다. 이순신을 추천한 것이 바로 나였
기 때문에 사이가 좋지 않은 사람들 또한 원균을 지지하고 나섰다……
그 무렵 적장 고니시 유키나가는 수하 병사인 요시라를 경상 우병사 김
응서의 진에 출입시키면서 친하게 지내고 있었다. 그때 가토 기요마사
가 다시 공격해 온다는 소식이 전해졌다. 요시라가 몰래 김응서를 찾아
왔다…(중략)…(당시 요시라는 김응서에게 '가토는 조선과의 강화협상의 걸림돌
이다. 나(고니시)도 가토를 제거하고 싶다. 그가 며칠 후에 바다를 건너올

이재명 죽이기

예정이니 조선 수군이 그를 제거해 달라'는 고니시의 말을 전했다) 김응서는 이 말을 조정에 알렸다. 조정에서도 이 내용을 믿었는데, 특히 해평군 윤근수(서인 세력의 주요인물인 윤두수의 동생)는 기회가 왔다면서 계속 임금께 보고드리고 이순신에게도 빨리 전진할 것을 재촉했다. 그러나 이순신은 적의 계략에 빠지는 것은 아닐까 고민하면서 주저했다.[1]

당시 이순신의 고민은 두 가지이지 않았을까? 첫째, 이번 일은 고니시가 자신의 정적인 가토를 직접 죽일 수 없으니 조선의 손을 빌려 제거하려는 술책일지도 모른다. 둘째, 일본을 패전의 늪으로 끌고 가고 있는 자신을 죽이려는 유인책일지 모른다. 둘 중 어느 것이 성사되더라도 고니시에겐 최선의 방책이다. 이것을 간파한 이순신은 원균을 지원하여 가토를 공격하라는 조정의 명령을 받아들일 수 없었던 것이다. 그렇다면 조정이라고 이러한 고니시의 책략을 몰랐겠는가? 분명 알고도 남음이었겠지만 남인南人 영수 류성룡을 공격하기 위해 이순신의 목이 필요했던 것이라고 쉽게 예상할 수 있다. 결국 이순신은 추포되어 옥에 갇히는 신세가 되고, 조정은 그에 대한 처벌을 두고 격론을 벌이기 시작했다. 어쨌든 조선 조정 내 '붕당'에 대한 깊은 이해를 바탕으로 이순신과 자신의 정적인 가토를 동시에 제거하려던 고니시의 간계가 놀라울 정도로 정교했던 건 사실이다.

이순신에 대한 처벌을 놓고 갑론을박하고 있을 때 판중추부사 정탁鄭琢[2]이 홀로 일어서 간했다.

"그는 명장이오니 죽여서는 안 되옵니다. 군사상 문제는 다른 사람이

4

열린 사회의 적들과 싸우는 법

판단하기 어려운 부분이 있습니다. 그 또한 짐작하는 바가 있어 나가 싸우지 않은 것으로 생각됩니다. 바라건대 너그러이 용서해서 후에 대비토록 하십시오."[3]

조정에서는 한 차례 고문을 한 다음 사형을 감형하고 삭탈관직만 시켰다. 이순신의 노모는 아산에 살았는데 그가 옥에 갇혔다는 말을 듣고는 고통스러워하다 목숨을 잃고 말았다.

괴물이 되어버린 대한민국 검사 집단

●

조선사 연구의 선구자 이긍익[4]이 저술한 불후의 명저《연려실기술燃藜室記述》은 오늘날 검찰에 해당하는 조선의 '사헌부'의 기원과 직무, 조직에 대해 다음과 같이 기술하고 있다.

> 신라 때는 사정부司正府라 하고, 고려 때는 사헌대司憲臺라 하였다가, 고쳐서 어사대御史臺·금오대金吾臺·감찰사監察司라 하였고, 또 고쳐서 사헌부司憲府라 하였다.
>
> 태조가 고려의 법을 좇아서 사헌부를 두어 시정時政의 득실得失을 논의 쟁집爭執하고 백료百僚를 규찰糾察하여 기강을 떨치고 풍속을 바로 잡으며, 원통하고 억울함을 펴게 하며, 참람한 것과 거짓된 것을 금하는 등의 일을 맡겼다. 그 밑에 감찰방監察房을 붙여두었고 대사헌大司憲·중승中丞·겸중승兼中丞 각 1명과 시사侍史·잡단雜端 각 2명과 감찰監察 20명을 두었다.

태종이 고쳐서 대사헌 1명, 집의執義 1명, 장령掌令 2명, 지평持平 2명을 두고, 감찰 25명은 다른 관리로 겸하게 하였다. 세종조 때 1명을 줄여 모두 본직本職을 갖게 했는데, 그뒤에 또 11명을 줄여서 문관 3명과 무관·음관 각각 5명으로 하였다. 연산 때 지평을 없애고 장령 2명을 더 두었다가 중종 초에 예전대로 회복하였다.[5]

사헌부는 백관에 대한 탄핵권과 수사권을 동시에 가지는 기관이었으며, 그 직무와 권한, 조직 문화의 엄격함은 오늘날 검찰보다 강하면 강했지 절대 뒤지지 않은 수준이었다. '경국대전' 예전禮典에는 5품 하관이 3품 상관에게 절을 해도 상관은 맞절하지 않는다는 규정이 있다. 그러나 '당상관이라도 사헌부, 사간원 관리는 우대해서 답례한다'라는 예외 조항도 있었다고 한다. 그만큼 대간臺諫[6]을 우대한 것이다. 예외 조항을 두어 우대한 것만큼 대간의 처신은 엄격했다.

조정 회의 때 사헌부 관료들은 다른 관료들보다 먼저 들어갔다가 회의가 끝나면 다른 관료들이 모두 나간 후에 따로 나가는 것이 관례였다고 한다. 이는 다른 관료들과 회의에 드나드는 동안 청탁을 받을까 우려했기 때문이라고 하니 그 처신의 엄격함이 대단했던 모양이다. '법전을 든 군인'들이었다고 할 만큼 내부기강 또한 엄격했다. 하루라도 먼저 부임한 선배가 출퇴근할 때는 후배들이 모두 일어서서 예를 표할 정도였다. 그러나 엄격한 내부기강이 '제 식구 감싸기', '온정주의' 등으로 변질되지 않았다.

사헌부 고위 관료가 비리에 연루되면 가차 없이 내부에서 탄핵하곤 했다. 중종 2년(1507년) 대사헌 이점이 과거 경상감사 시절 폐주 연산군에게

이재명 죽이기

꿩을 바친 적이 있다 하여 탄핵되어 쫓겨났다. 명종 16년(1561년) 대사헌 송기수가 상소를 처리함에 있어 부실했다 하여 탄핵 당했고, 결국 파직되었다. 이때 탄핵한 기관은 바로 송기수가 수장으로 있던 사헌부였다. 이처럼 사헌부가 어떤 사건이든 철저하게 수사할 수 있었던 것은 '수사권'이 사헌부의 독점물이 아니었기 때문이다. 조선 시대 수사권은 여러 기관으로 분산되어 있었다.[7]《연려실기술》〈관직전고官職典故〉에 사헌부 외에 '수사권을 가진 기관'에 대한 기록을 살펴보면 아래와 같다.

- 한성부漢城府가 경도京都·사산(四山, 한양을 둘러싼 네 개의 산)과 투살(鬪殺, 때리고 싸우던 중 타인을 죽인 자에게 적용되던 죄 및 그 형벌) 등의 일을 관장管掌한다 했으니, 만일 이 가운데 금령을 범하거나 월법越法하는 자가 있으면 귀천을 막론하고 한결같이 법률에 따라 다스려야만 비로소 가히 인심을 복종시키고 서울을 맑고 밝게 할 수 있을 것이다.

- 국초엔 형조刑曹의 맡은 일과 권한이 헌부憲府와 다름이 없었기 때문에 일이 형옥刑獄에 관계되는 것은 형조가 아뢰어 직접 그 죄를 탄핵彈劾하였는데, 어느 때에 이런 풍습이 없어졌는지 알 수 없다. 지금은 참람한 것을 금제禁制하는 일은 법사法司(헌부)와 같고 도적을 살피고 잡는 일은 또 금오金吾(지금의 검찰·경찰과 같다)의 권한까지 있다 한다.

- 의금부義禁府는 옛날의 집금오執金吾이다...(중략)...처음엔 옥을 만들고 금중禁中에서 군령軍令을 범한 자를 가두었다. 중년에는 국왕이 친히 그

죄수를 판결하고 조신朝臣중에서 임금의 뜻을 거슬린 자도 간혹 여기에 바로 가두었는데 그때 사대부들은 지위의 고하를 막론하고 죄를 범하면 모두 대옥臺獄에 나가게 하였으니, 임금이 직접 간여하는 왕옥王獄이요 조옥詔獄이다. 말엽에 와서 이것이 드디어 조정 관원들의 옥獄이 되어서 (일명一命 처음으로 관등官等을 받은 관원) 이상은 모두 그 옥으로 들어가게 되었다. 국초에 그대로 따랐다가 바로 의용순금군사義勇巡禁軍司로 고쳐서 판지判知·동지同知 4명을 두었고, 낭관은 문무를 섞어 썼으며 금군禁軍을 통솔하는 것은 예전과 같았다. 그 뒤에 의금부로 고쳐서 군사에 대한 권한은 없애고 다만 왕옥王獄으로서 죄수를 판결하는 일만 하게 하고, 임금이 거둥할 때와 안팎에 참람한 것을 금할 때에는 낭관이 하인을 거느리고 가서 비상한 일을 살필 따름이었다.

• 포도청捕盜廳은 좌우포도청이 있고 도둑과 간사한 자를 수색, 체포하는 일과 경更을 나누어 밤의 순찰하는 일을 관장하였다.[8]

이처럼 조선은 수사권을 분산시켜 독점으로부터 오는 폐해를 경계하고, 그걸 바탕으로 수사권을 지닌 기관들이 본연의 직무에 엄격한 자세로 임할 수 있도록 했다. 우리 조상들의 지혜가 이와 같았다. 그렇다면 조선시대 사헌부보다 더욱 강력한 권력을 확보하고 있는 2023년 대한민국 검찰은 과연 어떤 모습인가?

안타깝게도 현재 우리 검찰은 일제의 식민지배로 인해 조선의 훌륭한 전통을 계승하지 못하고, 일본의 검찰제도를 기반으로 만들어져 오늘날까지 이어오고 있다. 우리의 근대 형사사법제도의 출발은 일본에서 근대 사법제도가 처음으로 도입된 1890년(메이지 22년)의 재판소구성법과 메이지 형사소송법에서 출발한다고 봐야 한다. 당시 검찰은 제한된 수사권을 가지고 있었으며, 수사에 관한 권한은 경찰에 있었다. 검찰은 공소 유지를 위해 시급한 건에 한해 판사의 허락을 받아 수사를 진행할 수 있었다.[9]

전북대학교 김태명 교수는 이렇게 말한다.

1910년대 이후 일본의 검찰은 급속히 권력 기관화되어 검찰 관료가 사법성을 장악함으로써 사법부 내에서 검사가 판사보다 우위에 서는 이른바 검존판비檢尊判卑 현상이 나타났고, 급기야 검찰은 정치 권력화되어 내각의 운명을 좌우할 정도로 강성해졌다. ……1910년 일제가 우리나라의 국권을 침탈할 당시 일본의 검찰은 이미 강대해질 대로 강대해져 있는 상태였는데, 일제가 우리나라에 강제로 이식한 수사시스템은 일본 본토와는 또 다른 것이어서 우리나라의 검찰은 일본 검찰보다 더 강력한 권한을 갖게 된다. 1912년 조선형사령은 조선의 특수한 사정이라는 핑계로 효율적인 식민지통치를 위해 검사에게 예심판사가 가지고 있던 강제처분 권한을 부여하여 검찰이 형사 절차를 지배하는 체계를 정립하였기 때문이다.[10]

여기서부터는 법률전문가의 식견을 빌리는 대신 '일국의 국민'의 관점에서 해방 이후 지금까지 대한민국의 검찰이 국민에게 어떠한 모습으로 존재해 왔는지 요약해서 살펴보려고 한다. 일제의 식민 지배의 수단으로 강력한 권한이 부여된 식민지 조선의 검찰권은 해방 이후 들어선 미군정에 의해 자신들의 권한을 경찰에 이양하게 된다. 이 과정에서 검찰의 반발도 있었지만 이러한 흐름은 계속 이어져 1948년 정부 수립으로 출범한 이승만 정부는 미군정에 의해 다시 조직된 경찰 조직을 이용해 권력을 유지하게 된다. 당시 경찰력의 핵심은 일제 경찰 출신이 다수였다. 이승만 정권 시대는 한마디로 '깡패와 경찰'에 의한 무단통치의 시대였다.(1948년 제헌헌법에 따라 정부가 수립됐음에도 불구하고, 오늘날 검찰과 경찰의 위치가 정해진 '형사소송법'은 한국전쟁이 끝난 1954년에야 제정된다) 무소불위의 권력과 결합한 막강한 경찰권도 4.19혁명 당시 시민을 향해 총구를 겨누면서 그 시대를 마감하게 된다.

하지만 혁명으로 맞이한 사법제도 정상화의 기회는 1년 후 발생한 5.16 쿠데타로 사라지게 된다. 쿠데타로 집권한 박정희 정권의 사법제도는 경찰이나 검찰이 아닌 '중앙정보부'라는 정보기관에 의해 수행되었다고 봐도 과언이 아니다. 경찰은 중앙정보부가 지목한 반정부 인사를 체포하는 게 가장 중요한 임무였으며, 검찰은 중앙정보부의 필요에 따라 기소장에 도장 찍는 도구로 전락하고 만다. 그야말로 정보기관에 의해 사법 절차가 장악된 '정보정치', 무단통치의 시대였다. 1979년 박정희 암살 이후 12.12쿠데타로 등장한 전두환 정권의 '안전기획부'는 경찰을 수족처럼 부리는 '치안본부'에 의한 무단통치를 지속한다. 이때도 검찰은 박정희 정권 때와 마찬가지로 안기부와 치안본부의 필요에 따라 기소장에 도장 찍는 역할을 계속 수행하게 된다. 전두환 정권이 무너지는 1987년 6월 항쟁을 전후한 시기에 검찰은 박종철 군 고문 치사사건, 경찰의 최루탄에 맞아 사망한 이한

열 열사 사건 등을 수사하고 처리하는 과정에서 수십 년간 유보해온 정상적인 검찰의 모습을 일부나마 보여준다.

1987년 직선제 개헌으로 등장한 노태우 정권은 군부 쿠데타로부터 이어진 권력임이 분명했지만, 국민에 의해 선출된 정통성 있는 권력이라는 것도 부인할 수 없는 사실이다. 노태우 정권은 이전 군사독재정권과는 다른 양상을 보였다. 정보기관과 경찰에 의한 국내 정보수집, 민간인 사찰, 집회·시위 등 국민의 기본권에 대한 폭력 진압 등 비민주적인 행태가 계속되었지만 공권력을 감시하고 제어할 입법 기능과 사법 기능은 정상적으로 작동하고 있었다.

이런 가운데 노태우 정권은 민주주의 파괴의 산실이었던 정보기관과 경찰 치안본부의 정치개입을 최소화하고, 대신 검찰의 기소권을 이용한 '검사수사정치'를 통치 수단으로 활용하게 된다. 민주화 과정에서 나름 국민적 신뢰를 얻은 검찰은 중앙정보부와 안기부의 '정보정치' 시대보다 긴 '30년 검사수사정치' 시대를 이어오다 2022년엔 드디어 검찰 스스로 권력을 획득하기에 이른다. 민주화 이후 30여 년 동안, 검찰은 '기소권'을 무기로 권력과 기득권의 시녀가 되어 때로는 하이에나처럼 때로는 사냥개처럼 변신을 거듭하며 견제 받지 않는, 급기야 오늘날엔 스스로가 정의요, 절대진리인 '무오류 신성집단'이 되어버렸다.

이쯤에서 검찰이 '무오류' 종교집단이 된 후 벌어진 몇 가지 사건을 통해 오늘 우리가 마주 하고 있는 그들의 민낯을 보려고 한다.

- 2003년 3월 9일, 대통령 취임 열흘 만에 검찰 인사문제를 주된 주제

4

열린 사회의 적들과 싸우는 법

로 하여 '노무현 대통령 검사와의 대화'가 개최된다. 이 자리는 참여정부가 여성 최초이자 판사 출신 40대 중반의 강금실 변호사를 초대 법무부장관으로 임명하며 쏘아 올린 검찰개혁의 첫 장이 열리는 순간이었다. 당시 "이쯤 가면 막 하자는 거죠?"라는 노무현 대통령의 한마디가 상징하듯 그간 권위주의 정부의 해결사 역할에 답답함을 느낀 야심 찬 젊은 검사들의 거친 말들이 쏟아졌다. 결국 별 소득없이 '약자에 강하고, 강자에 약한' 검사 특유의 직업의식만 확인한 채 끝맺고 만다. '최초'라는 수식어를 달고 화려하게 출발한 강금실 장관의 새로운 시도는 대통령에게 부담만 안기는 꼴이 되어버린다. 이후 강금실 장관은 여성 차별의 상징이던 '호주제 폐지'의 물꼬를 트는 등 업적을 쌓기도 하지만 검찰개혁에는 제대로 된 역할을 하지 못한 채 물러나게 된다.

• 2009년 4월 30일, 6년 전 젊은 검사들과 얼굴을 맞대고 거침없이 토론했던 노무현 대통령이 임기 중 비리 혐의로 검찰청 포토라인에 서게 된다. 전두환, 노태우의 전직 대통령에 대한 검찰 소환 이후 세 번째 사건이었다. 그러나 이전 두 사람의 경우 군사반란을 일으킨 대역죄인이었고, 노무현 대통령은 그들과 싸운 역사를 기반으로 대통령에 선출된 사람이라는 점에서 검찰 소환이 가지는 의미는 하늘과 땅 차이였다. 권위주의 시대에 종지부를 찍은, 서민 대통령의 상징 노무현을 지지하고 사랑했던 많은 시민들의 분노와 슬픔은 말로 다 할 수 없을 지경이었다. 권위주의로 무장한 권력자에게는 한없이 착한 '애완견'이었던 검찰이 구시대 악습인 권위주의를 벗어던진 사람에게는 '들짐승'의 공격 본능을 발휘한다. 이는 결국

5월 23일 돌이킬 수 없는 비극으로 이어져 국민에게 치유되기 힘든 트라우마를 안기게 된다.

• 2007년 12월 5일, 'BBK 주가조작 의혹'과 다스의 실소유 여부와 관련해 수사 중인 서울중앙지검 특별수사팀(최재경 부장검사)은 김경준을 특정경제범죄가중처벌법상 횡령, 증권거래법 위반, 사문서위조 및 행사 등의 혐의로 기소하고, 한나라당 이명박 대통령 후보의 주가조작, BBK 및 다스 실소유 관련 의혹에 대해 모두 '증거 없음'으로 불기소 처분을 내린다. 대선을 2주가량 남기고 나온 검찰의 수사결과 발표 덕에, 이명박 한나라당 대선후보는 주가조작에 공모한 의혹과 ㈜다스 및 BBK의 실소유주라는 의혹에서 벗어나게 된다.

• 2008년 2월 21일, 이명박 당선인이 관련돼 있다는 모든 의혹을 밝히기 위해 구성된 특별검사 정호영의 수사결과 발표가 있었다. 결론은 "김경준과 그의 가족들이 모든 범행을 저질렀고, 이명박 당선인이 불법행위에 관여한 증거는 없다."라는 것이었다. 또한, 도곡동 땅·다스의 실소유주 의혹, 상암동 DMC 특혜분양 의혹, 검찰의 김경준 회유·협박설 등 그동안 논란이 됐던 쟁점들에 대해 이명박 당선자가 관여한 증거가 없다며 모두 혐의없음 처리했다. 이번 특검은 이명박 당선인을 삼청각으로 불러 꼬리곰탕을 먹으며 조사했다고 하여 '꼬리곰탕 특검'으로 오늘날까지 회자되고 있다. 이 당시 특검엔 윤석열 대통령이 파견검사로 수사에 참여했었다.

• 2020년 10월 30일, 이날 대법원은 2007년 대선 과정에서 "새빨간 거 짓말입니다"라고 외치던 이명박에 대해 1심과 2심에서 확정된 징역 17년 형을 확정한다고 판결한다. 13년 만에 반대로 뒤집힌 결과 앞에 이명박은 "법치가 무너졌다. 나라의 미래가 걱정된다"라며 사법부의 최종판결을 부정하는 듯한 발언으로 반발심을 드러낸다. 뒤집힌 결과보다 더 놀라운 사실은 이 사건을 재수사해서 기소하고, 대법원의 유죄 확정까지 끌고 간 당사자가 13년 전 정호영 특검에서 파견검사로 이명박에게 면죄부를 줬던 윤석열 서울중앙지검장이었다는 것이다. 17년 형을 받을 만큼 무거운 범죄를 2008년엔 무죄 방면하고, 2020년엔 유죄로 오라를 채우는 극단의 판단은 범죄가 아닌가? 이러한 역설적인 상황이 바로 검찰 정상화의 당위성을 웅변하고 있는 것이다.

어디 이뿐인가? 유우성 씨 간첩조작사건, 한명숙 전 국무총리 뇌물조작, 2019년 법무부 장관에 지명되면서부터 현재까지 조국 전 장관 가족에게 자행되고 있는 '인간사냥', 2022년 대통령선거를 직전부터 시작된 이재명 현 더불어민주당 대표에 대한 300번이 넘는 압수수색과 망신주기식 소환, 수시로 저질러지는 피의사실 공표 등 검찰권의 남용과 정치개입은 끊임없이 이어지고 있다. 이젠 악습을 반복하고 있는 검찰의 폐해가 사법의 영역을 넘어 국방, 외교, 경제, 복지 등에 영향을 미치며 국민의 삶을 위협하는 단계에 진입해 있다.

일제가 식민지 지배를 위해 만든 검찰의 막강한 권한에 기반해 탄생한 현 검찰정권의 행태는 대한민국을 '검찰의 식민지'로 인식하고 있는 듯하다. 주권자인 국민을 업신여기고, 국민이 뽑은 대표자들이 일하는 헌법기

이재명 죽이기

관 국회를 국정파트너로 인정하지 않고 있다. 또한, 지난 역사 동안 검찰이 습관처럼 몸에 지니고 있는 '강자에게 굴종하고, 약자를 억압하는 비겁한 습성'은 외교와 국방의 원칙이 되어버린 지 오래다. 이 밖에도 검사들의 각종 성 비위, 스폰서, 99만 원 술자리, 사건 조작, 강압수사 등등 입에 담기 민망한 수많은 사건과 사고를 '제 식구 감싸기'를 통해 은폐하고, 축소하여 결국 기독교에서 고백 한 마디로 죄가 사해지는 것과 같은 은총으로 승화시키는 신비로운 법 기술을 보여주고 있다. 그러나 임은정 검사, 이연주 전 검사, 서지현 전 검사 등 양심적인 전·현직 여성 검사들을 보면 검찰에 대한 기대를 완전히 저버리기엔 아직 이르다.

• 2023년 3월 23일, 헌법재판소는 한동훈 법무부장관과 검찰이 국회를 상대로 낸 권한쟁의 심판 청구에 대해 각하 판결을 내렸다. 헌법재판소 판결 요지는 다음과 같다. "법안은 검사의 권한을 일부 제한하는 것을 주요 골자로 하고 있으므로 수사권·소추권을 직접적으로 행사하지 않는 법무부 장관은 청구인 적격이 없다.", "법률개정행위는 국회가 입법사항인 수사권·소추권의 일부를 행정부에 속하는 국가기관 사이에서 조정·배분하도록 법률을 개정한 것이다.", "검사들의 헌법상 권한침해 가능성이 인정되지 않는다."

한마디로 법무부장관은 청구인 자격이 없다는 것과 검사의 수사권은 헌법 사항이 아니며, 검사의 수사권은 입법으로 조정할 수 있다는 내용이었다. 이로써 수년간 이어져 오던 '검수완박(검찰청법과 형사소송법 개정)'에 대한 법률적 결론은 내려졌다고 봐야 한다. 일부 보수언론과 법무부의 반발이 이어지고 있지만, 국민적 요구에 의해 추진됐던 '검찰 정상화'를 위한 국회 입법 활동의 정당성이 인정됐다는 데 큰 의미가 있는 헌법재판소의 판단이었다. 이를 계기로 검찰이 하루 속히 맞지도 않는 정치의 옷을 벗고, 본연의 위치인 '임명직 공무원'으로 돌아오길 간절히 바란다. 주권자로서 '선출되지 않은 공무원'의 전횡을 더 이상 봐 줄 수 없는 지경이다.

가뭄에 임금이 단에 올라 기우제를 지내면 무조건 비가 오게 돼 있다. 왜냐하면, 임금들은 항상 비가 올 때까지 단 위에서 기우제를 지내기 때문이다. 그리고 비가 오고 나면 자연 현상은 어느새 '성은聖恩'으로 둔갑하여 모든 덕은 임금이 가져가 버리곤 한다. 가뭄을 원망하며 하늘을 향해 노심초사했을 농민의 염원은 축에도 들지 못한다. 1년 6개월째 요란스레 진행되고 있는 이재명에 대한 검찰과 경찰의 수사를 보면 이 이야기와 딱 맞아떨어진다. 한국 검찰의 특수통들이 하는 수사가 제단 위에서 비 올 때까지 제를 올리는 옛일과 다르지 않다는 말이다.

검찰은 300회 이상의 압수수색으로도 부족했는지 무혐의로 종결된 사건까지 싹 모아다 재수사에 재수사를 거듭하고 있다. 그만큼 그물을 던져서 잡히는 게 없으면 포기할 법도 한데, '털어서 먼지 안 나는 사람 없다'라는 말을 신앙으로 삼고 있는 특수통 검사들의 스토킹에 가까운 집착은 멈출 줄 모른다. 예상컨대 2027년 대선 때까지 물고 늘어질 것이 분명하다. 이제부터의 싸움은 진실을 찾은 쪽이 이기는 전쟁이 아니고, 유시민 작가의 말처럼 끝까지 버티는 쪽이 이기는 전쟁임이 분명한 상황이다.

민주화된 사회를 운영하는 근본 원리는 '견제와 균형'이다. 이는 사회

이재명 죽이기

의 각 부문이 상호 견제하며 균형을 이루는 사회라는 말이다. 견제 받지 않는 집단이나 권력은 사회의 균형을 무너뜨리고, 그 불균형은 갈등을 심화시켜 결국 사회를 붕괴시키는 원인이 된다. 검찰권도 예외일 수는 없다. 그동안 한국 검찰은 견제 장치 없이 성역으로 존재해 왔던 게 사실이다. 검찰을 향해 감시의 눈길이 쏠리면 '검찰청 캐비닛' 문고리 잡기에 바빴던 것이 사실 아닌가. 그러나 다행스럽게 부족하나마 고위공직자범죄수사처(공수처)가 설치되어 검찰권 견제를 위한 한 걸음을 떼게 되었다. 힘센 권력기관은 그 힘만큼 강한 견제를 받는 게 당연한 일이다. 그것을 불편하게 여기고 무시한다면 그게 바로 독재 권력이다.

서울 서초구 서초동에 위치한 서울중앙지방검찰청 청사 1층엔 검사선서문이 액자에 담겨 걸려 있다. 이는 2008년 이명박 정부가 대통령령으로 공포하고, 2009년 3월 12일 시행한 선서문이다. 모든 검사가 선서문을 목숨처럼 지켜나간다면 '검찰개혁' 또는 '검찰 정상화'가 필요없겠지만, 그럴 일은 없어 보이므로 그저 전문을 독자들께 공유하는 것으로 위안을 삼고자 한다. 검사 임용 시 선서하고 2부를 만들어 한 부는 검찰이, 한 부는 선서한 검사 본인이 보관한다고 한다. 세상의 좋고 멋진 말은 다 갖다 붙여 놨다.

검사선서문

나는 이 순간 국가와 국민의 부름을 받고

영광스러운 대한민국 검사의 직에 나섭니다.

공익의 대표자로서

정의와 인권을 바로 세우고

범죄로부터 내 이웃과 공동체를 지키라는

막중한 사명을 부여받은 것입니다.

나는

불의의 어둠을 걷어내는 용기 있는 검사,

힘없고 소외된 사람들을 돌보는 따뜻한 검사,

오로지 진실만을 따라가는 공평한 검사,

스스로에게 더 엄격한 바른 검사로서,

처음부터 끝까지 혼신의 힘을 다해

국민을 섬기고 국가에 봉사할 것을

나의 명예를 걸고 굳게 다짐합니다.

(시행 2009. 3. 12. 대통령령 제21344호)

이재명 죽이기

언론사 사원들의 나라에서 살아남기

•

삼사三司는 조선시대 언론을 담당한 사헌부·사간원·홍문관을 합하여 부른 말이다. 언론삼사言論三司라고도 하였다. 사헌부는 백관에 대한 감찰·탄핵 및 정치에 대한 언론을, 사간원은 국왕에 대한 간쟁諫諍과 정치 일반에 대한 언론을 담당하는 언관言官으로서, 일찍이 이 두 기관의 관원을 대간臺諫이라 불렀고, 양사兩司 또는 언론양사라고 하였다. 홍문관은 궁중의 서적과 문한文翰을 관장하였고, 경연관經筵官으로서 왕의 학문적·정치적 고문에 응하는 학술적인 직무를 담당하였으며, 세조대에 집현전이 없어진 뒤 그 기능을 계승한 기관이었다. 1438년(세종 20) 이후 집현전은 언관으로서 구실을 하게 되었고, 따라서 집현전의 기능을 계승한 홍문관도 언관의 기능을 담당하게 되었다. 그리하여 언론양사인 사헌부·사간원과 함께 언론삼사로 칭하게 되었던 것이다.

이들 기관은 독자적으로도 언론을 행하지만 중요한 문제는 양사가 합의하여 양사합계兩司合啓를 하기도 하고, 때로는 홍문관도 합세하여 삼사합계로 국왕의 허락을 받을 때까지 끈질긴 언론을 계속하기도 하였다. 그래도 그들의 언론이 관철되지 않을 경우 삼사의 관원들이 일제히 대궐 문앞에 부복하여 국왕의 허락을 강청하는 합사복합合司伏閤을 하기도 하였다. 이러한 언론이 제대로 기능할 때는 왕권이나 신권의 전제專制를 막을 수 있었으나, 삼사의 언론이 일정한 세력에 의하여 이용될 때는 혼란을 면하지 못하게 되었다.[11]

조선시대의 사관史官은 최고 권력자인 국왕의 언행 및 행동뿐만 아니라 관리들에 대한 평가와 주요 사건, 사고 등 당시의 기록을 후대에 남기기 위해 기록을 담당했던 사람이었다. 현재 기준으로 보자면 '청와대 또는 대통령실' 출입기자라고 볼 수 있다. 조선시대에는 원칙적으로 왕과 신하가 사관이 없는 자리에서 정사를 논하지 않았다. 이처럼 왕과 신하 모두를 견제하고 정치의 투명성을 담보하는 매우 중요한 역할을 수행하는 직책이 바로 사관이었다. 사관이 작성하는 기록은 사초史草라 하였는데 이는 후일 왕이 죽은 후 편찬되던 실록의 원고였다. 당시 사관들은 직필을 원칙으로 삼았고, 왕명이라 하여도 사초를 기록하는 원칙에 어긋나면 그 자리에서 거절하거나 엄중하게 이의를 제기하였다. 이를 확인해 주는 실제 사건이 있다. 태종이 어느 날 사냥을 나갔다가 말에서 떨어지는 민망한 처지에 처하게 된다. 태종은 옆에 있던 사관에게 내가 말에서 떨어진 걸 사초에 기록하지 말아 달라고 청했다 한다. 그러나 사관은 기록하지 말아 달라고 얘기한 것까지 덧붙여 기록했다고 한다. 조선의 왕들이 정사의 올바름과 투명성을 확보하기 위해 사관의 역할을 얼마나 중시했는지 알 수 있는 사례를 세종실록에서 찾을 수 있다.

세종 13년(1431년) 3월 20일 세종실록의 기사는 다음과 같은 일화를 기록하고 있다. (세종이 자신의 아버지 재위 중 기록인 '태종실록'의 감수를 맹사성에게 맡긴 후 생긴 일화다)

임금이 말하기를,

"전대前代의 제왕들이 선왕先王의 실록實錄을 친히 보지 않은 자가 없는 것 같은데, 태종께서 '태조실록太祖實錄'을 보지 않으시매, 이 때 하윤河崙 등은 이를 보시는 것이 옳다고 말하고, 변계량卞季良은 보시지 않는 것이 옳다고 말하여, 태종께서는 계량의 논의를 따랐던 것이나, 이제 '태종실록太宗實錄'을 춘추관春秋館에서 이미 그 편찬을 마쳤으니, 내가 이를 한번 보려고 하는데 어떤가." 하니,

우의정 맹사성孟思誠·제학 윤회尹淮·동지총제 신장申檣 등이 아뢰기를,

"이번에 편찬한 실록은 모두 가언嘉言과 선정善政만이 실려 있어 다시 고칠 것도 없으려니와 하물며 전하께서 이를 고치시는 일이야 있겠습니까. 〈그러하오나〉전하께서 만일 이를 보신다면 후세의 임금이 반드시 이를 본받아서 고칠 것이며, 사관史官도 또한 군왕이 볼 것을 의심하여 그 사실을 반드시 다 기록하지 않을 것이니 어찌 후세에 그 진실함을 전하겠습니까." 하매,

임금이 말하기를,

"그럴 것이다." 하였다. [12]

4
열린 사회의 적들과 싸우는 법

세종대왕은 고대로부터 오늘날까지 우리 역사에서 가장 위대한 통치자로 인정받고 있다. 그런 세종에게도 실록(사초) 편찬을 책임지고 있는 신하는 스승과 다름없었다. 조선왕조는 그만큼 기록과 대간들의 직언, 선비들의 상소를 중시하던 사회였다. 언관을 오늘날 기자로 본다면 기자는 유아기 수준이고, 당시 언관은 원숙하고 품위 있는 중년 정도의 수준이라고 보면 적당할 듯하다.

2021년 1월, 언론인 출신 IT전문가 박태웅 한빛미디어 이사회 의장의 '눈을 떠보니 선진국이 돼 있었다'(아이뉴스24, 2021.01.11. https://www.inews24.com/view/1333621)라는 칼럼이 한국 사회에 큰 반향을 일으켰다. 60년대부터 이어져 온 혹독한 노동으로 일궈낸 '경제선진국' 대한민국이 뿌리 깊은 나무처럼 흔들리지 않은 선진국으로 한 단계 상승하기 위한 지혜를 모은 칼럼이었다. 그 해 말 이 칼럼을 근간으로 한 《눈 떠 보니 선진국》이라는 책이 출판됐는데 내용 중 '선진국 대한민국'에 맞지 않는 언론의 낡은 관행에 관한 내용을 살펴보면 이렇다.

신문사에서는 기자가 처음 들어오면 경찰서에 배치한다. 일본 강점기 때부터의 관습이다. (참고로 한국 사회에서 도무지 답이 안 나오는 문제가 발생할 경우, 대부분 일본 강점기에 그 문제의 기원이 있다고 보면 틀리는 법이 없다) 세상의 모든 사건·사고가 경찰서로 몰리던 시절의 이야기다. 세상의 변화가 그리 심하지 않던 때, 살인과 방화, 강도가 대단히 큰 뉴스였던 때의 이야기다. 지금은 세상이 너무나 빨리 바뀌어서 인공지능이, 기후변화가, 뉴욕의 증시가, 일본의 경제제재가 뉴스가 되지만, 아직도 신

이재명 죽이기

문사의 사회부 기자들은 뉴스를 찾기 위해 경찰서로 나간다...(중략)...한 때 기자들이 경로를 독점한 때가 있었다. 가서 듣는 것 자체가 특혜이고 권력인 때였다. 경제기획원이니 한국은행이니 장관의 말을 한마디라도 혼자 들으면 그게 도꾸다네였다. 해외의 특종보도가 주로 기획기사이거나 탐사보도의 결과인데 비해, 한국의 그것이 유독 '나만 들었다!', '나 혼자 알았다!'가 대부분인 것은 이런 '나와바리'와 '도꾸다네'의 결과다. 그러니 취재원과의 관계가 대단히 중요하고, 비난을 받아도 기자실을 폐지하지 못하는 것이다...(중략)...'기레기'라는 멸시를 받게 된 것이 기자 개개인의 윤리적 문제라고는 생각하지 않는다...(중략)...경로의존에서 벗어나지 못한 시대착오의 구조 자체가 그런 불신을 필연으로 만든다.[13]

박태웅 의장이 말한 경로 의존에서 벗어나지 못한 기자 사회의 시대착오적 구조에 관한 구체적인 사례를 전직 검사 출신 이연주 변호사의 저서 《내가 검찰을 떠난 이유》에서 찾아볼 수 있다. 이연주 변호사는 '검사를 사랑한 혹은 검사가 된 기자'라는 글에서 다음과 같이 증언한다.

우리나라 검사와 기자는 닮은 점이 많다. 첫째, 국민 신뢰도가 바닥인 점, 둘째, 업무의 창작성, 둘 다 그림을 그리거나 소설을 쓴다. 이런 공통점 때문에 검사와 기자가 더 절친하게 지내는 게 아닌가 싶다...(중략)...모 일간지의 법조 기자는 어느 검사와 현직 시절에 맺은 인연으로 그 검사가 퇴임 후 연 변호사 사무실에 자주 죽치고 있었다. 회사에 출근하는 날보다 그 변호사 사무실로 출근하는 날이 더 많았고 심지어 회사에서 속상한 일이 있으면 서초동에 가서 술을 마시곤 했다···(중략)··· 2009년에 김준규 검찰총장은 번호표를 뽑아 당첨된 기자들에게 돈 봉투를 건네는 '촌지 뽑기 이벤트'를 하기도 했다. 이러한 검사와 기자의 전통적인 협력관계는 피의사실 보도에서 이루어져 왔다.[14]

한국 언론의 퇴행은 일본 강점기부터 이어져 내려오는 '신입 기자 경찰서 출입' 등 낡은 관습에서 기인하기도 하지만 본질적으로는 언론사 자체의 부도덕한 불법과 탈법에서 기인한다. 국민의 정부는 2001년 2월 8일부터 6월 19일까지 한국의 23개 중앙 언론사를 대상으로 세무조사를 시행했다. 당연한 수순으로 한나라당, 조선일보, 동아일보, 중앙일보 등 보수 세력은 한목소리로 언론 탄압이라며 저항했다. 조선일보 김대중 주필은 "언론사 세무조사를 언론의 문제가 아니라 탈세 문제로 덮어씌우려 한다" 라고 항변했다. 이에 더해 조선일보는 "구멍가게 수준인 언론사 사주를 편법 상속으로 구속한다면 누가 납득하겠는가"라며 여론을 호도하기 시작한다.

세무조사 결과는 참혹했다. 사주들은 증여세, 상속세, 양도소득세, 법인세를 내지 않았을 뿐 아니라 그들의 탈루·탈세 방식은 재벌들의 수법을 넘어서는 것이었다. 주식 변칙 증여, 자금 세탁, 회계 장부 조작, 차명 계좌 분산 입금, 외화 밀반출, 자금 추적에 대비한 서류 완전 파기 등 거대 신문사들의 탈세 비리는 역대 정부의 각종 대형 부패 스캔들에서 드러난 각종 수법이 총망라되어 있었다. 23개 언론사의 탈루소득액은 1조3,594억

이재명 죽이기

원, 추징세액은 5,056억 원에 달했다. 조선·중앙·동아의 탈루액은 23개 언론사가 신고하지 않은 소득의 반이 넘는다. 조선일보와 사주의 탈루 액수만 1,614억 원이었다. 동아일보의 김병관에 대한 추징금은 469억 원에 이른다. 당시 국세청 유학근 조사4국장은 '한겨레21'과의 인터뷰에서 "다른 기업이라면 몰라도 공익기관이라는 신문사가 그런 치졸한 수법으로 탈세를 할 수 있는가라는 점에서 실무자들도 경악할 수밖에 없었다"라고 말했다.[15]

2001년 6월 29일, 국세청은 동아일보, 조선일보, 중앙일보, 한국일보, 국민일보, 대한매일 등 6개 언론사를 검찰에 고발하고, 3,048억 원의 추징세액을 부과한다. 언론사별 추징세액(사주 및 계열사 부분 포함)은 동아일보 827억 원, 조선일보 864억 원, 중앙일보 850억 원, 한국일보 148억 원, 국민일보 204억 원, 대한매일 155억 원이다. 국세청은 23개 조사대상 언론사 중 이들 6개 언론사를 제외한 17개 언론사의 추징액은 공개하지 않았다.[16]

그러나 얼마 지나지 않아 언론개혁을 내세우며 언론사 세무조사를 강행했던 김대중 정부는 1,071개의 가명·차명 계좌를 이용한 탈세로 실형을 선고받았던 홍석현 중앙일보 회장을 사면 복권해주었다. 또한, 이명박 정부는 탈세로 대법원에서 실형이 확정된 방상훈 조선일보 사장 등을 사면 복권해주었다.

결국 정치권력은 선거를 통해 교체할 수 있지만, 재벌 및 그들과 혼맥으로 얽혀 있는 언론사 사주들은 기업권력을 세습한다는 공식이 확인되고 만 것이다. 그러니 누가 대통령이 되든 혈족 집단이 장악한 신문사와 그 사주들을 두려워할 수밖에 없다.[17] 두려움으로 인해 용두사미로 끝난 언론사 세무조사는 많은 아쉬움에도 불구하고, 한국 언론의 급소를 정확히 겨냥한 의미 있는 행동이었다.

"한 번도 안 펼쳐 본 깨끗한 신문 팔아요", 2017년 2월 13일 자 '미디어 오늘' 기사 제목이다. 포장도 뜯지 않은 신문들이 재활용 종이로 둔갑하여 수많은 인터넷 쇼핑몰에서 팔리고 있다는 내용이다. 확인도 해볼 겸 포털 사이트에서 '깨끗한 신문지'라고 검색해 보니 총 187군데에서 판매 중인 것으로 확인됐다. 인쇄소 출고 당시 포장 그대로 묶여 있는 사진과 함께 걸려 있는 제목은 '깨끗한 신문지 포장지 완충재 신문 10-12kg 7,700원'이었다. 대규모로 수출도 한다고 하니 가히 한국 언론의 현주소를 여실히 보여주는 단면이다. '미디어 오늘' 기사에 따르면, "주요 일간지의 발행 부수는 조선·중앙·동아일보를 합친 것만 340만 부(ABC 협회 2016년 말 발표 기준)가 넘는다. 반면 유료부수는 270만 부 수준이다. 약 70만 부는 '공짜신문'이란 얘기다. 이 신문들이 독자들에 의해 펼쳐지지 않고 그대로 파지업계로 직행하고 있을 가능성도 있다"라고 한다.[18]

19세기 말 경제학자이며, 사회개혁가인 헨리 조지는 미국 사회 비평을 통해, 오늘날 저널리즘을 잃어버린 한국 언론의 핵심문제를 예언처럼 짚어낸다.

뉴욕 챔버스 가에 위치한 아메리칸 신문사 건물 옥상에는 신문 배달원의 대리석 조각상이 세워져 있다. 이 거대 기업의 경영자가 신문 배달원으로 사회생활을 시작했던 것이다. 처음에 몇몇 신문 판매업자들이 공

이재명 죽이기

동편의를 위해 뭉쳤던 것이 매우 강력한 회사로 성장했다. 자본과 기술을 갖춘 여러 기업이 연속해서 아메리칸 신문사의 독점을 무너뜨리거나 나눠 가지려고 시도했으나 다들 거꾸로 무너지고 말았다…(중략)…하지만 지금은 *그릴리나 *베네트라 할지라도 *굴드 같은 사람의 후원을 받지 않는 한, 뉴욕에서 일급 신문사를 설립하거나 기존의 신문사를 장악하겠다는 꿈을 품지 못할 것이다. 아주 최근에 생긴 도시에서조차 인쇄업자 몇 명과 신문기자 몇 명이 뭉쳐서 일간신문을 발행할 수 있는 시기는 이미 지나가 버렸다. AP통신 같은 비공개 기업은 말할 필요도 없이, 이미 신문사를 지배하는 자본가의 구미에 맞게 글을 써야만 하는 '문예직공'(기자를 의미한다)들이 대부분의 지면을 채우고 있다"[19]

* Horace Greeley : 1811.2.3.~1872.11.29. '뉴욕트리뷴' 창간인
* James Gordon Bennett : 1841.5.10.~1918.5.14. '뉴욕헤럴드' 창간인
* Jason Jay Gould : 1836.5. 27~1892.12.2. 미국의 철도 개발자, 투자가

2021년 8월 2일, 이재명 대표는 더불어민주당 대선 경선 후보 자격으로 충청북도 청주를 방문한 자리에서 언론개혁에 관한 입장을 표명한다. 다소 거친 발언이었던 관계로 몇몇 언론단체와 국민의힘, 그리고 당내 경쟁 후보의 강한 비판이 뒤따랐다. 그럼에도 불구하고, 집단으로 달려들어 다른 동물의 먹이를 훔치고, 죽어서 썩은 고기도 망설임 없이 먹어치우는 하이에나 같은 한국 언론을 향해 못 할 말도 아니었기에 당시 마음이 변치 말길 바라며 그때 발언을 기록해둔다.

언론은 행정, 사법, 입법에 이은 제4기관으로 제4부라 칭하며 언론은

헌법에 보장돼 있다. 간혹 오보나 의견을 나쁘게 썼다고 재재하자고 하는 것은 아니며, (또한) 이것을 비난하는 것은 아니며, 일례로 '이재명은 숏다리 정치를 하면 안 된다'라는 것은 의견이며, 팩트로 이것을 썼다고 비난하면 안 된다. (그러나) 팩트를 알고도 자신들의 사익을 위해 고의적 또는 악의적으로 왜곡하거나 명백한 가짜뉴스를 언론이라는 이름으로 유포하는 행위는 반드시 제재해야 한다. 따라서 이번 국회의 징벌적 5배 배상은 너무 약하며, 고의적 악의적으로 가짜뉴스를 생산하고 배포하는 언론사는 망해야 한다.[20]

2000년대 초반, 인터넷의 급속한 확산과 함께 종이 신문의 위기가 본격적으로 대두되기 시작한다. 미국, 영국, 프랑스 등 주요 국가의 언론사들이 줄어드는 종이신문 구독자 감소를 견디지 못하고, 무기 자본, 대재벌 등 가리지 않고 투자를 받기 시작한다. 그동안 쌓아온 저널리즘의 역사를 유입된 자본의 규모만큼 포기하는 건 당연한 수순이었다. 이 무렵 뉴욕타임스는 온라인으로 이동하는 언론 시장의 변화에 가장 민감하고, 기민하게 대응했다. 무료로 제공되는 온라인 뉴스 때문에 신문 구독자 수가 급감한다고 해서 무작정 온라인을 유료화했다가는 온라인 방문자 수의 대규모 이탈로 인해 온라인 광고가 심각한 타격을 입게 될 것이 우려되는 딜레마 상황이었다. 이 무렵 세계 각국에선 종이신문이 줄어든 틈새를 전철역 무가지가 치고 들어왔다. 종이 신문이 온라인으로 이전하는 과도기였다.

2011년 3월, 뉴욕타임스는 온라인 구독 유료화를 선언하고 나선다. 큰 우려에도 불구하고, 과감한 승부수를 던진 것이다. 10여 년이 지난 현

이재명 죽이기

재 뉴욕타임스의 승부수는 놀라운 결과를 만들어내고 있다. 뉴욕타임스 총매출에서 구독료가 차지하는 비율이 70%에 육박하고 있으며, 광고는 30% 이하를 기록하고 있다. 현재 구독자 수는 1천 만 명에 가까워지고 있다고 한다. 뉴욕타임스가 이런 성공적인 승부수를 던질 수 있었던 것은 그동안 쌓아온 저널리즘에 대한 자신감이 바탕에 깔려 있다. 2014년 발표된 그 유명한 '뉴욕타임스 혁신보고서'는 '1면의 욕심을 버리라'라고 말한다. 이 보고서가 나온 이후 워싱턴포스트를 비롯한 많은 미국 언론사들이 유료화를 시작하고, 저널리즘을 회복하기 위한 고민과 실천을 본격화한다. 하나같이 기존 종이신문의 망상에서 벗어나 디지털 시대로 앞서가자는 것이었다.

우리 언론은 어떠한가? 내일신문 등 몇몇 언론사에서 온라인 구독 유료화를 채택했지만, 전체 언론 시장을 보면 대다수 언론사는 아직도 아날로그 시대의 망각에서 헤매고 있다. 더군다나 한국 언론은 저널리즘을 극대화하여 그것을 바탕으로 대중의 신뢰를 받아 언론 본연의 기능으로 생존하려고 노력하지 않는다. 그보다는 자신을 정치 권력화하여 자본과 야합하고, 검찰 등 권력기관과 손잡고 대중을 기만하는 것으로 생존하려는 모습을 보인다. 이러한 한국 언론의 괴이한 생존 전략은 국민의 피해로 고스란히 이어지고 있다. 우리 국민은 도대체 언제까지 '질문'보다 '셀카'를 좋아하는 회사원들에게 세상 돌아가는 일을 전해 들어야 하는가? 답답하고, 안타까울 뿐이다.

17세기 지봉 이수광[21]이 21세기 이재명에게

• 옛날에는 임금에게 간언하기 위한 관원은 따로 없었다. 사람마다 누구나 다 간언할 수 있게 했다. 그러고도 오히려 그들이 두려워하고 어려워하여 감히 다 말하지 못하는 일이 있을 것을 염려하여, 상賞 주는 제도를 세워서 권장했다. 전傳에 말하기를, '흥하는 임금은 간신諫臣을 포상한다.'라고 한 것이 이것이다. 상을 주어서 말하게 하고는, 오히려 그 간언이 아첨하여 바로 간언하지 않을 것을 두려워했다. 그러므로 형벌을 제정하여 그들을 겁내게 했다. '서경'에 말하기를, '신하가 바르지 않으면 그에 대한 형벌은 *묵형墨刑이다'라고 한 것이 이것이다. 후세에 간언을 싫어하는 군주는 다만 상을 주지 않을 뿐 아니라 그에게 형벌을 준다. 그러니 이것은 스스로 자신의 귀와 눈을 막아버리는 것이다. 그리하여 마침내 나라가 어지러워져서 멸망하는 데에 이르는 것이다. 아, 옛날의 어진 임금과 지금의 충간을 싫어하는 군주는 서로 다르구나."

《《지봉유설芝峰類說》 3권, 〈군도부君道部〉, 청간聽諫)[22]

• 옛글에 "재상은 사람을 수십 년 추어올릴 수도 있고 아래로 떨어뜨리기도 하지만, 사관史官은 사람을 천년 백년의 뒤에까지도 내세울 수 있고 아주 침몰시킬 수도 있다. 이것은 사관과 재상이 사람의 죽은 뒤와 살아 있는 동안에 대한 권한을 나누어 가진 것이다."

《《지봉유설》 3권, 〈관직부官職部〉, 사관史官)[23]

* 묵형墨刑 : 죄인의 얼굴이나 팔에 바늘로 찔러서 죄명을 쓰고, 먹을 칠하여 글자가 드러나게 하는 형벌

이재명 죽이기

대한민국에는 극우와 우파 정당뿐인가

•

조선시대에는 현재 우리가 알고 있는 근대적 의미의 정당은 아니지만, 권력의지와 이념으로 서로를 공격하고 견제하며 정치를 이끌어 가던 '당'이 존재했었다. '사색당파' 또는 '붕당'이라는 부정적 견해가 지배적이지만, 조선 중기 이후 조선의 정치는 이들 당파 간의 경쟁을 통해 운영된다. 조선의 당은 1574년(선조7년) 김효원의 이조전랑(삼사三司 관리의 추천권을 가진 핵심 요직, 후임을 직접 추천하는 자대권自代權도 부여) 임명을 놓고 시작된다. 이에 관한 이야기를 당쟁의 원인과 전개 과정을 기술한 조선 후기 대문장가 이건창[24]의 《당의통략黨議通略》의 기록을 통해 살펴보려고 한다.

당시에 전랑銓郎으로 있던 오건이 김효원을 추천하여 이조전랑의 자리를 맡게 하려 하였으나 심의겸이 이를 저지하였다. 김효원은 청렴하고 가난한 선비라서 그의 후배들이 모두 으뜸으로 존경하였다. 김효원이

젊었을 때에는 윤원형의 집에서 처가살이를 하는 이조민과 매우 친하게 지내 어느 때는 심지어 침구를 가지고 가 함께 잘 정도였다. 어느 날 심의겸이 공무가 있어 윤원형의 집에 이르러 그러한 광경을 목격했는데 오건이 김효원을 추천하자 (심의겸이)김효원은 윤원형의 문객일 뿐인데 그런 사람을 천거하다니 라고 말하면서 배척하자 옆에서 김계휘가 손을 휘저으며 말하였다.

(김계휘가) 아예 그런 말을 입 밖에 내지 마시오. 그 일은 어린 시절 일이 아니오'(라고 말했다)

이러한 사연이 있은 뒤에 김효원이 마침내 전랑이 되고 많은 명사들과 사귀어 스스로 돕게 하니 명성이 대단해졌다. 그때 심의겸의 동생 신충겸을 전랑 자리에 앉히려고 추천하는 사람이 있었다...(중략)...박순이 우상이 되었을 때 대간大諫 허엽이 조그마한 일로 박순을 추고하자 박순이 스스로 우상의 자리에서 물러났다. 이로부터 당론黨論이 드디어 나누어졌다.

이때 김효원을 지지하던 사람들은 김우옹, 류성룡, 허엽, 이산해, 이발, 정유길, 정지연 등으로 이들을 '동인'이라고 불렀다. 김효원이 한양의 동쪽인 건천동에 살고 있었기 때문이다.

심의겸을 지지하던 사람들은 박순, 김계휘, 정철, 윤두수, 구사맹, 홍성민, 신응시, 등으로 이들을 '서인'이라고 불렀다. 심의겸이 한양의 서쪽인 정릉방에 살고 있었기 때문이다.

'동인'들은 명예와 절개 숭상하기를 즐겨하였고 '서인'들은 경력이 많아 몸가짐을 신중히 하였다. 어질지 못한 자도 또한 많이 따라 다녔으며 혹은 동인이나 서인의 양쪽을 다 드나들면서 서로 공격하는 사람도 있

이재명 죽이기

었다. 이것을 '을해당론乙亥黨論'이라고 일컫는다.[25]

이건창은 《당의통략》에서 이러한 '당'의 출현은 예고된 사건이라고 말하고 있다.

1571년경 선조 초년(초창기)에 영상인 동고東皐 이준경李浚慶이 사망하였다. 이준경은 죽음에 임박하여 미리 임금에게 올리는 차자(상소문)를 남겼는데 그 차자에서 말하였다. (이준경이 말하길) 지금 사람들이 고상한 이야기, 훌륭한 말들로 '붕당'을 결성하는데 이것이 결국에는 반드시 이 나라에서 뿌리 뽑기 어려운 커다란 화근이 될 것입니다.(라고 했다)

이때 유학을 공부한 신하 이이李珥가 있었다. 그는 도학(공자의 학문)과 재주와 피로써, 벼슬하지 않은 산림 속 학자들의 영수 노릇을 하고 있었는데 선조 임금은 그를 매우 높이 여기며 아끼고 있었다. 이준경의 말은 이이 등을 지목하여 말한 것이었다.[26]

이후 임진왜란 직전 세자 책봉 문제로 인해 발생한 서인 정철의 처벌을 두고 동인은 '남인과 북인'으로 갈라진다. 광해군 재위기에 집권한 북인은 집권 초 홍여순의 대사헌 임명 문제를 두고 대북과 소북으로 나뉜다. 서인 (노론)은 능양군의 쿠데타(인조반정) 이후 287년 동안 권력을 독점한다. 남인정권이 짧게 들어서기도 했지만 거의 전 기간에 걸쳐 서인(노론)의 '일당 독재'가 조선 정치를 지배했다고 봐야 한다. 숙종 대에 이르러서는 서인 김익훈의 처벌을 두고 서인이 '노론과 소론'으로 분열하게 되고, 1910년 노론의 영수 이완용이 나라를 팔아먹은 후 조선 '당'의 역사는 멈추게 된다. 그러나 해방 후 미 군정과 이승만을 등에 업고 기득권을 회복한 친일파들이 속했던 노론의 철학과 사조는 아직까지 주류의 위치에 있다는 견해가 적지 않다.

1945년 8월 15일 해방으로부터 모스크바 3상 회의 결정이 알려졌던 12월 말까지의 시기는 미군과 소련군이 남북한에 각각 진주하는 한편, 국내외 각 정치세력이 등장, 분화되었던 시기이다. 우선 해방이 되자마자 남북한에서 상황을 먼저 장악했던 세력은 좌파였다. 북한에서는 소련군의 진주가 빨랐기 때문에 그들의 지원을 얻은 좌파들의 헤게모니는 급속히 강화되었고, 미군의 진주가 늦었던 남한에서도 좌파세력은 조선건국준비위원회, 조선인민공화국 결성을 통해 그들의 기반을 강화하고 있었다. 남한에 뒤늦게 진주했던 미국은 이러한 사태에 직면하여 우파 강화정책을 썼다. 그들은 한민당을 강화하고 이승만 및 중경 임시정부를 불러들여 좌파세력에 대항시키는 작업에 나섰다. 바로 이러한 상황에서 좌우 정치세력의 등장 및 분화가 시작되었고, 그와 더불어 좌우 이데올로기의 분화도 동시에 시작되었다.[27]

해방 후 정치세력을 좀 더 구체화하면 다음과 같다.

첫째, 이승만, 김성수, 송진우 등으로 대표되는 우파세력이 있었다. 이들은 일제강점기 동안 자본가, 지주, 친일파 그리고 미국과 함께 귀국한 친미세력이 주축이었던 그룹이다. 김성수, 송진우 등은 한민당을 창당하여 이승만에 협조하게 되고, 이는 남한 단독정부수립의 근간이 된다.[28] 그러나 단독정부 수립 후 이승만에 의해 정권에서 배제된 이들은 이승만과 결

> **모스크바 3상 회담의 한반도에 관한 결정사항**[29]
>
> ① 한국 민주임시정부를 수립한다.
> ② 한국 민주임시정부의 수립을 위해 미·소 점령군 사령부의 대표들로 구성되는 공동위
>   원회를 설치한다. 이 위원회는 한국의 '민주적' 제 정당 및 사회단체와 협의한다.
> ③ 한국 민주임시정부와 한국의 민주적 제 단체의 참가 아래 한국 인민의 정치적 경제적
>   사회적 진보와 민주적 자치의 발전 및 한국의 국가적 독립의 달성을 협력 원조하는
>   방법을 작성하는 것도 공동위의 과제이다.
> ④ 미·소 점령군 사령부의 대표로 구성되는 회의를 2주 안에 개최한다.

별, 대립한 끝에 일부 중도우파세력과 결합하여 소위 '정통보수야당'의 모체가 된다.

둘째, 상해 임시정부계의 김구와 중도우파계열의 안재홍, 김규식, 조선건국준비위원회를 세운 중도좌파계열의 여운형 등으로 대표되는 좌우합작 세력으로 이들은 좌우 이념으로 분리되지만 민족주의적 입장에서 통일정부수립을 주장했다는 공통점을 가지고 있었다. 이 그룹은 모스크바 3상 회담 이후 결정된 신탁통치에 대한 찬반입장의 차이에도 불구하고 좌우합작을 통한 민족국가 수립을 주도적으로 주장하였다. 하지만 신탁 찬반 논쟁과정 중 그리고 김구와 김일성의 남북협상 후 이를 빌미로 한때 이들의 지지세력이기도 했던 미국의 지원을 받은 이승만 단독정부 세력에 의해 차례로 제거된다.

셋째, 박헌영으로 대표되는 남한 사회주의 세력으로 이들은 남조선노동당을 중심으로 남한 좌파운동을 이끌었다. 그러나 이승만의 단독정부 수립 이후 북조선노동당과 조선민주주의인민공화국의 건국에 참여하게 된다. 이들 또한 1952년 조선노동당 중앙위원회 제5차 전원회의에서 시작

된 종파 사건으로부터 1958년 김일성의 연안파 숙청에 이르러 완전히 제거된다.

넷째, 항일유격대 출신의 김일성 등과 연안파 사회주의자 김두봉 등을 중심으로 한 북조선노동당 그룹을 들 수 있다. 이들은 남한의 우파 단독정부 수립 이후인 1948년 9월 9일 남로당 세력과 북한 단독정부를 수립시킨다. 이후 1958년 연안파 숙청을 거쳐 김일성 중심의 항일유격대 출신이 북한 권력을 독점하게 된다.

1945년 8월 15일, '왜적倭敵'의 탈출 시도

1945년 8월 15일 오전, 일제 조선총독부의 이인자 엔도 류사쿠 정무총감은 해방 후 야기될 조선에서의 치안부재 상황과 조선 거주 일본인의 생명과 재산에 대한 위협을 두려워한 나머지 당시 조선본토에서 활동하며 존경받던 여운형을 만나 일본의 항복 이후 조선 내의 치안을 담당해 달라고 부탁한다. 이에 여운형은 모든 정치·경제범의 석방, 3개월분의 식량 확보, 조선인의 정치활동 및 청년·학생·노동자·농민의 조직활동 불간섭 등의 조건을 걸고 수락을 받은 뒤 곧바로 '조선건국준비위원회'를 구성하기 시작하였다. 8월 17일에는 제1차 부서 결정을 완료하는 동시에 '치안의 확보, 건국사업을 위한 민족총역량의 일원화 등 건준의 설립 목적에 관한 담화를 발표함으로써 국민대중에게 건준의 성격과 임무를 이해시키려고 했다. 그리고 건준은 활발한 활동을 통해 미군이 남한을 점령하기 전까지 유일한 조직적인 정치집단으로 존재하게 된다.

이러한 한반도의 상황에 대해 미국 시카고 대학교의 브루스 커밍스는 다음과 같이 말하고 있다. "그러나 한국인들이 그렇지 않기를 바라고 있는지는 몰라도 그들의 나라는 홀로 서 있는 것이 아니라, 국제적 힘의 소용돌이 속에 존재하고 있는 것이다."[30] 다시 말해 남북정치세력의 분화를 한반도 내의 정치세력 간의 이데올로기적 대립의 산물로 보기보다는 제2

차 세계대전의 승전국인 미국과 소련의 전후 세계분할정책의 결과로 보는 것이 타당할 것이며, 남북의 이데올로기적 대립과 전쟁도 이러한 양대 강대국의 전략의 표현양식일 뿐이었다.

강대국의 틈바구니에서 해방된 한반도는 결국 남쪽은 미국 주도의 극우반공정권이 탄생하게 되고, 이에 대항해서 북쪽은 소련의 비호 아래 극좌공산정권이 탄생하기에 이른다. 그 모양새가 당시 시작된 동서냉전의 형태를 주물로 제작한 듯했다. 이로써 남한에는 좌파가, 북한에는 우파가 존재하기 힘든 극단의 정치가 이어지게 된다. 오늘날 우리가 보고 있는 국민의힘과 더불어민주당 중심의 우파 독점 체제와 북한의 조선노동당 일당 독재체제가 구축된 것은 해방 후 분단 과정이 만든 필연적 결과였다. 이로 인해 한국의 권력 경쟁 구도는 '반공주의 극우세력'과 '자유주의 우파세력'만의 협소한 경쟁 구도로 고착된다.

민주주의 체제는 이념과 생각의 다양성을 존중하되, 결과는 다수결로 도출하는 것을 기본으로 삼는다. 그러므로 정상적인 민주주의 체제는 다양성을 각각 담아낼 여러 개의 그릇이 필요하다. 보수 일색의 냉전 분단국가인 한국 사회에선 아직 받아들이기 힘들겠지만, 정상적인 민주주의 체제를 가지고 있는 나라 중 공산당이 없는 나라는 거의 없다. 미국, 영국, 독일, 프랑스, 스페인, 캐나다, 일본, 브라질, 인도, 호주 등 세계 주요 민주주의 국가들 모두 공산당을 합법 정당으로 인정하고 있다. 혹여 대한민국 헌법상 북한도 대한민국 영토이니 우리도 공산당이 있다고 판단하는 사람도 있을 수 있으나, 분명한 건 북한 조선노동당은 정상적인 민주주의 체제와 공존 불가능한 '사이비 공산주의 정당'이라는 사실이다. 현재 민주주의

체제를 공유할 '정상적인 공산당'은 한반도 어디에도 존재하지 않는다.

2003년 6월 9일 노무현 대통령의 일본 방문 당시, 노무현 대통령이 일본 공산당 시이 가즈오 위원장을 만난 자리에서 했던 발언이 논란을 일으킨 적이 있다. 2003년 6월 10일자 오마이뉴스에 의하면 논란이 됐던 그 날 발언은 이렇다. "한국은 현재 공산당 활동을 인정하고 있지 않으나 (이는) 민주국가로서 문제이다. 내가 일본 공산당을 받아들이는 최초의 한국 대통령이 될 것이다."[31] 민주주의 교과서에 실려도 될 만한 지극히 상식적인 내용의 이 발언이 큰 논란으로 비화했다는 건 한국 민주주의 체제가 지나치게 경직되어 있고 '이념 편식'으로 인해 온전치 못한 상태임을 반증한다.

이러한 역사적 배경 속에서 탄생한 더불어민주당을 정의내리자면, 민주당은 '임시정부의 민족주의 우파세력'과 일제 시절 국내에서 주로 활동했던 '애국계몽운동 세력 일부' 그리고 해방 후 이승만 독재에 반대한 '친일 자본가 일부'가 결합한 정통 우파정당이다. '진보'와 '보수'라는 표현을 더 선호하는 한국의 경향을 따르자면 '정통보수' 정당이다. 극우세력과 우파세력이 과점하고 있는 한국 현실에서 민주당이 좌파정당으로 받아들여지지만 보편적인 이념 지도를 펼쳐 보면 오른쪽에 있는 정당임이 분명하다.

이런 괴리 현상으로 인해 급진 개혁을 지지하는 민주당 지지층이나 좌파 시민사회의 비판 대상이 되기도 하지만, 민주당은 정통 우파정당의 길을 충실하게 걸으며 발전해 왔다. 문제는 일방적으로 우편향된 한국 사회의 이념 편중에 있다. 앞서 민주당의 역사적 배경에서 보았듯이 한국 사회는 분단이라는 구조적 제약을 안고 있다. 흑백논리와 좌우대립이 생존의 절대조건인 냉전시대가 아직 끝나지 않은 사회이기에 어쩔 수 없이 겪게 되는 혼돈이다. 달리 표현하자면, 우리 사회에서는 언론과 자본 등 과도한

더불어민주당의 정당 변천사[32]

1945. **한국민주당**-송진우, 김성수, 장덕수, 조병옥, 윤보선에 의해 창당

1949. **민주국민당**-대한국민회, 신익희 세력, 대동청년단(지청천 세력) 합류

1955. **민주당**-이승만의 사사오입 개헌에 반대하고 자유당에서 이탈한 세력 합류.

1967. **신민당**-5.16 군사쿠데타 이후 민정당, 민주당, 민중당 등으로 이합집산을 거듭하다 야권 통합

1985. **신한민주당**-민주화 운동세력 규합, 어용야당 민주한국당을 대체

1987. **통일민주당**-6월 항쟁 직전 김대중·김영삼 세력이 창당('90년 3당 합당으로 소멸)

1987. **평화민주당**-87년 대선 직전 통일민주당을 탈당한 김대중 측을 중심으로 창당

1991. **민주당**-3당 합당 당시 통일민주당 잔류 세력과 평화민주당이 합당

1995. **새정치국민회의**-김대중 정계복귀를 위해 김대중 측이 민주당을 탈당한 후 창당, 당시 민주당에 잔류했던 인사 중 일부는 한나라당에 입당

2000. **새천년민주당**-재야, 시민사회 합류로 확대 후 당명 변경

2003. **열린우리당**-2002년 대선 당시 후단협 등의 여파로 노무현 측 탈당 후 창당

2007. **대통합민주신당**-열린우리당 탈당 세력이 창당 후 열린우리당 흡수

2008. **통합민주당**-(구舊)새천년민주당과 열린우리당 통합

2011. **민주통합당**-야권중통합의 일환으로 민주당, 시민통합당, 한국노총 일부의 합당

2014. **새정치민주연합**-민주당과 새정치연합이 합당하고, 창조한국당 인사들 합류

2015. **더불어민주당**으로 당명 변경

※ 주요 지도자는 송진우, 신익희, 조병옥, 김성수, 윤보선, 장면, 정일형, 유진산, 유진오, 김대중, 김영삼, 노무현, 문재인, 이재명 등이다.

- 한국에서 정당 교체는 빈번하다. 정당과 의원은 지속적인 비판에도 불구하고, 정당교체를 하나의 전략으로써 선택하고 있으며 그에 따라 선거마다 정당이 바뀌고 있지만 정당체제 정당 경쟁구조나 정책의 변화는 없다. 이러한 현상의 반복은 정당의 취약성 이념적 차이의 부재 등 여러 요인이 복합적으로 작용한 결과이다.[33]

4

기득권을 쥐고 있는 극우세력에 의해 극우보다 조금만 왼쪽에 있어도 좌파로 낙인찍히고 만다. 자유주의 민족 지도자가 하루아침에 공산주의자로 둔갑하는 일은 역사 속에서 한두 번이 아니었다.

냉전질서가 유지되고 있는 한국 현실로 인해 민주당은 자연스럽게 이념의 스펙트럼이 넓은 정당이 될 수밖에 없었다. 한국 사회 이념의 극단적 불균형과 좌파 의제들을 담아낼 대중적 좌파정당이 왜소한 상황에서 노동, 환경, 여성, 복지 등 좌파의 의제들이 극우보다 조금 더 왼쪽에 있는 민주당에 모이고 있다. 이렇듯 본의 아니게 좌파정당으로 인식되는 상황이 민주당의 여러 모순과 좌절을 가져오는 근본적인 문제 중 하나라고 생각한다. 우파정당에 맞지 않는 좌파적 의제들까지 폭넓게 받아들이다 보니 결과는 미진할 수밖에 없고, 결과의 미진함은 지연, 학연, 이해관계로 촘촘하게 엮여 있는 극우세력에게 기회로 작용하는 악순환이 반복되는 것이다.

이런 이유로 나는 '일본 공산당을 인정하는 최초의 한국 대통령'이 되겠다는 노무현 대통령의 통찰력에 박수를 보낼 수밖에 없다. 아마도 노무현 대통령은 이러한 악순환의 고리를 끊어내고 싶었을 것이다. 이러한 의지가 있었기에 그의 임기 중 좌파 정당인 민주노동당이 최대 국회의석을 가질 수 있었으며, 임기 후반엔 한나라당을 향해 연정까지 제안할 수 있었다.

이제 악순환의 고리를 끊어내는 일은 이재명 대표의 몫이 되었다. 다시 말해 민주당을 '본의 아닌 좌파 정당'에서 '대한민국임시정부(민족주의)를 계승하고, 서민(복지)과 중산층(시장경제)을 위하는 정상적인 자유주의 우파정당'으로 만들어야 할 운명이 부여된 것이다. 정치인 이재명이 앞서 이야기한 '태생적 한계를 가진 민주당의 딜레마'를 극복하고 한국의 이념

지형도를 정상화해내느냐 못하느냐에 따라 대한민국의 운명은 극과 극으로 갈릴 것이다. '이재명의 민주당'을 통해 '태도와 인연'으로 선택받는 시대가 끝나고, '이념과 정책'으로 선택받는 시대가 도래하길 바란다. 그렇게 될 때 극우정당 국민의힘도 비로소 제자리를 찾아갈 수 있게 된다.(민주주의 선진국가라고 해도 10% 내외의 극우세력이 존재한다고 한다) 이제 손에 기름때 묻힌 노동자가 재벌의 이익을 옹호하는 정치집단에 투표하는 자학의 시대를 끝내야 한다.

21세기형 집현전 혹은 전위대

•

조선은 1392년부터 1910년까지 518년간 총 27명의 왕이 통치하던 왕조국가다. 27명의 왕 중에 재위 기간이 가장 길었던 왕은 1724년에 즉위하여 52년간 왕좌를 지킨 '영조'이며, 재위 기간이 가장 짧았던 왕은 1544년에 즉위하여 8개월 만에 유명을 달리한 '인종'이다. 그렇다면 조선왕 중 재위 기간에 가장 많은 업적을 남긴 왕은 누구인가? 많은 이들이 그러하겠지만 나 또한 단연코 세종대왕을 꼽고 싶다. 세종은 묘호諡號[34] 뒤에 '대왕'을 붙여도 전혀 어색하지 않은 업적을 가지고 있으며, 그의 업적은 수백 년의 시차를 넘어 오늘날 우리의 삶에도 커다란 영향을 끼치고 있다. 세종은 학문연구와 인재양성, 그리고 왕의 정치를 보좌하던 특별한 기관 '집현전'을 설치했다. 집현전은 세종의 학문적, 정치적 중흥의 토대를 구축했으며, 통치를 위한 각종 정책 개발과 중신들의 반대에 대응하는 논거 제시, 그리고 인재발굴을 담당하는 '정당의 싱크탱크' 또는 '막후정치' 역할도 했다.

오늘날엔 집현전과 성격이 유사한 한국개발연구원(KDI)을 비롯해 정부와 민간에서 다양한 '싱크탱크(연구기관)'[35]를 설립하여 운영하고 있으나, 집현전처럼 통치자의 권력이 행사되는 직접적인 통로가 아니라는 점에서 큰 차이를 가지고 있다. 시대적 차이에서 기인하는 측면도 있지만, 현대사회의 '싱크탱크'는 정치권력에게 대안(정책)을 제시하는 방법으로 국가나 사회에 대한 영향력을 가질 수 있는 반면에, 집현전은 자신들의 성과물을 가지고 왕권과 한 몸이 되어 직접 정치권력을 행사할 수 있는 권력기관의 성격도 확보하고 있었다.

이러한 차이를 전제로 하면 집현전은 단순히 원만한 정책 집행을 위한 자문기구가 아니었으며, 당대의 왕이 가장 중시한 과업을 실현하기 위해 만들어낸 '전위대'였다고 할 수 있다. 집현전에 속해 있던 구성원은 현명한 왕과 한 몸이 되어 이론과 실천을 겸비한 정치력으로 한글 반포와 혁신적인 과학의 발전, 4군 6진 북방 개척, 대마도 정벌 등의 업적을 이룩한 '현군賢君 세종'의 위대한 전위대였다.

세종 1년(1419년) 2월 16일 세종실록 기사엔 집현전을 다시 만들자는 좌의정 박은의 말이 실려 있다.

좌의정 박은이 계啓(신하가 임금에게 하는 말)하기를,
"문신文臣을 선발하여 집현전集賢殿에 모아 문풍文風을 진흥시키시는 동시에, 문과는 어렵고 무과는 쉬운 때문으로, 자제子弟들이 많이 무과로 가니, 지금부터는《사서四書》를 통달한 뒤에라야 무과에 응시할 수 있도록 만들어 주시옵소서."

하니, 임금이 아름답게 여기고 받아들였다.

1년이 경과한 후 세종 1년(1419년) 12월 12일 기사엔 자신이 가납嘉納한 집현전 설치가 지지부진한 것에 대한 세종의 재촉이 기록돼 있다. "일찍이 집현전을 설치하려는 의논이 있었는데, 어찌하여 다시 아뢰지 않는가. 유사儒士 10여 인을 뽑아 날마다 모여서 강론하게 하라."고 명했다.

그로부터 3개월이 지난 세종 2년(1420년) 3월 16일 드디어 집현전의 직제가 정해지고, 집현전 관원이 임명되었다.

집현전에 새로 영전사領殿事 두 사람을 정1품으로, 대제학 두 사람을 정2품으로, 제학提學 두 사람을 종2품으로 두되, 이상은 겸직이요, 부제학副提學은 정3품, 직제학은 종3품, 직전直殿은 정4품, 응교應敎는 종4품, 교리校理는 정5품, 부교리는 종5품, 수찬修撰은 정6품, 부수찬은 종6품, 박사博士는 정7품, 저작著作은 정8품, 정자正字는 정9품으로, 이상은 녹관祿官으로 하며, 모두 *경연관經筵官을 겸임하였다. 부제학 이하의 낭청郎廳은 10명을 두되, 품에 따라서 임명하고, 차례대로 가리어 전임轉任하며, 각품에서 두 사람을 초과하지 아니하였다. 5, 6품은 부검토副檢討를 겸임하였다. 각품의 차례는 다 본 품반班의 머리로 하였다. 제학과 부학의 서열은 사간司諫의 위로 하였다. 박은·이원으로 영전사領殿事에, 유관·변계량을 대제학에, 탁신卓愼·이수李隨를 제학에, 신장申檣·김자金赭를 직제학에, 어변갑魚變甲·김상직金尙直을 응교應敎에, *설순偰循·유상지兪尙智를 교리校理에, 유효통兪孝通·안지安止를 수찬修撰에, 김돈金墩·최만리崔萬理를 박사博士에 임명하였다. 처음에 고려의 제도에 의하여 수문전修文殿·집현전·보문각寶文閣의 대제학과 제학은 2품 이상으로 임명하고, 직제학·직전直殿·직각直閣은 3, 4품으로 임명하였으나, 그러나, 관청도 없고 직무도 없이 오직 문신으로 관직을 주었을 뿐이었는데, 이제에 이르러 모두 폐지하고, 다만 집현전만 남겨 두어 관사官司를 궁중에 두고, 문관 가운데서 재주와 행실이 있고, 나이 젊은 사람을 택하여 이에 채워서, 오로지 경전과 역사의 강론을 일삼고 임금의 자문에 대비하였다.[36]

* 경연관經筵官 : 고려·조선시대 국왕의 학문 지도와 치도 강론을 위하여 설치한 경연의 관직.
* 설순偰循 : 고려 때 귀화한 위구르Uighur, 回鶻출신 설손偰遜의 손자이며, 조선전기 집현전부제학, 이조 우참의, 동지중추원사 등을 역임한 문신이자 학자. 출생년도 미상~1435년(세종 17) 사망. 자는 보덕輔德이며, 본관은 경주慶州다.

정도전을 비롯한 건국 공신들, 형제, 최측근, 외척과 자기 아들까지 왕권에 위협이 될 요소들을 차례로 제거한 태종은 1418년 8월 자신이 만들어낸 강력한 왕좌를 셋째 아들에게 양위하고 스스로 상왕(섭정)의 지위를 부여한다. 하지만 태종은 '왕좌'만 양위했을 뿐 군권을 비롯한 실질적인 '왕권'은 자신이 쥐고 있었다. 27년 전 아버지를 도와 개국한 조선의 왕권이 아직 안전하게 왕좌에 부여돼 있지 않았다고 본 것이다. 정도전이 구축한 권력 구조인 '의정부서사제'를 폐지하고, 왕의 대권이 실효성 있게 집행되는 '육조직계제'를 채택했지만, 정도전과 개국 공신들의 흔적이 지워지기엔 시간이 부족했다.

의정부서사제는 집행 부서인 이조, 호조, 예조, 병조, 형조, 공조의 육조가 국정 현안을 의정부에 보고하고 심의 받는 제도였다. 반면 육조직계

4

열린 사회의 적들과 싸우는 법

제는 육조가 의정부를 거치지 않고 국왕에게 직접 보고하는 제도였다. 따라서 의정부서사제를 실시하면 왕권이 약해지고 의정부의 권한이 강화될 수밖에 없다. 반면 육조직계제를 강화하면 왕권은 강화되나 의정부는 유명무실해진다.[37] 개국 초기 조선은 정도전과 사대부 개국공신들이 만들고 싶어 했던 '신하의 나라'와 태종 이방원을 비롯한 왕실 종친들이 지향했던 '왕의 나라'가 거세게 충돌한 격동의 시대였다.

등극 초기에 실권이 없던 세종은 실권자인 태종의 경계를 피해 신중하게 집현전 설립을 추진했던 것으로 보인다. 집현전은 설립 초기 주로 임금, 세자, 종친의 교육기능을 맡는 등 비정치적인 역할을 수행했다. 학사의 절반인 10명은 임금의 경연經筵에 경연관으로, 나머지 절반 10명은 세자의 서연書筵에 서연관으로 참석하여 학술을 강론했다. 그러나 세종의 학문이 높아서 임금을 가르치기보다는 오히려 임금에게 배우는 것이 더 많았다고 한다.[38] 이런 과정을 거치며 집현전은 강력한 왕권을 추구하는 태종의 경계를 피해 점점 세종 정치의 막후 세력으로 성장해 간다.

집현전의 제한적인 역할은 1422년 태종이 죽자 여러 역할로 서서히 영역을 확장하기 시작한다. 세종의 정치가 본격적으로 활발해지는 즉위 10년 차 이후 집현전은 정원이 16인에서 32인까지 늘어나고, 역할도 확대되어 유교적 의례·제도·문화의 정리 사업이라 할 수 있는 각종 제도 연구와 역사, 경학, 천문, 의약, 외교 등 폭넓은 분야에 걸친 편찬 사업까지 아우르게 된다.

이 시기 편찬 사업으로 간행되기 시작한 서적의 종류는 '치평요람治平要覽', '자치통감훈의資治通鑑訓義', '고려사', '고려사절요', '태종실록', '효행록孝行錄', '삼강행실三綱行實', 훈민정음의 창제와 이에 관련된 '운회언역韻會諺譯', '용비어천가주해龍飛御天歌註解, '훈민정음해례訓民正音解例' 등 다양한 분야에 걸쳐 있다.

이 당시 제도 연구의 특징은 첫째, 제도의 철학적, 역사적 근원을 찾는 데 중점을 두기보단 제도가 집행됐을 때의 각종 부작용을 해결하기 위한 것이 많았다. 둘째, 세종이 정치를 함에 있어 수시로 발생하는 정치적, 제도적 걸림돌을 제거하기 위한 해결책 제시에 중점을 두었다. 셋째, 세종의 강력한 정책 시행의 도구, 즉 중신의 반대에 부딪혔을 때 이를 물리쳐 세종의 소신을 관철시키고 명분을 세우는 수단이 되었다.

세종 정치의 특징은 강력한 왕권 행사가 가능했던 '육조직계제'와 정치에 있어 중신들의 권한이 상대적으로 강하게 작용하는 '의정부서사제'를 적절히 병행해서 활용했다는 점이다. 한글 창제, 자주적인 조선 역법 시행, 불교에 대한 시책 등을 시행함에 있어서는 '육조직계제'의 기능을 활용했으며, 민생 경제와 문화 육성 정책은 '의정부서사제'를 적절히 활용했다. 서로 상극인 두 체제가 병행될 수 있었던 것은 그 중간에서 균형추 역할을 하던 '집현전'이 있었기 때문이다.

우리 정치에 비하자면, 대통령이 비서실을 중심으로 자신의 핵심 공약 사업을 강력하게 추진하면서도, 민생과 경제 등 내치를 국무총리 책임 아래 집행하며 균형 있게 국정을 운영했다고 말할 수 있다. 이러한 합리적 정치는 홍문관을 설치하여 많은 업적을 남긴 성종, 규장각을 설치하여 조선 후기 르네상스를 실현한 정조의 정치와도 맥을 같이 한다. 이를 통해 세종과 성종, 정조시대는 '태평성대太平聖代'라는 타이틀을 얻게 된다. 참고로 잘 구현되고 있진 않지만, 현재 채택하고 있는 제6공화국 헌법은 '의정부 서사제(의원내각제)'와 '육조직계제(대통령제)'를 적절히 혼합한 체계를 가지고 있다.

세종 초기에 학문연구 기관으로 출발한 집현전은 당시 정치 권력 구조 내에서의 위상은 그리 높은 편이 아니었다. 집현전의 정치적 위상이 획기적으로 높아진 시기는 1442년(세종 24) 세종의 신병으로 인해 정무를 대행하게 된 세자의 정무 처결 기관인 첨사원詹事院이 설치되면서부터이다. 집현전 학사들은 종래 맡아왔던 서연직書筵職과 함께 첨사원직까지도 거의 전담하게 된 것이다. 이로써 공식적으로 국가 시책의 논의에 참여하는 등 정치 활동이 활발한 정치 기관의 면모를 갖추게 된다.

문종이 즉위하면서부터는 집현전이 대간 차출의 본거지가 되어 호간고론(好諫高論, 바른 말을 좋아하고 높은 수준의 논의를 함)적인 집단으로 변하였다. 즉, 집현전의 학문적인 성격에 질적인 변화가 일어난 것이다. 집현전의 이 같은 호간고론화는 세조의 무력을 통한 왕권 강화책과 충돌을 피할 수 없었다. 이러한 상황에서 1456년(세조 2) 6월에 일부 집현전 학사와 그 출신자들이 주동이 되어 집현전에 모여서 단종 복위를 도모한 '사육신 사건'이 일어나자, 세조는 이를 계기로 집현전을 혁파했고, 성종 때 집현전의 후신으로 홍문관(弘文館, 문서 관리 및 처리와 더불어 국왕의 각종 자문에 응하는 업무를 맡았던 기관)이 설치된다.

집현전은 비록 37년이라는 짧은 기간 동안 존재했던 기관이지만 후대에 미친 역사적 의미는 매우 크다. 태종이 조선의 권력 구조를 완성했다면, 세종은 집현전을 통해 500년 조선의 정치, 문화, 사회, 의약, 음악 등 전 분야의 기틀을 다졌다. 세종 이후의 조선은 세종과 집현전이 만들어 놓은 기반 위에 시대별로 필요한 요소들을 결합해 유지됐다고 말할 수 있을 정도다. 더 나아가 집현전이 이룩한 업적은 2023년 대한민국에까지 지대한 영향을 끼치고 있음도 부인할 수 없다.[39]

이처럼 집현전은 세종이 실질적인 권력을 잡는 과정과 권력을 잡은 이후의 정치가 성공할 수 있도록 최전선에서 임무를 수행한 '전위대'였다. 세종이 철의 군주였던 아버지 태종과 개국 공신들의 현란한 정치력 사이에서 중심을 잃지 않고 우리 역사 최고의 군주가 될 수 있었던 것은 세종 개인의 탁월한 두뇌와 품성, 그리고 집현전의 헌신적인 보좌가 조화롭게 결합되었기 때문이다.

현대로 돌아와서 보면, 1987년 이후 권력을 잡은 대통령들은 하나같이 각자의 '전위대'를 가지고 있었다. 노태우 대통령의 하나회, 김영삼 대통령의 민주산악회, 김대중 대통령의 민주연합청년동지회(연청), 노무현 대통령의 노무현을 사랑하는 사람들의 모임(노사모), 이명박 대통령의 영포회, 박근혜 대통령의 친박연대가 있었다. 촛불혁명으로 집권한 문재인 대통령 이후 사조직 성격의 전위대는 사라지는 듯했으나, 윤석열 대통령 등장 이후 공조직인 검찰 특수부가 사조직 성격의 전위대 노릇을 하고 있다.

이재명 대표의 경우, 2017년 대선 경선 과정에서 등장한 '손가락혁명군'이 전위대 역할을 자임하다 2022년 대선 과정에서 단절되었고, 임의로 만든 사조직은 아니지만 지난 대선 직전 등장한 '개딸(개혁의 딸)'이 보이지 않게 그 역할을 수행하고 있다. 그러나 안타까운 건 하나의 예외도 없이 사조직 성격의 전위대는 집권하는 데는 일정 정도 기여했으나 집권 후에는 집권세력을 망가뜨리는 가장 큰 원인이 되었다는 것이다.

이런 의미에서 오늘 이재명에게 필요한 것은 200명의 국회의원도, 수천 명의 '사조직 전위대'도 아니다. 지금 이재명에게 가장 필요한 것은, 실천적 학문으로 생명력 있는 의제를 생산하고, 정적들의 무차별 공격에 대한 대응 논리와 지혜를 만들어 낼 '21세기 집현전'이다. 다음 대선까지는 세종대왕으로부터 검증된 최강의 무기 '21세기형 집현전'을 만드는 시간이어야 한다. 이재명이 '21세기형 집현전'의 도움으로 지피지기한다면 전쟁의 최후 승자는 필연적으로 이재명이 될 것이다.

5장

다시 길을 묻다

대한민국 운명의 갈림길에서

•

한국인들은 1948년 정부 수립 이후 자의 반 타의 반으로 다양한 형태의 권력을 경험했다. 자신들의 조국을 무단으로 강탈한 일제에 협력했던 친일파 권력, 총칼로 무장하고 쿠데타를 일으킨 군인 권력, 어긋난 욕망에 불을 지른 부도덕한 기업가 권력, 무능과 국정농단으로 탄핵당한 권력, 민주화운동을 기반으로 개혁을 부르짖던 권력 등 근대 이후 등장한 거의 모든 형태의 권력이 대한민국에 존재했다. 그러나 새로운 경험은 여기서 끝나지 않고 2022년 3월 9일, 한국인들은 이제껏 경험해 보지 못한 권력을 맞이하게 된다.

새롭게 등장한 권력은 이전에 경험한 모든 병폐를 압축해 놓은 듯하다. 친일, 독재, 정치검찰, 무능, 국정농단, 절대왕정, 그리고 무오류, 신성불가침, 샤머니즘 등 종교적 신념까지 내재하고 있는 괴기스러운 권력이다. 이 권력에 의해 저질러지고 있는 일들을 보면, 무책임, 망각, 무능, 압수수색, 사대주의, 강약약강, 흑백논리, 무속신앙 등의 단어가 자동으로 연상될 지경이다. 한국의 주권자들은 자신의 삶을 지켜줄 '강한 권력'을 찾다가 개인의 삶을 부수는 일에만 특화된 검사 권력이라는 '강력한 재앙'을 선택해버리고 말았다.

미국의 정신의학자 엘리자베스 퀴블러로스[1]는 자신의 저서 《죽음과 죽어감On Death and Dying》에서 불치병에 걸린 사람이 그 사실을 알았을 때 어떻게 대응하는지를 두고 다섯 단계의 도식을 제안했다. 이를 통해 우리가 현재 맞이한 재앙 같은 권력에 어떻게 대항해야 하는가에 대해 곱씹어볼 수 있다. 우선 퀴블러로스가 말한 이론을 살펴보자.

불치병에 걸린 환자가 그 사실을 알게 된 후 보이는 반응의 첫 단계는 '부정'의 단계다. 이는 사실을 부정하는 단계다. 두 번째 단계는 '분노'의 단계다. 더 이상 사실을 부정할 수 없을 때 폭발하는 단계라고 할 수 있다. 세 번째 단계는 '타협'의 단계다. 이 단계는 사실을 어떻게든 중요하지 않은 것으로 치부하거나 축소하기를 희망하는 단계다. 네 번째 단계는 '우울'의 단계다. 리비도(사람이 내재적으로 갖고 있는 정신적인 에너지) 투자가 철회되는 단계라고 할 수 있다. 표현하자면, "곧 죽을 건데 신경 쓸 일이 뭐가 있겠어?"라는 심리 상태를 의미한다. 마지막 단계는 '수용'의 단계다. "싸울 수 없으니, 갈 준비를 하는 게 낫겠어"라고 자포자기하는 상태이다.

훗날 퀴블러로스는 이 단계들을 개인의 상실의 모든 파국적 형태(실직, 실연, 이혼, 약물중독 등)에 해당하는 것으로 적용 범위를 넓혔고, 이 단계들이 반드시 같은 패턴으로 진행되지 않으며, 모든 사람이 다섯 단계를 전부 거치는 것도 아니라고 말한다. 개인과 마찬가지로 사회도 트라우마에 해

당하는 어떤 참사나 재앙을 당했을 땐 언제나 이와 유사한 집단 심리 상태를 보인다.[2]

현재 많은 한국인은 윤석열 정권의 등장이라는 정치적 재앙과 10.29(이태원) 참사라는 사회적 재앙을 마주하고 있다. 한국인들은 이미 2014년에 맞이했던 4.16 세월호 참사라는 재앙을 통해 '부정'의 단계를 지나 2016년 '분노'의 단계에서 재앙의 원인이었던 박근혜 정권 탄핵을 이끌어냈다. 탄핵의 과정에서 '타협'과 '우울' 그리고 '수용'의 단계가 혼재되긴 했지만 결국 잘 극복하고, 정상적인 정부를 다시 선출해냈다. 세계 시민사회의 격찬을 받을 만한 위대한 성과임이 분명하다.

그러나 어느 틈엔가 불치병 같은 재앙은 다시 찾아왔다. 윤석열 정권이 등장했을 당시 그를 지지하지 않았던 사람들은 그 사실을 부정하고자 했다. '이건 있을 수 없는 일이야. 촛불로 세상이 변화됐다고 생각했는데 그게 아니었어.' 그리고 10.29(이태원) 참사를 겪으며 윤석열을 지지했던 사람 중 일부가 가세하여 60% 이상의 한국인들이 '분노'의 단계로 접어들었다. '이건 좀 너무 하지 않은가! 외국만 나갔다 하면 실수 연발에 국익은 내팽개치고, 굴종만 반복하다니!' 분노의 단계 접어들었다는 건 한국인들이 중대한 변곡점에 서 있음을 알려준다. 2017년 국민 승리의 길로 갈 것인가? 타협, 우울, 수용의 단계로 이동해서 굴종과 오욕의 시간을 이어갈 것인가? 그 갈림길에 서 있는 것이다. 아마도 윤석열 정권은 모든 국민을 수용의 단계에 가두기 위해 공사 구분 없이 위임받은 권력을 남용할 것이 분명하다.

이재명 죽이기

공화국의 문턱에서, 고종의 오판

•

고종실록 46권, 고종 42년(1905년) 11월 17일 양력 1번째 기사는 '한일협상조약韓日協商條約이 체결'되었다고 기록하고 있다. 이 조약이 바로 일본에게 외교권을 강탈당하는 '을사늑약乙巳勒約'이다. 실록에 기록된 내용은 아래와 같다.

한일협상조약韓日協商條約, '을사늑약乙巳勒約'

일본국 정부日本國政府와 한국 정부韓國政府는 두 제국帝國을 결합하는 이해공통주의利害共通主義를 공고히 하기 위하여 한국이 실지로 부강해졌다고 인정할 때까지 이 목적으로 아래에 열거한 조관條款을 약정한다.

　제1조 일본국 정부는 동경東京에 있는 외무성外務省을 통하여 금후 한국의 외국과의 관계 및 사무를 감리 지휘監理指揮할 수 있고 일본국의 외교대표자와 영사領事는 외국에 있는 한국의 신민 및 이익을 보호할 수 있다.

제2조 일본국 정부는 한국과 타국 사이에 현존하는 조약의 실행을 완전히 하는 책임을 지며 한국 정부는 이후부터 일본국 정부의 중개를 거치지 않고 국제적 성질을 가진 어떠한 조약이나 약속을 하지 않을 것을 기약한다.

제3조 일본국 정부는 그 대표자로서 한국 황제 폐하의 궐하闕下에 1명의 통감統監을 두되 통감은 오로지 외교에 관한 사항을 관리하기 위하여 경성京城에 주재하면서 직접 한국 황제 폐하를 궁중에 알현하는 권리를 가진다.

일본국 정부는 또 한국의 각 개항장과 기타 일본국 정부가 필요하다고 인정하는 곳에 이사관理事官을 두는 권리를 가지되 이사관은 통감의 지휘 밑에 종래의 재한국일본영사在韓國日本領事에게 속하던 일체 직권職權을 집행하고 아울러 본 협약의 조관을 완전히 실행하기 위하여 필요한 일체 사무를 장리掌理할 수 있다.

제4조 일본국과 한국 사이에 현존하는 조약 및 약속은 본 협약의 조관에 저촉하는 것을 제외하고는 다 그 효력이 계속되는 것으로 한다.

제5조 일본 정부는 한국 황실의 안녕과 존엄을 유지함을 보증한다.

이상의 증거로써 아래의 사람들은 각기 자기 나라 정부에서 상당相當한 위임을 받아 본 협약에 기명記名 조인調印한다.

_광무光武 9년 11월 17일 외부 대신外部大臣 박제순朴齊純
_명치明治 38년 11월 17일 특명전권공사特命全權公使 하야시 곤노스께林權助[3]

굳이 우리 민족사의 치욕인 '을사늑약'의 내용을 여기에 쓴 이유는,

이재명 죽이기

2023년 4월 윤석열 대통령의 미국 국빈 방문이 '을사늑약'을 강하게 연상시키기 때문이다. 냉전 이후 유일 초강대국 지위를 유지하던 미국은 강력한 보호무역이 아니면 그 지위를 더 이상 지키기 힘든 상황에 처해 있다. 세계는 이제 본격적인 다극화 시대로 변화하고 있다. 이 시점에 윤석열 대통령은 세계사의 흐름을 읽지 못한 채 절대왕정을 수호하기 위해 일제의 무력 앞에 무릎 꿇은 고종의 전철을 밟아가고 있다. 극단적 비유를 하자면, 앞에 인용한 '늑약'의 문구 중 '일본국'이라는 단어를 '미국'으로 바꾸면 현재 우리 정부가 취하고 있는 사대주의 굴종 외교의 민낯이 가감 없이 드러난다. 통탄을 금할 수 없는 일이다. 경술국치 직후 망국의 한을 품고 자결한 매천 황현은 고종에 대해 다음과 같이 평가했다고 한다.

> 고종은 자신의 웅대한 지략을 자부한 나머지 불세출의 자질을 가지고 있다고 판단하고, 정권을 다 거머쥐고 세상일에 분주한 나날을 보냈다...고종은 모든 외교를 혼자서 다 했지만 만일 하나라도 잘못이 생기면 무조건 아랫사람에게 죄를 돌리기 때문에, 외교를 담당한 대신들은 쥐구멍을 찾으며 성의를 다하지 않았다.[4]

고종이 재위했던 19세기 중반부터 20세기 초반은 가장 먼저 산업혁명을 성공시킨 영국이 지구 면적의 30% 이상을 식민지로 장악하고, 뒤이어 독일, 프랑스, 이탈리아 등 유럽 열강들이 앞 다투어 아프리카, 아시아, 중동 지역에 식민지를 개척하던 시대였다. 현재 유럽이 누리고 있는 풍요는 이 시절 식민지 수탈의 결과물들에 많은 부분 기대고 있다. 유럽의 아시아

지역에 대한 식민지 침략이 본격화할 무렵인 19세기 초중반에 일본은 서구 문물에 대한 개방과 동시에 그들의 사회 시스템까지 수용하는 메이지 유신을 단행한다. 당시 44년이라는 긴 세월 조선을 통치한 고종은 어떠했는가? 그는 이러한 세계 변화를 코앞에서 목격하면서도 무능하고, 협소한 세계관으로 조선을 나락으로 떨어뜨리기 시작한다.

20여 년 전에 고종과 민비에 대한 재평가가 공론화된 적이 있다. 그 시절 공영방송들은 앞다투어 드라마와 다큐멘터리를 통해 고종과 민비를 조선의 미래를 위해 고뇌하는 헌신적 왕과 왕비로 묘사하기 바빴다. '명성황후'를 주제로 한 뮤지컬도 많은 인기를 누리던 시절이었다. 하지만 어느 시절이건 간에 최고 권력자에 대한 평가는 냉혹해야 한다. 왜냐하면, 시대를 불문하고 최고 권력자의 판단은 그 시대를 살아가는 모든 사람의 생명과 그들이 발 딛고 서 있는 국가와 민족의 안위를 결정짓기 때문이다. 이런 의미에서 당시 생존에 필수 조건이었던 공화국 건설(최소 입헌군주제)과 선진문물에 대한 선제적 개방 전략을 등한시하고, 구시대 망령인 절대군주의 지위만 고집했던 고종과 민비를 긍정의 시선으로 바라볼 수만은 없다.

'일국의 국민' 관점에서 고종에겐 세 번의 기회가 있었다고 생각한다. 첫 번째 기회는 김옥균, 박영효, 서재필, 서광범 등이 '조선의 이토 히로부미', '아시아의 불란서 조선'을 꿈꾸며 거사했던 갑신정변이다. 갑신정변은 조선의 젊은 엘리트들이 일본의 메이지유신처럼 구시대 악습을 타파하고, 친청 수구파를 몰아내 조선 정치를 혁명적으로 개혁하려 한 거사였다. 신분제 폐지와 인민 평등을 내세운 정변은 청나라 위안스카이와 민비의 은밀한 공작으로 청나라군의 출병이 이뤄지고, 개화당 정권과 함께 대개혁을 할 듯 보였던 고종이 위안스카이와 민비의 공작에 투항하면서 '삼일천하'로 끝나게 된다. 이로써 조선의 '급진개화파'는 사라지게 된다.

두 번째 기회는 일정 부분 일본의 힘에 의존해 추진한 개혁이었지만 갑오개혁이었다. 500년 묵은 구습을 타파할 수 있는 나름의 기회였다. 그런데도 당시 고종이 취한 행동은 주권을 독점하고 있던 국왕이라는 자가 외국 공사관으로 피신한 '아관파천'이었다. 아관파천 직후 고종이 가장 먼저한 일은 당시 갑오개혁을 주도적으로 추진하던 김홍집과 어윤중 등을 죽이는 일이었다. 이번엔 '온건개화파'가 조선에서 사라졌다.

매천 황현이 《매천야록》에 기록한 '아관파천' 당시 상황을 살펴보자.

12월 27일에 임금이 경복궁을 나갔다. 이범진과 이윤용 등이 임금을 아라사 공사관으로 옮기고 김홍집과 정병하를 잡아 죽였지만, 유길준, 장박, 조희연 등은 달아났다. 임금은 처음부터 헌정(憲政, 갑오개혁)에 묶이는 것을 싫어하여 이범진, 이윤용 등과 더불어 아라사의 힘을 빌려 김홍집 등을 제거하려 했다. 아라사인들도 우리나라에 기반을 닦으려고 엿보다가 왜국에 선수를 빼앗기자 유감스럽게 생각하며 기회를 노리고 있었다. 8월(을미사변) 이후 이범진 등이 아라사 공사관에 숨어들어 많은 뇌물을 주고 말했다. (이범진 말하길) 만약 정국을 뒤엎는 데 원조한다면 마땅히 온 나라가 왜국을 섬기듯 (아라사의) 명령을 듣겠다···(중략)··· (아라사 공사관에 도착한 후) 임금이 경무관에게 명하여 김홍집 등의 목을 베게 했다. 이때 김홍집은 직방에 있었는데, 사람들이 달아나라고 권하자 탄식하며 말했다. (김홍집이 말하길) 죽으면 죽었지 어찌 박영효를 본

받아 역적이라는 이름을 얻겠는가.(라고 말했다)[5]

고종의 마지막 기회는 '독립협회'와 '만민공동회'였다. 한국 근대민주
주의의 기원을 이루는 정치결사체인 '독립협회'는 민주주의와 민권을 전
면에 내세웠다. 독립협회에는 일제 강점 시절 독립운동과 해방 이후 정부
수립을 주도한 좌·우익 및 개량적 혁명적 민족지도자가 모두 포함되어 있
었다. 대표적으로 이승만, 이상재, 안창호, 이동녕, 이동휘, 노백린, 나철, 남
궁억, 김규식, 민영환, 서재필, 이승훈, 신채호, 장지연, 박은식, 지석영, 주시
경 등의 인사들이 회원으로 참여했다.

한신대학교 최형익 교수에 따르면, "독립협회가 고종 등 황권 세력과
점차 갈등 대립 관계에 빠져드는 결정적 계기는 '만민공동회'로 명명된 본
격적인 대중 집회 형태의 정치운동을 전개하면서 공화제적 민주주의 요구
라는 정치색채를 분명히 드러내면서부터였다고 할 수 있다. 1898년 2월 21
일부터 그해 12월 25일까지 약 10개월 동안 대한제국의 수도 한성의 한복
판 종로는 정치적 격전장으로 돌변하기에 이른다. 종로를 중심 무대로 활
동한 만민공동회와 이를 이끌었던 주역들인 독립협회의 핵심 주장은 의회
창설을 골자로 하는 근대입헌정치체제 수립 요구였다."[6]

황현의 《매천야록》은 만민공동회가 개최되었던 종로의 풍경을 다음
과 같이 기록하고 있다.

당시 장안의 군사와 백성들은 정부에 대해 이를 갈았지만 일어설 만한
기회를 잡지 못했다. 그러다가 독립협회가 공의를 지킨다는 소문을 듣

고 서로 뒤질세라 달려왔다. 고관에서 민간에 이르기까지 비분강개하며 뜻을 이루지 못한 자들이 많이 모여들어 막강한 세력을 형성하자...(중략)...또한 많은 사람이 대궐을 지키며 땅이 울리도록 큰소리로 외쳤으며, 종로에 커다란 목책을 설치하고 단결하여 흩어지지 않았다.[7]

당시 만민공동회를 바라본 고종의 관점과 대응은 '고종실록 고종 35년(1898) 11월 6일 양력 2번째 기사'를 살펴보면 잘 알 수 있다.

조령詔令(왕실에서 내려지는 글을 이름)을 내리기를, "모든 회會라고 이름한 것은 일체 없애버렸는데, 요즘 이른바 '만민공동회萬民共同會'라는 것은 무슨 명목이기에 어리석은 백성들을 부추겨 현혹시키고 터무니없는 거짓말로 속이는가? 하는 짓이 놀랍고 패역함이 이보다 더 심한 것이 없다. 칙령이 내려진 이후에도 여전히 패거리를 모으는 자들은 법부法部에서 엄격히 잡아서 조율照律(범죄의 경중에 따라 알맞는 형률을 적용함)하라. 각 해당 부서를 놓고 말할 때 만약 남의 일을 보듯 하여 날뛰는 대로 내버려 두면 역시 신칙하지 않은 죄를 면하기 어려울 것이다. 각 방곡坊曲의 통수統首(민가 조직인 '통'의 우두머리)와 두민頭民(동네의 나이가 많고 식견이 높은 사람)을 엄하게 단속하여 일체 조사하고 살펴서 검속을 잘못해서 죄를 짓는 일이 없도록 내부內部로 하여금 한성부漢城府와 경무청警務廳에 거듭 신칙하도록 하라.[8]

고종은 위와 같은 령을 내린 후, 강원도와 경기도 보부상 수천 명을 동원하여 만민공동회에 모인 백성들과 지도자들을 무참히 진압한다. 열 명이 넘는 사람이 보부상들의 몽둥이에 맞아 죽음에 이를 만큼 무지막지한 진압이었다.

이처럼 고종은 동아시아의 대변혁기에 백성의 생명과 조선이라는 나라의 운명을 손에 쥔 군주로서 변화를 이끌어갈 만한 준비와 역량이 전혀 없던 리더였다. 그는 앞서 이야기한 '갑신정변', '갑오개혁', '독립협회·만민공동회'라는 하늘이 내린 대개혁의 기회를 헌신짝 버리듯 버려버렸다. 그 결과, 고종에게 남은 건 호시탐탐 나라 팔아먹을 기회만 노리고 있던 '을사5적(1905년 11월 17일 을사늑약의 체결을 찬성했던 학부대신 이완용, 군부대신 이근택, 내부대신 이지용, 외부대신 박제순, 농상공부대신 권중현)과 일진회'뿐이었다.

2023년 오늘, 우리가 처해 있는 상황은 어떠한가? 대한민국의 권좌를 보면, 고종과 민비가 환생한 듯하고, 고종과 민비를 향해 조선의 개혁을 목 놓아 외친 만민공동회는 21세기 만민공동회인 '촛불집회'로 부활해 있다. 시선을 북으로 돌리면 3대 세습이라는 전근대적인 독재 왕조 북한이 보이고, 국경 너머로 인류 보편가치인 민주주의를 거부하고 있는 사이비 공산국가 중국이 존재한다. 그 위로는 신생 차르제국인 독재국가 러시아가 도사리고 있다. 내려와서 동해를 건너면 군국주의 망령에 사로잡혀 또다시 대륙 진출의 망상에서 허우적대고 있는 왜적 일본이 있고, 그 배후엔 연기처럼 사라져버린 일극체제 금단현상을 심하게 겪고 있는 전쟁과 무기의 화신 미국이 있다.

대한민국을 둘러싸고 있는 국가들은 독재국가, 군국주의 국가, 패권국가, 전근대적 왕조국가 뿐이다. 단언컨대 대한민국 역사상 이렇게 거대한

이재명 죽이기

도전에 맞닥뜨린 적은 없었다. 그나마 다행인 것은 이전 역사와 다르게 대한민국이 세계 6위의 군사력과 10대 경제대국의 위상을 갖고 있다는 것이다. 그러나 강력한 무력과 거대한 경제력을 겸비한 열강의 틈바구니에서 살아남기엔 대한민국의 국력이 부족한 것 또한 사실이다. 2023년 세계 질서의 변화는 대한민국을 향해 부족한 국력을 채우기 위해 전에 없던 지혜와 용기를 요구하고 있다. 지난 1년을 돌아 보건대, 윤석열 대통령은 세계 질서의 대전환기를 돌파할 역량이 없다는 게 여실히 드러났다. 결국 이를 감당할 운명은 이재명과 더불어민주당에 주어져 있다.

매천 황현이 1864년부터 1910년까지 47년간의 역사를 서술한 《매천야록》에는 1908년(무신년, 순종2년) 2월에 의거한 독립투사 장인환, 전명운에 관한 내용이 있다.

2월에 장인환과 전명운이 상항(샌프란시스코)에서 미국인 수지분(須知芬/스티븐스/D.W.Stevens)을 죽였다. 처음에 수지분은 주미 왜국 공사관에 고용되었는데, 일을 잘해 사랑을 받았다. 마침내 우리나라 외부(외교부)의 고문관이 되자 왜국을 이롭게 하고 한국을 해치는 일이라면 무엇이든 알선했다. 이때도 본국으로 돌아가 한국이 일본에게 보호를 요구한 건 진정에서 나온 것이라며 떠들어 댔고, 우리나라를 온갖 수단으로 헐뜯고 더럽혔다. 장인환 등이 마침 상항에 머물다가 원통함과 분함을 참지 못해 수지분이 차에서 내리는 틈을 타 권총으로 저격해서 죽였다. 미국인들도 그들을 의롭다 여겨 치죄를 너그럽게 했다. 결국, 장인환은 징역 십오 년을 받았고, 전명운은 완전히 석방되었다. 이는 장인환이

범행을 시인하고 다른 사람을 끌어들이지 않았기 때문이다. 장인환과 전명운은 모두 평양 사람이다.[9]

일본의 군국주의는 사라지지 않았다

•

선조실록 26권, 선조 25년 4월 13일 1번째 기사는 그날을 다음과 같이 기록하고 있다. 바로 일본이 대륙침략의 야욕을 공식적으로 드러낸 날이다.

왜구倭寇가 침범해 왔다. 이보다 먼저 일본 적추賊酋 평수길平秀吉이 관백關白이 되어 당초에 수길이 매우 빈천하여 꼴刍을 베어 팔아 생활하였다. 전前 관백關白이 출행할 때 옷을 벗은 채 수레 앞에 누워 있었다. 부하들이 죽이려고 하자 관백이 제지하고 나서 소원을 물었다. 수길이 가난해서 도저히 살아갈 수 없다고 대답하자 관백은 그에게 변소지기를 시켰다. 수길이 어찌나 변소를 깨끗이 청소하는지 냄새가 나거나 티 하나가 없었다. 관백은 매우 기뻐하여 그에게 신을 삼게 하였는데 역시 정밀하게 신을 삼아 바쳤다. 하루는 관백이 금술잔을 깊은 우물 속에 빠뜨렸다. 수길은 큰 물동이 수백 개를 구하여 물을 담았다가 한꺼번에 우물에 쏟아부으니 우물이 뒤집히면서 금술잔이 수면에 떠오르자 재빨리 집어내어 바쳤다. 이 때문에 그는 총애를 받아 승직의 길이 열렸다. 이때 국내에 큰 도둑이 있었으나 관백은 이를 물리치기가 매우 어려웠는데, 수길이 토벌을 자청하였다. 수길이 우선 많은 군대를 모집해야 하므로 관백에게 붉은 우산을 빌려 줄 것을 청하니, 관백이 허락하면서 '싸움터에 도착해서 펼 것이며 도중에서는 절대로 펴지 말라.'고 당부하였다. 수길은 대궐문을 나서자마자 붉은 우산을 펴고 행군하니 백성들이 이를 바라보고 관백이 직접 행차한다고 여겨 엄청난 사람이 모였고 곧바로 큰 승리를 거두었다. 이때 관백이 시해당하였다는 말을 듣자 수길은 즉시 민간 복장으로 몰래 입성하여 관백을 시해한 자를 죽이고 스스로 관백이 되었다. (도요토미 히데요시에 대한 설명) 여러 나라를 병탄하고 잔포가 날로 심했다. 그는 항상 중국이 조공朝貢을 허락하지 않은 것에 대해 앙심을 품고 일찍이 중 현소玄蘇 등을 파견하여 요동遼東을 침범하려 하니 길을 빌려 달라고 청했다. 우리 나라에서 대의大義로 매우 준엄하게 거절하자 적은 드디어 온 나라의 군사를 총동원하여 현소·평행장平行長·평청정平淸正·평의지平義智 등을 장수로 삼아 대대적으로 침입해 왔다.

적선賊船이 바다를 덮어오니 부산 첨사釜山僉使 정발鄭撥은 마침 절영도絕影島에서 사냥을 하다가, 조공하러 오는 왜라 여기고 대비하지 않았는데 미처 진鎭에 돌아오기도 전에 적이 이미 성에 올랐다. 발撥은 난병亂兵 중에 전사했다. 이튿날 동래부東萊府가 함락되고 부사府使 송상현宋象賢이 죽었으며, 그의 첩도 죽었다. 적은 드디어 두 갈래로 나누어 진격하

이재명 죽이기

여 김해金海·밀양密陽 등 부부府를 함락하였는데 병사 이각李珏은 군사를 거느리고 먼저 달아났다. 2백 년 동안 전쟁을 모르고 지낸 백성들이라 각 군현郡縣들이 풍문만 듣고도 놀라 무너졌다. 오직 밀양 부사 박진朴晉과 우병사 김성일金誠一이 적을 진주晉州에서 맞아 싸웠다. 성일이 아장牙將 이종인李宗仁을 시켜 백마를 탄 적의 두목을 쏘아 죽이니 드디어 적이 조금 물러났다. [10]

'정명향도(征明嚮導, 명을 정벌하려 하니 (조선은) 길잡이가 돼라)', 일본 내 여러 분국을 정령하고 통일한 도요토미 히데요시가 1592년 4월 13일 조선을 침략하며 내세운 명분이다. 삼국시대가 시작한 이래로 '왜구倭寇'의 침략은 숱하게 있었다. 그러나 1592년에 일어난 침략은 '해적의 마을 약탈'이 아니고, 국가 간의 전면전이었다. 이제 일본은 '왜구'가 '왜적倭敵'이 된 것이다. 당시 조선은 침략 이틀 만에 부산포를 점령당하고, 왜적들은 이렇다 할 저항을 겪지 않고 질풍노도처럼 한양을 향해 진군한다. 200년을 이어온 조선왕조가 이렇게 무참히 무너졌는지 참으로 안타까운 일이었다. 그러나 류성룡과 이순신, 권율, 곽재우 같은 유능한 재상과 장군, 그리고 의병장이 존재했던 조선이 외국에 대해 전혀 방비가 되어 있지 않았다거나 외교를 모르는 야만국가는 아니었다. 단지 누구도 천자국天子國인 상국 명나라를 향해 오랑캐 왜구가 총검을 겨눌지 상상하지 못하게 만든 성리학에 갇혀 있었을 뿐이다.

첫 번째 왜적 침략은 조선의 국토를 초토화시키고, 백성의 삶을 황폐하게 했다. 서애 류성룡이 《징비록》에 기록한 한양의 풍경을 보면 그 참혹함을 짐작하고도 남는다.

(한양 수복 후) 나도 명나라 병사들과 함께 들어갔다. 성안의 백성들은 하나도 남아 있질 않았는데, 살아 있는 사람들조차 모두 굶주리고 병들어 있어 얼굴빛이 귀신 같았다. 날씨마저 더워서 성안이 죽은 사람과 죽은 말 썩는 냄새로 가득했는데 코를 막지 않고는 한 걸음도 떼기가 힘들었다. 건물은 관청과 개인 집을 막론하고 모두 없어져 버렸고, 왜적들이 기거하던 숭례문에서 남산 밑에 이르는 지역만 조금 남아 있었다. 종묘와 세 대궐·종루·각사各司·관학 등 대로 북쪽에 자리 잡은 모든 것이 하나도 남김없이 재로 변해 있었는데, 소공주 댁은 왜장 히데이에가 머물던 곳이라 건재했다. [11]

성종 2년(1471년) 조선 초기 최고의 외교 전문가인 신숙주가 저술한《해동제국기》는 조선의 '사대교린事大交隣' 외교 전략이 얼마나 지혜로웠는지 알려준다. '사대교린'은 '사대주의'와 근본적으로 다르다. 사대교린은 자국의 이익을 위해 전략적으로 강자에겐 몸을 낮추고 약자는 어질게 대하여 이익을 취하는 것을 말한다. 사대주의는 자국의 상황과 이익은 안중에도 없이 무조건 강자의 이익과 상황을 자국과 동일시하는 이념이다.《해동제국기》는 신숙주가 자신의 외교활동 중 일본에 관한 사항을 기록하여 성종에게 바친 책이다. 이 책의 내용은 당시 일본의 역사, 인물, 문화, 정치, 지리 등 모든 분야에 걸쳐 있으며, 한·일 외교 관계 연구의 대표적인 사료다. 이쯤에서《해동제국기》서문을 통해 신숙주의 지혜를 잠시 엿보고 가려

이재명 죽이기

한다. 특히, 서문 중 '…맑은 정치를 폄으로서 일을 잘 다스리니 내치內治는 이미 융성해졌고 외방 족속들도 복종하여 곧장 차례를 지키게 되어 변방 백성들도 편안…', 이 구절은 맑은 정치와 민생의 안정이 외교의 성패를 좌우한다는 말이다. 정치는 실종되고, 민생은 불안하여 결국 외교 실패로 이어지고 있는 2023년 대한민국에 큰 교훈을 주고 있다. 서문의 내용은 다음과 같다.

대체로 이웃 나라와 사귀면서 예禮를 갖추어 수호修好하자면 색다른 풍속과 긴밀히 접촉하게 될 것이니 반드시 그들의 실정을 안 연후라야 그에 따른 예를 갖출 수 있을 것이요 그들의 예절을 갖추어 준 연후라야 그들이 성심誠心을 갖추도록 만들 수 있을 것입니다…(중략)…슬며시 동해 가운데 있는 나라들을 살펴본다면 결코 하나둘이 아닌데 일본은 가장 오래된 나라요 또 큰 나라입니다. 그들의 영토는 흑룡강의 북쪽에서 시작하여 우리나라 제주도의 남쪽까지 이르고 유구와는 서로 인접하여 그의 지세地勢는 몹시 긴 편입니다. 그들이 초기에는 곳곳에 취락을 만들어 각각 제 나름대로 나라를 꾸렸으니, 주나라 평왕 28년(B.C. 722)에 그들의 시조 협야挾野가 군사를 일으켜 그들을 정복한 후 비로소 주군州郡을 설치했습니다. 그러나 大臣들이 각각 점거하여 나누어 통치했기 때문에 마치 중국의 봉건 제후와도 같아서 이들은 그다지 통솔되거나 예속된 편이 아니었던 것입니다. 습성은 몹시 날래고 사나워서 검술에 능숙하며 배 다루는 데도 익숙한 데다가 우리나라와는 바다를 사이에 두고 서로 바라보게 되니 그들을 달래되 제 도리대로 하게 되면 예를 갖추어 수호하게 되려니와 제 도리에 벗어나게 되면 문득 노략질을 함부로 할 것입니다. 고려조 말기에는 국정이 문란하여 제 도리대로 그들을 달래지 못했기 때문에 드디어 변방의 걱정거리가 되어 갯가 수천 리의 땅이 가시밭처럼 황폐하게 되었던 것입니다.

우리 태조(태조 이성계)께서는 분연히 군사를 일으켜 지리산, 동정, 인월, 토동 등지에서 수십 차례에 걸쳐 싸운 연후에야 왜적들은 감히 함부로 하지 못했습니다. 개국한 이래로 역대 왕들이 서로 잇달아 맑은 정치를 폄으로써 일을 잘 다스리니 내치內治는 이미 융성해졌고 외방 족속들도 복종하여 곧장 차례를 지키게 되어 변방 백성들도 편안하게 되었습니다.[12]

이순신이 목숨으로 나라를 지킨 후 312년이 지나간 1910년(순종 3년) 8월 29일 '20세기 정명향도'가 등장한다. 두 번째 등장한 일본의 악랄한 대륙침략 야욕은 성공을 거두고 518년 동안 유지되던 조선왕조는 역사의 뒤안길로 사라진다. 왕조만 사라진 게 아니다. 주자학과 매국 당파 노론의 흉계에 사로잡혀 변화를 거부한 임금의 무능으로 인해 조선의 백성들과 수많은 구한말 의병들은 하루아침에 왜적의 신민臣民으로 전락하고 만다. 518년 동안 이어져 오던 조선은 능양군의 쿠데타 이후 '사대교린'을 망각하고, '소중화', '사대주의'라는 망상에 빠져 결국 멸망의 길을 걷는다. 여느 왕조의 말로가 다 그렇겠지만 특히 조선왕조의 끝은 참혹하고, 부끄럽다. 조선왕조실록 마지막 페이지는 참혹함과 부끄러움을 다음과 같이 기록하고 있다.

순종 3년(1910년) 8월 29일, 황제는 다음과 같이 말한다.

짐(朕, 순종)이 부덕否德으로 간대艱大한 업을 이어받아 임어臨御한 이후 오늘에 이르도록 정령을 유신維新하는 것에 관하여 누차 도모하고 갖추어 시험하여 힘씀이 이르지 않은 것이 아니로되, 원래 허약한 것이 쌓여서 고질이 되고 피폐가 극도에 이르러 시일 간에 만회할 시책을 행할 가망이 없으니 한밤중에 우려함에 선후책善後策이 망연하다. 이를 맡아서 지리支離함이 더욱 심해지면 끝내는 저절로 수습할 수 없는 데 이를 것이니 차라리 대임大任을 남에게 맡겨서 완전하게 할 방법과 혁신할 공효功效를 얻게 함만 못하다. 그러므로 짐이 이에 결연히 내성內省하고 확연히 스스로 결단을 내려 이에 한국의 통치권을 종전부터 친근하게 믿고 의지하던 이웃 나라 대일본 황제 폐하에게 양여하여 밖으로 동양의 평화를 공고히 하고 안으로 팔역八域의 민생을 보전하게 하니 그대들 대소 신민들은 국세國勢와 시의時宜를 깊이 살펴서 번거롭게 소란을 일으키지 말고 각각 그 직업에 안주하여 일본 제국의 문명한 새 정치에 복종하여 행복을 함께 받으라.

짐의 오늘의 이 조치는 그대들 민중을 잊음이 아니라 참으로 그대들 민중을 구원하려고 하는 지극한 뜻에서 나온 것이니 그대들 신민들은 짐의 이 뜻을 능히 헤아리라.[13]

두 번째 정명향도가 등장한 지 112년이 지난 2022년, 사대주의를 기치로 내세운 듯한 윤석열 정부의 등장과 함께 세 번째 정명향도 요구가 날카로운 이빨을 드러내기 시작한다. 21세기에 등장한 세 번째 요구는 이전 두 번의 요구와 다른 특징이 있다. 이번 요구의 주체는 일본이 아니고, 일본을 앞잡이로 내세운 초강대국 미국이라는 것이다. 탈냉전 이후 유일 초강대국의 지위를 차지한 미국이 지난 백 년간 세계 민주주의와 인권에 크게 이바지했다는 건 삼척동자도 아는 사실이다. 하지만 미국의 선진 민주주의는 내치를 위한 방편일 뿐 미국의 국방외교는 그와 정반대의 성격을 가지고 있다.

외교는 철저히 자국 이익의 확보만을 목표로 삼는다는 걸 부인할 순 없지만 그럼에도 불구하고 미국의 대외전략이 보여주는 극단적인 이중성은 역설적이게도 세계 민주주의와 인권에 크나큰 장애물이 되고 있는 것 또한 사실이다. 이러한 미국의 이중성은 중국이 미국의 유일 강대국 지위를 위협하는 국가로 등장한 후 더욱 강화되고 있다. 냉전시대 소련을 상대로 전쟁을 벌인 아프가니스탄 탈레반 정권의 전신 '무자헤딘'을 지원한 미국이지만, 나중에 미국은 아프가니스탄에서 탈레반 제거 작전을 펼친다. 중동 석유패권을 지키기 위해 이란-이라크 전쟁에서 이라크의 독재자 사담 후세인을 지원한 미국은 9.11 테러 이후 있지도 않은 생화학무기를 없앤다는 거짓말로 사담 후세인을 죽인다. 이후 사담 후세인의 남은 세력은 ISIS라는 극단주의 테러단체를 만들어 세계 평화를 위협하게 된다.

또한, 미국은 미국의 대외정책에 굴종하면 인권과 민주주의를 고려하지 않는다. 사우디아라비아를 비롯한 중동의 많은 독재왕조, 필리핀의 독재정권, 일본의 군국주의 정권, 역대 한국의 독재정권 등 미국의 대외정책에 동조하는 국가에게 미국은 평소 내세우는 '가치'를 강요하지 않는다. 해방 후 친일파에게 모조리 면죄부를 준 미 군정의 점령정책이 이와 같은 미국의 이중성을 잘 보여준다. 아마도 김정은이 미국의 손을 잡으면 현재 유지하고 있는 독재권력을 유지할 수도 있을 것이다. 냉정하게 표현하면 이것이 외교의 현실이고, 미국은 그 현실에 성실하게 대응하고 있을 뿐이다.

중국이 G2 국가로 부상한 이후 동북아시아 정세는 미-중 갈등을 넘어 한·미·일 vs 북·중·러, 두 진영 간의 군사적 대결 구도로 재편되어 가고 있다. 이렇게 급변하는 정세에 어떻게 대응해야 하는지에 대해 김준형 전 국립외교원장은 자신의 저서《대전환의 시대-새로운 대한민국이 온다》에서 다음과 같이 밝히고 있다.

미국은 한국의 유일한 동맹국이며, 중국은 제1의 경제파트너라는 엄연한 현실에서 전략적 모호성이나 친중 정부로 매도하는 것은 타당하지 않다. '한미관계를 근간으로 하되, 한중관계를 손상하지 않는다'라는 원칙은 우리에게 실제적 가이드라인의 역할을 한다. 한미관계가 중심이지만, 미국이 한국과 중국의 관계에 큰 손상을 주고, 그것이 우리 국익에 해가 될 것이라면 거부하는 것이 맞는데, 쿼드[14] 참여가 바로 그런 문제다…(중략)…분단체제를 극복하지 못하고 북·중·러와 한·미·일의 진영 대치 구조가 남아 있는 한반도 상황에서, 한국이 중국을 배제하거나 적으로 만드는 기구에 참여한다면 중국은 북·중·러의 대항 체제를 결속시킬 것이다. 또한, 쿼드의 핵심이 미국과 일본이 동맹인 구도를 감안할 때 한국이 후발주자로 참여하는 것은 동북아에서 일본의 리더십을 인정하는 신호로 해석될 것이며, 이것이 빌미가 되어 미국의 강경 전략가들이 전략적으로 원하는 한·미·일 3각 군사동맹 구축에 대한 압박

으로 이어질 수 있다.[15]

앞서 말한 바와 같이, 현재 우리가 맞닥뜨리고 있는 세 번째 '정명향도'의 위기는 이전 두 번의 것과는 차원이 다르다. 자칫 세 번째 도전에 제대로 응전하지 못한다면 최악의 경우, 첫 번째 응전의 실패 후 겪은 참혹한 전쟁, 두 번째 응전의 실패 후 겪은 치욕의 식민 지배보다 더한 파멸의 길로 향할 수도 있다. 극단적으로 말하면, 전쟁의 참화와 식민의 굴욕을 동시에 겪을 수도 있다는 말이다. 거침없이 내뱉는 윤석열 정부의 '핵무기', '친일발언' 등을 들을 때마다 이미 전쟁과 식민, 두 가지 모두 우리 곁에 다가와 있는 게 아닌가 하는 공포심이 들기도 한다.

반드시 기억할 것은 정명향도의 요구는 늘 '사대주의'라는 고질병을 동반하여 나타난다는 것이다. 능양군의 쿠데타(인조반정) 이후 중국의 관점에서만 세계를 바라보던 소중화小中華주의가 부활하여 머리를 꼿꼿이 들고 있는 오늘날, 우리는 세 번째 정명향도의 요구를 마주하고 있는 게 분명하다. 현재 나타나고 있는 정명향도는 한국을 행동대장으로 앞세우고, 일본을 베이스캠프로 이용중인 미국의 지독한 자국중심주의로 나타나고 있다. 쉽게 표현하자면, 임진왜란 때 명나라가 그랬던 것처럼, 자신의 전쟁을 남의 땅에서 치르고 있는 것이다. 윤석열 정권은 조선 후기 성리학자들의 '소중화' 행태보다 한술 더 뜬 사대주의 외교를 자신의 정체성으로 천명한 상태다. 정권이 바뀌지 않는 이상 이러한 현실은 지속될 게 분명하다. 이럴 때, 정권교체의 최선봉에 서 있는 이재명은 이순신의 책임감과 헌신을 되새기고, 이길 수 있는 전쟁을 만들기 위해 혼신을 다하며, 참고 또 참는 인내심을 가져야 한다.

이재명 죽이기

핵보다 쌀이 강하다

•

제2차 세계대전이 끝난 이후 지구촌은 반으로 갈라졌고, 국가나 사회, 개인들은 한쪽을 반드시 선택해야만 정상적인 삶을 유지할 수 있었다. 흑백 논리, 군비경쟁, 핵전쟁의 공포, 이념을 빌미로 자행된 수많은 국가폭력 등 인류의 정신과 삶은 늘 전쟁상태였다. 그러나 1991년 현실 사회주의 체제가 붕괴된 후, 세계는 드디어 이념의 시대가 끝났다고 환호했다. 그 후로 자유주의 시장경제의 무한경쟁 속에서 '불평등'이라는 어려움도 겪었지만, 인간 존재를 이념의 하위개념으로 이해하던 냉전시대보다는 나아졌다는 것은 부인할 수 없는 사실이다.

그러나 이러한 세계사의 변화에 함께 하지 못한 국가가 있으니 바로 현재 우리가 발붙이고 있는 대한민국과 북한이다. 안타깝게도 한반도에서 마지막 생명을 연장하고 있는 냉전으로 인해 인류 보편가치인 인권과 평화, 민주주의가 북한처럼 아예 없거나, 남한처럼 주기적으로 후퇴하고 있다는 것이다. 인류 보편가치를 수호하기로 사회적 합의가 이루어져 있는 남한이 먼저 이러한 냉전 구도를 혁파하기 위해 끊임없이 행동해야 한다. 그러기 위해선 냉전의 성격과 그 기원에 대한 명확한 이해가 필요하다. 병을 고치기 위해선 그 병의 속성과 경과를 정확히 알아야 한다는 말과 같은 맥락이다. 우리에게 냉전은 그저 지난날의 추억이 아닌 오늘의 현실임을 직시해야 한다.

언론인 리영희 선생은 자신의 책《우상과 이성》을 통해서 전후 냉전의 성격을 다섯 가지로 정리했다. 첫째, 정치적 분할이다. 분할은 전 세계적으로 거의 예외적 존재를 남기지 않을 만큼 세계를 자본주의와 사회주의의 정치·경제적 체제로 분할하였다. 둘째, 양대 군사진영화다. 분할된 두 세계는 핵무기를 개발해 인류역사상 처음으로 전멸의 위험에 직면하게 하였고, 어떤 민족이나 국가도 생존을 보장받기 위해서는 대립하는 군사적 진영, 한쪽에 가입해야만 한다. 셋째, 미·소 중심 세계체제 구축이다. 세계의 경제·정치·군사의 모든 권력이 자본주의 세계에서는 미국을, 사회주의 세계에서는 소련을 중심 조직화·반 영구화되는 양극화를 이루었다. 넷째, 이데올로기의 택일이다. 인류는 두 가지 '생활양식' 가운데 하나를 강제적으로 택일하게 되고, 각기 상대방의 이념을 전면적으로 부정해야만 국가 또는 민족의 존속이 보장되는 듯하였다. 평화라는 전 인류적 보편성의 유지가 거의 불가능하게 되었다. 다섯째, 미국·소련으로의 예속체제다. 이로 인해 필연적으로 모든 주권국가들은 두 진영에서 하나의 초강국을 정점으로 피라미드형 종적 예속질서를 형성하게 되었다. 로마 제국 시기를 제외하고는 역사상 경험하지 못한 정치구조가 되었다.

이재명 죽이기

리영희 선생은 냉전의 전개과정을 다섯 단계로 구분한다. 1기는 세계 분할기라고 할 수 있다. 1944년~45년에 해당하는 시기이며, 승전국 미국과 소련이 주도해서 전후처리 협상이 진행된다(얄타·포츠담회담), 2기는 냉전의 발동기다. 시기는 종전된 1945년부터 1950년 한국전쟁이 발발하기 직전까지로 볼 수 있다. 이 시기엔 마샬플랜(유럽재건계획)이 성립되고, 이에 대항해 사회주의 진영에선 코민테른이 결성된다. 미국의 반공 저개발국가 지원계획이 발표되고, 발표 직후 중국 내전에서 승리한 마오쩌둥에 의해 사회주의 중국이 탄생한다. 그리고 이 시기 마지막 해에 해당하는 1950년 냉전 등장 이후 최초의 국제전인 한국전쟁이 발발한다.

3기는 양극적 군사진영화다. 1950년에서 1955년까지의 시기로, 서방의 독일 분할정책에 의한 서독의 재무장과 NATO 가입이 추진된다. 일본 또한 미 군정기를 거쳐 독립하게 되고, 재무장 및 미국의 군사기지화가 이루어진다. 또한, NATO에 대항하는 소련을 중심으로 한 동구권의 바르샤바 조약기구가 탄생한다.

4기는 광기와 이성의 혼합시대로 명명할 수 있다. 시기는 1955년에서 1962년까지이다. 흐루시초프에 의해 문화예술 분야를 중심으로 자유주의 정책이 일부 도입되는 등 반反 스탈린화 정책이 추진된다. 전후 최초로 미국을 방문하여 미소 상호 정상회담(닉슨 부통령과 흐르시초프 회담)이 개최되기도 한다. 특히 문학에 관심이 많았던 흐루시초프는 전후에 출판이 금지되었던 '닥터 지바고'의 출판을 허용하는 조치를 취하기도 했다. 이 시기 쿠바에선 피델 카스트로의 사회주의 혁명이 성공하고, 턱밑까지 진출한 사회주의를 불편하게 생각한 미국과 중남미 사회주의 확산의 교두보로 쿠바를 이용하려는 소련의 이해관계가 충돌하여 제3차 세계대전이 우려되는 상황까지 벌어진다.

5기는 냉전질서의 해체과정이다. 시기는 1960년대 말부터 소비에트 연방이 붕괴되는 1991년까지다. 70년대에 들어서면서 중국의 군사대국화로 인해 미국과 소련으로 양극화된 세계 질서에 균열이 가기 시작한다. 동서진영의 일부 국가가 UN을 무대로 활용하여 '비동맹국가'를 선언하며 독자노선을 강화하는 시기다.(중국, 유고, 프랑스, 이집트, 아르헨티나, 쿠바 등) 핵실험 금지협정 및 핵확산금지조약(NPT)이 체결되기 시작하며, 핵전쟁의 위협이 감소하기 시작한다. 미국과 소련이 공동 우주개발에서 협력하기 시작하고, 닉슨 미국 대통령이 중국을 방문하여 일명 '핑퐁외교'를 추진한다. 80년대에 접어들며 냉전 해체는 가속화된다. 소련에 고르바초프가 최고지도자로 등장하여 페레스트로이카(재건 또는 개혁)를 실행하고, 그 여파로 소비에트 연방이 붕괴된다.[16] 유럽의 분단국가 독일(동·서독)이 통일되었고, 덩샤오핑에 의해 중국은 개혁·개방이 이루어져 현재는 세계 2위의 경제대국으로 부상해 있다. 영원할 것만 같던 '야만의 시대'는 이런 과정을 거쳐 끝을 맺게 된다.

위에 설명한 성격과 전개과정을 전제하고, 전후 냉전 하에서 이루어진 독일, 중국, 한국 등 분단국가들이 겪은 분단은 일반적으로 국제형과 내전형으로 구분된다. 그럼에도 불구하고 어느 측면이 강조되든 분단은 모두 냉전이라는 국제적 요인에서 기인한 좌우갈등이라는 내부적 요인의 결합으로 나타난다. 대표적으로 베트남과 한반도의 분단은 국제적 조건을 기본으로 하되 내부적 갈등 또한 강하게 작용한 경우라고 할 수 있다. 그러나 분단 뒤에 베트남은 전쟁을 거쳐 분단을 극복한 반면 한반도는 전쟁을 통해서 오히려 분단이 고착화되었다는 것이다.

분단이 고착된 이후 남한에서는 여러 종류의 통일론이 등장한다. 해방 후 민족세력들이 주장한 남북통일정부 수립론과 이승만을 비롯한 단독정부 수립론자들의 북진 통일론을 시작으로 전개된 통일론은 조봉암의 평화통일론에 이르러 점점 구체성을 띠게 된다. 비록 조봉암과 혁신세력의 평화통일론이 정치적인 실패와 함께 통일 논의의 주도권을 갖지 못하지만 이후 통일 논의와 통일론 생산에 중요한 기조 역할을 한다.

이러한 흐름 속에서 등장한 대표적인 통일론은 김대중 대통령이 1971년 신민당 대통령 후보로 선출된 후 주장한 '3단계 통일론'이다. 이 통일론은 현재 더불어민주당이 채택하고 있는 통일정책의 근간이다. '평화공존·평화적 교류 확대·평화 통일'을 3원칙으로 하여 전개되는 3단계 통일론은 '남북 교류와 협력에 기반한 평화통일론' 또는 '4대국 평화보장론'으로 불리기도 한다. 3단계로 통일에 접근하는 이 방안은 이론의 확대 과정과 내용적 변화의 과정을 거치는데, 크게 3기로 나누어볼 수 있다.

1기는 최초 주창 단계로 이 당시는 구체적인 통일론이었다기보다는 주로 주변 강대국과의 관계설정 및 그들이 한반도에서 가지는 영향력을 객관적이고 다각적으로 접근하려는 '새로운 외교전략'의 성격이 강했다. 이러한 주장은 유신 말기까지 이어져 갔다. 2기는 유신 이후 전개되는 7, 80년대 민주화운동과 맞물려 있는 시기를 가리킨다. 박정희에서 전두환으로 이어지는 80년대 초반의 민주화에 대한 열망과 그에 대한 탄압 그리고 또 한 번의 좌절은 3단계 통일론을 새롭게 변화시키는 계기가 된다. 이 시기를 거치며 3단계 통일론은 '공화국 연방제'라는 명칭으로 구체화하고, '선 민주, 후 통일'이라는 새로운 특징을 드러낸다. 이는 국내적으로는 민주화에 대한 강렬한 요구와 국제적으로 서서히 일기 시작한 탈냉전의 분위기를 반영한 것이라고 볼 수 있다.

7.7 선언으로 시작되는 노태우 정부의 현명한 선택

탈냉전이라는 초유의 국제 정세 변화를 맞이했던 80년대 후반부터 90년대 초반은 대한민국의 운명을 좌우할 만큼 중대한 변화의 시기였다. 이전 군사독재정권이 전가의 보도처럼 휘두르던 반공과 한미동맹 절대주의 외교로는 생존할 수 없는 정세가 펼쳐지고 있었다. 이 당시 집권하고 있던 노태우 정부의 선택은 그만큼 중요한 의미를 가지고 있었다. 노태우 정부는 군사독재정권의 후예임이 분명했지만 다른 한 편 1987년 민주화 이후 직선제에 따라 선출된 최초의 6공화국 정부라고도 할 수 있다.

군사독재와 민주화라는 두 개의 성격을 동시에 가지고 있던 노태우 정부는 군사독재가 추구했던 '반공냉전'이 아닌 민주화 시대가 지향했던 '탈냉전'을 선택하게 된다. 21세기를 목전에 두고 있던 대한민국에 희망을 안긴 지혜로운 선택이라고 아니할 수 없다. 1988년 7.7선언(북한과의 교류, 소련·중국과의 수교 제안)을 시작으로, 1991년 남북한이 유엔에 동시 가입하고, 남북이 서로를 공식 인정하면서 불가침과 교류 협력하자는 취지의 남북기본합의서를 채택 등 쉼 없이 국제 정세의 변화에 발맞춰 나갔다. 노태우 정부의 이러한 노력은 21세기 대한민국이 선진국 대열에 합류할 수 있게 한 중요한 배경 중 하나였다고 평가할 수 있다. '북방정책'이라고 불린 노태우 정부의 통일외교 노력을 정세현 전 통일부장관은 다음과 같이 평가한다.

"노태우 정부는 (동서 냉전의 종언) 판세를 잘 읽어내고 적시에 움직였기 때문에 1990년 9월 소련, 1992년 8월 중국과 수교하며 북방정책이 결실을 거둘 수 있었다. 더 이상 반북-반공이 정권의 존재 이유와 정당성의 근거로 쓰이지 않게 된 것이다. 국제 질서의 변화가 국내 정치의 통치 명분과 통치의 구조를 바꾼 사례라고 할 수 있다. 소련과 중국과의 수교는 경제적 의미가 있을 뿐만 아니라, 두 나라가 군사동맹 수준의 우방국인 북한에게 주는 정치·외교·군사적 지원을 약화시키고 둔화시키는 효과도 있었다. 연결해서 북한으로 인해 발생하는 우리나라의 미국 의존도를 줄이는 효과도 있었다."[17]

3기는 냉전이 붕괴되고 독일이 통일된 1990년대 이후라고 할 수 있다. 89년 이후 전개된 세계사의 급격한 변화와 여러 분단국가의 통일은 3단계 통일론에도 많은 영향을 끼쳤으며, 1991년 4월 '공화국 연합제'[18]라는 명칭으로 최종 정리된다. '공화국 연합제'는 1기와 2기를 적극적으로 통합한 결과물로서 김대중의 통일론이 정당의 정강이나 정치인의 신념의 차원을 넘어 실행 가능한 국가적 정책으로 한 단계 업그레이드됐음을 말해준다.

국가 전략으로 변화된 '공화국 연합제' 통일론은 1997년 김대중의 대통령 당선 이후 '햇볕정책' 또는 '대북포용정책'이라는 이름으로 현실화되었다. 국민의 정부(김대중 정부)에서 추진된 '공화국 연합제' 통일방안은 '3원칙·3단계 통일방안'으로 요약이 가능하다. 이 방안의 주요한 특징은 흡수통일이나 급작스러운 방법을 철저히 지양하고 단계적이고 점진적인 방법으로 추진하려는 데 있었다.

김대중 대통령은 1998년 2월 본인의 대통령 취임사에서 통일 3원칙에 근거해 북한에 대한 접근원칙을 다음과 같이 천명한다.

첫째, 어떠한 무력도발도 결코 용납하지 않겠습니다. 둘째, 우리는 북한을 해치거나 흡수할 생각이 없습니다. 셋째, 남북 간의 화해와 협력을 가능한 분야부터 적극적으로 추진해 나갈 것입니다. 남북 간에 교류·협력이 이루어질 경우, 우리는 북한이 미국·일본 등 우리의 우방국가나 국제기구와 교류·협력을 추진해도 이를 지원할 용의가 있습니다. 새 정부는 현재와 같은 경제적 어려움에도 불구하고 북한의 경수로 건설과 관련한 약속을 이행할 것입니다. 식량도 정부와 민간이 합리적인 방

● 통일의 3원칙[19]

평화공존	·적대관계 해소와 군축 및 완전한 상호감시로 평화정착 이룩 ·한반도의 평화에 대한 미·일·중·러 4대국의 협력체제 실현
평화교류	·정치, 경제, 사회문화, 인도적 차원의 전면 교류로 민족동질성 회복 ·경제교류를 통해 상호공동이익을 증진하고 급속한 경제발전을 이룩
평화통일	·흡수통일과 무력통일, 그리고 인위적 공작통일을 배제 ·통일의 시작은 빨리, 통일의 완성은 단계적으로 한다.

● 3단계 통일과정[20]

공화국연합	·1민족, 2국가, 2체제, 2독립 정부, 1연합의 남북연합 단계 ·남북 독립정부가 서로의 체제를 유지한 채 국가연합을 형성 ·남북한 동수의 만장일치 합의기구 구성 ·군비축소 등 평화공존체제의 확립 ·모든 분야의 교류 증진을 위한 민족동질성 회복 상호 공동이익을 위한 경제협력 및 상호 TV 개방
연방제	·1민족, 1국가, 1체제, 1연방정부, 2지역자치정부 구성 ·외교, 군사 권한을 지닌 연방과 내정의 자율권을 갖는 지역자치정부 구성 ·북한의 민주화 전제(민주적 절차의 선거제도 실시 등) ·통일헌법에 따른 연방의회 구성 ·실질적인 통일단계 ·단일 국명으로 UN 가입
통일국가	·1민족, 1국가 ·중앙집권제나 여러 자치정부를 포함하는 미국/독일식 연방제 단일국가 건설 ·민주주의와 시장경제 기반

이재명 죽이기

법을 통해서 지원하는 데 인색하지 않겠습니다…(중략)…그리고 문화와 학술의 교류, 정경분리에 입각한 경제교류도 확대되기를 희망합니다… (중략)…우선 남북기본합의서의 이행을 위한 특사의 교환을 제의합니다. 북한이 원하면 남북정상회담에도 응할 용의가 있습니다.[21]

취임사에서 표명한 의지는 2000년 6월 남북정상회담으로 이어졌다. 해방 후 최초의 남북 정상 간 만남이었다. 이 만남의 결과로 탄생한 '6.15 남북공동선언'은 김대중 개인의 철학과 의지, 노태우 정부 이후 쌓아온 남북한 간의 신뢰, 그리고 국제 사회의 협조 속에 이뤄진 민족사의 큰 족적이다. 다음은 2000년 6월 15일, 평양에서 발표된 남북공동선언문[22] 전문이다.

남북공동선언문 (남측 발표 전문)

조국의 평화적 통일을 염원하는 온 겨레의 숭고한 뜻에 따라 대한민국 김대중 대통령과 조선민주주의인민공화국 김정일 국방위원장은 2000년 6월13일부터 6월15일까지 평양에서 역사적인 상봉을 하였으며 정상회담을 가졌다.

남북 정상들은 분단 역사상 처음으로 열린 이번 상봉과 회담이 서로 이해를 증진시키고 남북관계를 발전시키며 평화통일을 실현하는데 중대한 의의를 가진다고 평가하고 다음과 같이 선언한다.

① 남과 북은 나라의 통일문제를 그 주인인 우리 민족끼리 서로 힘을 합쳐 자주적으로 해결해 나가기로 하였다.

② 남과 북은 나라의 통일을 위한 남측의 연합 제안과 북측의 낮은 단

계의 연방제안이 서로 공통성이 있다고 인정하고 앞으로 이 방향에서 통일을 지향시켜 나가기로 하였 다.

③ 남과 북은 올해 8.15에 즈음하여 흩어진 가족, 친척 방문단을 교환하며 비전향 장기 수 문제를 해결하는 등 인도적 문제를 조속히 풀어 나가기로 하였다.

④ 남과 북은 경제협력을 통하여 민족경제를 균형적으로 발전시키고 사회, 문화, 체육, 보건, 환경 등 제반 분야의 협력과 교류를 활성화하여 서로의 신뢰를 다져 나가기로 하였다.

⑤ 남과 북은 이상과 같은 합의사항을 조속히 실천에 옮기기 위하여 빠른 시일 안에 당 국 사이의 대화를 개최하기로 하였다. 김대중 대통령은 김정일 국방위원장이 서울을 방문하도록 정중히 초청하였으며 김정일 국방위원장은 앞으로 적절한 시기에 서울을 방문하기로 하였다.

2000년 6월 15일
대한민국 대통령 김대중
조선민주주의인민공화국 국방위원장 김정일

6.15 선언은 남북관계뿐 아니라 동북아시아 정세에도 많은 변화를 가져왔다. 북한과 일본, 북한과 미국 간의 공식 외교 채널이 가동되기 시작했으며, 경제 부흥에 목을 매던 중국도 내심 한반도의 평화 무드를 반기는 상황으로 전환되었다. 그러나 이러한 평화 무드는 그해 11월 미국 대통령 선거 결과로 운명을 다하고 만다. 미국 '네오콘'[23]들의 외교정책으로 무장한 조지 부지 2세가 대통령에 당선된 것이다. 2002년 1월 29일 발표된 연두교서에서 부시가 던진 '악의 축' 발언 한마디에 국민의정부가 사활을

이재명 죽이기

걸고 추진했던 '햇볕정책'의 결실들은 무참하게 버림받게 된다. 그러나 남북 화해의 노력은 계속되었다. 참여정부(노무현 정부)에서 실시된 제2차 남북정상회담의 결과물인 10.4선언과 문재인 정부의 4.27 남북공동선언은 그 모든 노력의 결과물을 모아 만든 또 하나의 민족사적 업적이었다. 그러나 4.27 선언 이후 진전되려 하던 북미 관계 정상화 노력이 '존 볼턴'이라는 냉전주의자의 흉계에 의해 무산되면서 또다시 6.15와 같은 좌절을 맞이하게 된다.

우리의 통일외교가 성공의 문턱에서 좌절을 겪는 동안 세계정세는 급변하여 기존의 남북관계 접근방법으로는 도저히 문제를 풀어낼 수 없는 지경에 처해 있다. 중국이 경제력을 기반으로 냉전시대 '소련'의 위치를 대체하고 G2 국가로 성장한 것이다. 탈냉전 이후 세계 유일 강대국으로서의 미국의 지위는 미-중 대결 구도에 갇혀 다시 30년 전으로 돌아갔다고 할 수 있다. 전문가들은 이를 두고 '신냉전시대'라고 명명했다. 미·소 냉전시대가 '핵' 억제력을 기반으로 체제 경쟁을 하던 시대였다면, 재편된 미·중 신냉전시대는 '쌀(경제)'을 기반으로 체제 경쟁을 하는 시대라고 할 수 있다. 두 시대의 차이는 핵의 경우 상호 공멸의 공포를 피하려는 노력이 존재했던 반면에, 미국과 중국의 신냉전은 어느 일방의 몰락을 목표로 한다는 것이다. 이러한 면에서 보면, 20세기 핵무기 냉전보다 21세기 쌀(경제)의 냉전이 더욱 참혹하다.

미국은 항상 자신들이 위기 국면에 처하거나 경쟁국이 등장하는 상황이 되면, 동맹국의 '강요된 희생'으로 국면을 전환하려는 태도를 보여 왔다. 이에 관한 이야기를 김대중, 노무현, 문재인 정부 외교정책의 초석을 놓은 문정인 연세대학교 명예교수의 견해를 들어보자.

제2차 세계대전 후 미국은 GATT와 브레턴우즈 통화 체제에 따라 자유
주의 경제 질서를 구축했다. 그러나 이러한 보편적 질서는 항구적인 것
이 아니다. 미국의 경제 사정에 따라 이 질서가 부분적으로 파기되기도
했다. 1960년대 말 베트남 전쟁의 여파로 미국 경제가 어려워지자 1971
년 리차드 닉슨 대통령은 서독과 일본에 수입관세를 부과하고 달러를
기축통화로 설정한 금본위 교환제도인 브레턴우즈 체제를 일방적으로
파기한다.

레이건 행정부 시절에도 미국은 비슷한 행보를 보였다. 1982년 12월
로널드 레이건 대통령은 신통상 정책을 발표하고 미 통상법 301조에 의
거하여 일본, 한국 등 주요 무역흑자국들에(주요 동맹국들) 대한 관세·비
관세 조치를 부과했다…(중략)…또한 계속되는 무역적자를 이유로 1985
년 플라자 협약을 반강제로 체결하여, 당시 주요 흑자국이었던 일본과
독일이 환율 평가절상을 하도록 했다.[24]

문정인 교수는 힘의 우위를 바탕으로 경제 문제인 무역 관계를 시장
기능이 아닌 정치·외교적으로 해결하려는 미국식 방식을 '지경학(지리경제
학)적 노력'이라고 했다. 이는 2023년 미국 바이든 행정부가 힘으로 밀어붙
이고 있는 인플레이션 감축법(Inflation Reduction Act, IRA)[25]과 반도체법 등
으로 이어지고 있다.

1997년 최초로 이루어진 여야 간 평화적 정권교체 이후 정통우파 정

이재명 죽이기

당인 더불어민주당은 극우정당이 초래한 IMF 국난을 극복했고, 6.15부터 4.27까지 민족화해와 한반도 평화 정착을 위해 헌신했고, 제2차 세계대전 이후 독립한 나라 중 유일하게 대한민국을 선진국 대열에 올려놓는 등 수많은 업적을 쌓아온 정당이다. 김대중, 노무현, 문재인으로 이어진 집권 기간은 통일외교뿐 아니라 국민기초생활 보장법, 노동자 권리확대, 의료보장 확대 등 국민의 삶 또한 선진국 수준에 다다르게 했다. 그중 민주당을 상징할 수 있는 정책은 단연코 '한반도 평화정책'이다.

그런데 어찌 된 일인지 김대중의 '공화국 연합제'를 계승·발전시킨 노무현, 문재인 정부를 이어갈 차기 민주당 정부의 구체적인 통일외교 비전이 보이지 않고 있다. 참여정부의 '동북아 균형외교', 문재인 정부의 '신북방·신남방정책'과 같은 국민적 지지를 받을 수 있는 새로운 개념의 통일외교 전략의 수립이 시급하다. 더군다나 본국에 충성하는 식민지의 총독처럼 미국의 자국 이기주의에 부화뇌동하는, 19세기 말 친일파처럼 '사대굴종외교'를 추진하는 윤석열 정부의 존재는 그 시급성을 배가시키고 있다. 그래도 다행인 것은 그동안 축적해온 민주당만의 통일외교 노하우가 있다는 사실이다. 국민과 국제사회가 공감할 수 있는 '이재명표 통일외교 전략'의 등장이 필요한 시점이다.

이재명의 천하삼분지계

•

1644년, 청나라는 명나라를 멸망시킨 이자성을 몰아내고 대륙의 주인으로 등장한다. 이때 오삼계(운남성 일대), 상가희(광동성 일대), 경중명(복건성 일대), 3명의 명나라 출신 장군들은 청나라를 도와 이자성을 몰아내는 일에 공을 세우고, 청 황제는 남쪽 3개 성을 떼어 이들에게 각각 지배권을 준다. 이렇게 '삼번'의 역사는 시작된다. 이들은 남쪽으로 도주한 명나라 세력을 가차 없이 제거하고 자신들 번의 영향력을 확대하는 일에도 거침이 없었다. 이들의 세력이 커지는 것에 불안을 느낀 청나라 강희제는, 1673년 변란이 우려된다는 조정의 만류에도 불구하고 남쪽 3개 번을 폐하고 청에 완전히 복속시키는 결정을 내린다. 당시 세 개 번 중 가장 강성했던 오삼계는 강희제의 철번령撤藩令이 있은 후 1673년 11월 자신의 왕조를 선포하고 청과의 일대 결전을 시작한다. 이것이 '삼번의 난'의 개요다.

　이 이야기를 하는 이유는 이 무렵 조선에서 병자호란 당시 남한산성에서 당한 치욕을 씻을 기회가 왔다고 주장한 '북벌론'이 등장하기 때문이다. 북벌론의 등장은 효종 때의 일이지만 삼번의 난이 거세지고 중국의 정세가 풍전등화의 형세로 변한 것은 현종 때 이르러서다. 이때 북벌의 기치를 내걸고 나선 인물은 백호 윤휴[26]였다. 1674년 7월 1일(현종 15년) 윤휴가 북벌을 주장하며 현종에게 올린 비밀 상소 전문을 여기에 옮긴다. 읽을 때마다 가슴이 뜨거워지는 명문장이다.

포의布衣 신 윤휴尹鑴가 밀소密疏를 올리기를,

"신은 듣건대, 세상의 걱정거리를 없애는 자는 반드시 온 세상의 복을 누리고 세상의 의리를 붙들어 세우는 자는 반드시 세상에 이름이 난다고 하였는데, 그 방법은 시세를 이용하여 기미를 살피고 재빨리 도모하는 데 있습니다.

아, 병자·정축년의 일은 하늘이 우리를 돌봐주지 않아 일어난 것입니다. 그리하여 짐승같은 것들이 핍박해 와 우리를 남한산성으로 몰아넣고 우리를 삼전도에서 곤욕을 주었으며, 우리 백성을 도륙하고 우리 의관衣冠을 갈기갈기 찢어버렸습니다. 이때를 당하여 우리 선왕께서는 종사를 위해 죽지 아니하고 백성을 위해 수치심을 버렸습니다. 그리고는 피눈물을 흘리며 부끄러워 가슴을 어루만지면서 한번 치욕을 씻고자 하였는데, 지금에 이르러 해가 여러 번 바뀌니 사람들의 마음에 분노가 가득 찼습니다. 오늘날 북쪽의 소식에 대해 자세히 알 수는 없습니다만, 추악한 것들이 점령한 지 오래되자 중국 땅에 원망과 노여움이 바야흐로 일어나 오삼계吳三桂는 서쪽에서 일어나고 공유덕孔有德은 남쪽에서 연합하고 달단韃靼은 북쪽에서 엿보고 정경鄭經은 동쪽에서 노리고 있으며 머리털을 깎인 유민들이 가슴을 치고 울먹이며 명나라를 잊지 않고 있다 하니, 가만히 태풍의 여운을 듣건대 천하의 대세를 알 수 있습니다.

그런데 우리는 이웃에 있는 나라로서 요충 지대에 처해 있고 저들의 뒤에 위치하고 있어 전성의 형세가 있는데도, 이때 군대를 동원하고 격서를 띄워 천하에 앞장서서, 그들의 세력을 가르고 마음을 놀라게 하여 천하의 근심을 같이 근심하고 천하의 의리를 붙들어 세우지 않는다면, 칼을 쥐고도 베지 않고 활을 만지작거리기만 하고 쏘지 않는 것이 애석할 뿐만 아니라, 실로 우리 성상께서 유업을 계승하려는 마음이 우리 조종과 선왕을 감격시키거나 천하 후세에 할말을 남길 수 없게 될까 염려됩니다."하고, 또 아뢰기를,

"우리 신종 황제가 우리를 위해 천하의 병력을 동원하고 대부大府의 막대한 재정을 들였으며, 문관 무장들은 전쟁터에서 목숨을 아끼지 않고 7년 동안이나 전쟁을 치르다가 남해에서 군사를 거두면서 물불 속에서 건져내 편안한 자리에다 올려 놓았습니다. 멸망해 가려는 것을 일으키고 넘어지려는 것을 붙들어 세운 그 덕이 하늘처럼 끝이 없으니, 고금을 통해 속국으로서 중국에게 이처럼 힘입은 적은 없었습니다. 이 때문에 우리 소경 대왕께서 힘으로는 은혜를 갚을 수 없고 사세 또한 조화에 수응할 수 없다는 것을 알고 종신토록 서쪽을 등지고 앉지 않아, 마치 물이 만 번 굽이쳐도 반드시 동쪽으로 향해 흐르는 것처럼 굳건한 뜻을 보이셨으며, 재조번방再造藩邦이라는 네 글자를 손수 크게 써서 명나라 장사의 사당에다 붙여 두어 우리 자손과 신하들에게 뚜렷이 보이셨으니,

이재명 죽이기

그 뜻과 계획이 또한 애절하고 원대하다 하겠습니다. 우리 인조 대왕께서 매달 초하루마다 절하고 슬퍼하신 일과 효종 대왕께서 조정에 임하여 탄식하시던 마음은 성상의 마음 속에 뚜렷하고 천지의 귀신이 실로 내려다보고 있습니다.

　아, 효종 대왕께서는 10년 동안 왕위에 계시면서 새벽부터 주무실 때까지 군사 정책에 대해 묻고 인사를 불러들여 사전에 대비하셨으니 어찌 북쪽으로 전진해 보려는 마음을 하루라도 잊은 적이 있었겠습니까. 안배도 완전하게 하였으며 부서도 두기 시작했으나, 하늘이 순리대로 돕지 않아 중도에 승하하시어 웅장한 계획과 큰 뜻이 천추에 한을 남기고 말았습니다만, 이는 천명이 아직 이르지 않아 그런 것으로서 전하께서 근심해야 합니다. 선왕께서 크고 어려운 일을 남기어 뒷사람에게 주셨으니 우리 성상께서는 참으로 큰 뜻을 세우고 좋은 말을 널리 받아들여 하늘을 받들고 조종을 계승하며 유지에 따라 일을 해, 잔폭하고 더러운 것들을 제거하고 큰 의리를 붙들어 세우며 큰 수치를 씻을 것을 도모하여 천하에 허물을 사과하고 천하의 복을 맞이해야지 구차하게만 해서는 아니될 것입니다. 때는 쫓아갈 수 없으며 기회는 놓쳐서는 안 됩니다. 시기를 이용하고 사세를 틈타 자신의 보존을 도모하는 것도 여기에 있는 것입니다. 지志에 '때가 이르렀는데도 결단을 내리지 않으면 도리어 어지러움을 당하게 되고 하늘이 주는데도 가지지 않으면 도리어 재앙을 받는다.'고 하였는데 오직 지금이 그러한 때입니다.

　송나라 주문공朱文公의 상소에 '신은 하루아침에 상제가 크게 노하여 초야에서 참람하게 난을 일으켜 의리의 기치를 들고 일어나게 하거나 오랑캐들이 밖에서 얕잡아보고 잘못을 추궁하려고 군사를 일으키게 할까 두렵다.' 하였는데, 지금 오랑캐의 운수가 전환되어 오삼계가 난을 일으키자 중국 안이 뒤숭숭해졌으니 일역日域의 힘이 넉넉히 천하를 뒤흔들 수 있으며, 정인鄭人의 마음을 예측할 수 없습니다. 그런데도 우리가 스스로 수립하지 못하면 저들이 우리보다 먼저 채찍을 추켜 들고 우리를 나무라거나 혹은 광복이 된 날에 우리들이 그들과 협심하고 끝끝내 마음을 고쳐 먹지 않은 내막을 추궁한다면 비록 지혜가 있는 자라 하더라도 나라를 위해 어떻게 해야 할지 모를 것입니다."

하고 또 아뢰기를,

"우리나라의 정예로운 병력과 강한 활솜씨는 천하에 소문이 난데다가 화포와 조총을 곁들이면 넉넉히 진격할 수 있습니다. 그러니 병사 1만 대隊를 뽑아 북경을 향해 기어코 앞으로 나아가 등을 치고 목을 조이는 한편, 바다의 한 쪽 길을 터 정인과 약속해 힘을 합쳐서 심장부를 혼란시킵니다. 그러고는 연주燕州·계주薊州·요하遼河 이북 야춘野春의 모든 부서와 일역의 여러 섬, 그리고 청青·제齊·회淮·절浙 등지에 격서를 전하고 서촉西蜀까지 알리어서 그들로 하여금 함께 미워하고 같이 떨치어 일어나게 한다면 그들의 교활한 마음을 놀라게 할 수 있으며 천하의 충의로운 기운을 격동할 수 있을 것입니다. 그러면 혹은 그들 스스로가 추악한 것들을 서로 무찌르거나 혹은 개돼지 같은 것들로 하여금 웅거한 곳을 잃게 하여 사람들이 그들을 앞다투어 쫓을 것입니다.

그렇게 되면 우리는 의려醫閭에 가로질러 웅거하여 유주와 심양을 조여들면서 천하 사람들에게 어떻게 할 것인지 명령해줄 것을 청하고 제실

이재명 죽이기

帝室을 붙들어 세운 주나라의 문공文公이나 환공桓公같은 역할을 하기에 어렵지 않을 것입니다. 인류의 기강을 닦아 하늘에 보답하고 수치를 씻어 군부君父에게 보답하며, 조종을 빛내고 자손을 보호하며, 지난날의 허물을 지우고 앞으로 천하 사람들이 입을 화를 막으려면 이 일 말고는 다른 할 일이 없습니다."

하고, 또 아뢰기를,

"《주역》의 도리는 이로운 것으로써 의리를 조성하고《춘추》의 의리는 패배하더라도 영광스럽게 여깁니다. 때가 이르렀고 일도 할 만합니다만, 결단을 내려 실천하는 것은 성상의 한 마음에 달려 있습니다."

하고, 또 아뢰기를,

"반드시 신의 말을 거듭해 읽고 깊이 유념하여 굳센 덕을 분발하고 신명한 도략을 펴서 마음에 결단을 내리시되 여러 신하들에게 물어서 큰 계획을 정하며, 용맹한 장수를 등용하고 인걸을 두루 초빙하여 성상을 돕게 하되 망설임이 없게 하며 두려워하지 않게 하여 대업을 끝마치소서. 그러면 실로 천하와 종사를 위해 매우 다행이겠습니다." 하였다.[27]

_현종실록 22권, 현종 15년 7월 1일 계해 1번째 기사

역사학은 '시간'을 읽고, 사회과학은 '구조'를 탐구하며, 지리학은 '공간'을 연구하는 학문으로 불린다. '지정학'과 '지리학'을 혼동하기 쉬우나 지정학은 지리학에서 파생한 하나의 학문적 갈래라고 할 수 있다. 지정학을 달리 부르면 '정치지리학'이 된다. 지리학은 나열하기 어려울 만큼 넓은 영역을 다루는 학문이다. 지경학(경제, 무역), 지형학, 생물지리학, 역사지리

학 등 현존하는 학문 이론을 거의 다 포괄하고 있기 때문이다. 고대로부터 현재에 이르기까지 지리학적인 성과 없이 세계를 제패한 경우는 없었다.

유럽의 제국주의가 일어나기 전부터 유럽의 지리학자들은 한반도에서부터 중남미, 인도에서 모로코에 이르는 지도를 그리고 그곳의 환경을 해석해 왔다. 이후 지리학은 유럽의 민족주의와 결합하여 중상주의 무역, 식민주의, 심지어 히틀러의 나치 이데올로기를 반영하여 제국주의를 정당화하는 도구로 활용되기에 이른다.

지리학은 그 범위가 넓은 만큼의 넓은 안목과 멀리 보는 안목이 필요하다. 시간과 구조, 공간을 두루 살필 줄 알아야 한다는 말이다. 최근 10년 사이 중상주의 시대로 돌아간 듯한 미국의 보호주의 강화는 동시에 지리학의 위축을 낳고 있다. 앞서 말한 바와 같이 이는 세계 질서에서 미국이라는 대제국의 위상이 예전 같지 않다는 방증이다. 제2차 세계대전 이후 자유 진영의 수호자였던 미국은 활발한 자유무역과 범죄적 수단까지 동원할 정도로 적극적인 해외 진출과 교류를 일관되게 추진해 왔다. 자유무역을 상징하는 GATT와 브레턴우즈 체제는 달러 파워를 보유한 미국의 자랑처럼 여겨져 왔다.

그러나 소련이 사회주의 계획 경제의 실패로 무너진 이후, 중국이라는 후발 사회주의 국가가 소련의 모순을 극복하고 소련의 자리를 대체하면서 상황이 바뀌게 된다. 경제력 없이 핵 억제력만 보유한 냉전시대 소련과 비교하면 핵 억제력과 경제력까지 보유한 중국은 미국의 입장에서 몇 배는 다루기 힘든 존재이기 때문이다. 중국은 기축통화인 미국 달러를 미국 다음으로 많이 보유하고 있는 국가다. 현재 중국이 보유하고 있는 달러는 3

조 1,277억 달러(2023년 1월 말 기준)에 달한다. 이뿐 아니라 중국은 8천 594억 달러(2023년 1월 말 기준) 규모의 미국 국채도 보유하고 있다. 이러한 사실만 놓고 본다면, 역설적으로 미국과 중국은 최고의 우방 국가라고도 할 수 있다. 최근엔 중동의 몇몇 석유 산유국들이 중국 위안화를 원유 결제통화로 받아들이는 상황까지 와 있다. 이제 석유를 사려면 중국 위안화가 필요한 시대가 도래한 것이다.[28]

중국은 현재 미국이 심각하게 우려할 만큼 미국을 맹추격하고 있다. 미국의 경제성장은 상대적으로 정체되어 있으나 중국 경제는 코로나 펜데믹에도 불구하고, 빠른 회복과 성장을 구가하고 있다. 펜데믹이 한창이던 2020년 세계 경제 30위 내 국가 중 유일하게 플러스 성장을 달성했다. 많은 전문가는 2050년이 되면 중국이 경제 규모를 비롯한 경제 전 부문에서 미국을 추월할 것으로 예측하고 있다. 중국의 발전은 특정 분야에 의존하지 않고, 산업 전 분야에 걸쳐 유기적으로 성장하는 모양새를 보인다. 5G를 비롯한 정보통신 기술, 반도체, 조선, AI, 양자 컴퓨팅, 항공 기술 등 민간 분야의 발전은 말할 것도 없고, 항공모함, 스텔스 전투기, 우주 기술 등 국방 분야에서도 미국을 빠르게 추격하고 있다.[29]

미국과 중국의 갈등과 경쟁이 본격화되기 시작한 때는 오바마 정부가 아시아로 눈을 돌리기 시작하는 2012년 무렵부터이다. 이때 오바마 정부는 그동안 등한시했던 아시아로의 복귀를 '아시아·태평양 전략'이라는 이름으로 공식 선언한다. 이를 중국에 대한 견제로 인식한 중국 시진핑 주석은 2013년 9월에 그 유명한 '일대일로 전략'[30]을 발표하게 된다. 미국의 아·태 전략과 중국의 일대일로 전략이 충돌하기 시작한 것이다. 세계는 지

5

다시 길을 묻다

금 대전환기에 들어섰다.

이러한 미·중 간의 대결은 자연스럽게 우리에게도 영향을 미치고 있다. 미국은 중국을 견제하고 포위하기 위해 한일관계 개선을 압박하기 시작한다. 일례로 박근혜 정부 시절 발생한 사법 농단 사건도 미·중 패권 경쟁과 관련돼 있다. 미국의 한일관계 개선 압박의 결과물로 박근혜 정부와 일본 정부 간의 위안부 문제 합의가 나오게 되고, 이는 강제징용 대법원 판결문제로까지 비화해 '사법농단' 사건이 터지게 되는 것이다. 대법원장 구속이라는 초유의 사태로 이어지는 사법농단 사건은 한일관계 개선을 압박하는 미국의 압력을 못 이긴 정부가 강제징용 최종심에 관해 사법부와 재판 시기를 두고 거래한 사건을 말한다. 삼권 분립을 위반한 명백한 범죄 행위였지만 이면을 보면 급변하는 국제 정세 속에서 강대국의 패권주의가 가져온 비극이라고도 할 수 있다.

여기서 한 가지 기이한 점은 사법농단 사건을 수사하고, 대법원장을 구속시킨 사람이 대통령이 된 후 박근혜 정부와 똑같은 제삼자 보상방식의 합의를 독단적으로 강행한다는 것이다. 또한 이는 재판 시기를 놓고 거래한 수준을 넘어, 강제 징용에 대해 일본 기업이 배상해야 한다는 대법원 최종판결 자체를 부정하고 이루어진다는 점에서 그 위법성은 명백하고 심각하다. 이를 통해 볼 때 지정학적 전환기에 발생하는 잘못된 외교적 선택은 한 국가의 근간인 헌법체계까지 위협할 수 있다는 것이다.

앞에서 서술한 것처럼 오늘날은 인류가 그동안 지나온 세계사적인 전환기 중 하나임이 틀림없다. 수메르인의 등장과 그들에 의한 메소포타미아 문명의 시작, 그리스 알렉산더 대왕의 동방 진출, 이슬람의 등장과 대제국 건설, 중국의 실크로드 개척, 유럽의 대항해시대, 프랑스혁명, 볼셰비키 혁명 등 인류는 수많은 전환기를 거쳐 왔고, 그 전환기의 경험은 후세대를 위한 수많은 지혜를 남겨줬다.

중국의 후한 시대 말기를 배경으로 한 '삼국지'는 동서양을 불문하고, 널리 퍼져 있는 이야기 중 하나다. 온갖 지정학적 전략·전술이 등장하는 삼국지에서 최고의 전략은 제갈량이 유비에게 펼쳐 보인 '천하삼분지계'라고 생각한다. 당시 중국의 지정학적 요인을 완벽하게 구성하여 만들어 낸 제갈량의 계획은 조조와 손권의 발끝에도 못 미치는 세력을 가지고 있던 '의탁거사 유비'를 단숨에 천하 주인 중 한 명으로 격상시킨다.

유비와 제갈량이 만난 때는 서기 207년이다. 조조에게 패배한 후, 황실 종친인 형주의 유표에 의탁하고 있던 유비는 조용히 인재를 모으고 있었다. 남의 신세를 져야 할 만큼 처량했던 유비는 자신의 군사 서서의 추천으로 제갈량을 직접 찾아 나섰다. 후대에 가공된 고사라고 하는 견해도 있지만, 소설 삼국지연의에서 유비는 제갈량의 초가를 직접 세 번이나 방문했는데 두 번은 만나지도 못하고, 세 번째에서야 그를 만날 수 있었다. 그 유명한 삼고초려다.

제갈량은 자신을 세 번이나 찾아와 예를 다하는 유비에게 감복하여 자신이 분석한 천하의 지정학적 상황과 정세를 피력하고 천하를 통일할 계책을 내놓는다.

"북쪽의 조조는 세력이 강성하여 단독으로 그와 대적하여 싸울 수 없고, 남쪽은 손권이 강동을 3대째 현명하게 다스리고 있어 그곳의 백성들은 그를 신뢰하고, 또한 지혜로운 많은 사람이 이미 그의 사람이 되어 뜻을 펼치고 있습니다. 이에 그를 도울 수는 있어도 도모하기는 어렵습니다. 그런데 지금 유비공께서 의탁하고 있는 형주의 유표와 익주의 유장은 백성을 보살피는 역량이 부족하고 서툴러 결국 백성들이 곤경에 처할 것이 분명합니다. 유비공께서는 먼저 형주와 익주를 취하여 백성들의 마음을 편안케 하십시오. 그리고 나서 동쪽의 손권과 연합하여 북쪽의 조조에 대항하는 자세를 취하시는 것이 좋겠습니다."

이것이 바로 제갈량의 '천하삼분지계'다. 제갈량은 이에 더해 형주와 익주를 중심으로 국력을 키운 다음, 조조의 위나라에 난이 일어났을 때를 기다리고 있다가 그 난을 평정하면 천하통일의 과업을 이룩하여 한 황실을 일으킬 수 있다고 주장했다. 유비는 이를 기꺼이 받아들였으며 제갈량 또한 그를 성심으로 보좌할 것을 다짐하고 세상에 나오게 된다.

1800여 년 전의 제갈량이 오늘날 더불어민주당에 의탁하고 있는 이재명에게 '지정학적' 전략을 일러준다면 다음과 같지 않을까?

TK는 박정희 이후로 만들어진 산업화 성공신화가 강성하여 공략이 불가하며, PK는 해상무역으로 쌓은 풍요와 김영삼의 3당 합당과 집권 이후 누리던 기득권의 평온함이 도사리고 있어 연대할 수는 있어도 점령하기는 힘든 형세다. 수도와 인접한 인천, 경기와 충청은 천 갈래의 전철노선이 상징하는 선진경제의 풍요 속에 개인주의가 왕성해 그 형세의 변화를 예측하기 힘들고, 강원은 예로부터 소외심이 있었고, 요즘에는 분단의 멍에까지 지고 있어 통일 전까지 그 지경을 넘기가 여유롭지 않다.

그런데 지금 이재명이 의탁하고 있는 민주당의 본거지 호남은 김대중 대통령 서거 이후 갈수록 주인 없는 땅이 되어가고 있다. 이에 먼저 호남

이재명 죽이기

출신만 아니었으면 수구 세력에게 의탁했을 기득권을 과감히 청산하고, 호남과 제주를 완벽하게 취한 후 PK와 연합하여 TK에 대항하는 것이 최상의 전략이라고 할 수 있다. 이러한 형세가 만들어진 연후에 수도권과 충청의 변화무쌍한 민심의 맥을 짚어 TK 지역에 대항하면 대한민국의 중흥을 이룰 수 있을 것이다.

6장

2023년 대한민국, 역사는 반복된다

일천의 선비를 쓰러뜨린 서인의 광기

•

조선 제14대 왕이었던 선조는 재위 기간이 무려 41년에 이른다. 후대의 영조(52년), 숙종(46년), 고종(44년)에 이어 조선 왕 중 네 번째로 긴 재위 기간을 보냈다. 길었던 선조의 재위 기간은 사림 정치의 본격적인 시작, 사림의 분열로 만들어지는 당파의 등장, 조선을 불바다로 만드는 임진왜란과 정유재란의 참화 등 갈등과 죽음으로 점철돼 있다고 봐도 과언이 아니다. 나라가 망해도 열 번은 망했을 것 같은 혼돈 속에서 어떻게 조선이 왕조를 유지할 수 있었을까?

그것은 바로 선조 재위기를 전후한 시기에 조선 최고의 지식인과 정치인이 동시대를 살고 있었기 때문일 것이다. 백성을 왜적의 조총 앞에 세워둔 채 의주까지 도망가고, 심지어 국경을 넘어 명나라로 어가의 방향을 잡았던 비겁한 왕의 곁엔 내로라하는 정치인들이 포진해 있었다. 당시 조선은 명종 대까지 이어지던 사화士禍를 이겨내고 결국 정권을 잡은 사림의 시대였다. 동양 최고의 유학자 퇴계 이황, 학문의 깊이만큼 실천을 강조했던 선비의 표상 남명 조식 등 대유학자들과 그들이 길러낸 정치인들이 풍전등화였던 조선의 종묘와 사직을 지켜낸 시대였다.

이황의 제자 류성룡은 탁월한 정치력과 외교력으로 전쟁을 총지휘했으며, 이순신, 권율 같은 위대한 장수들을 천거하여 조선의 땅과 바다를 지켜냈다. 조식의 제자 정인홍과 곽재우는 전란 당시 의병을 일으켜 전란의 흐름을 바꿀 만큼의 큰 공을 세웠으며, 선비의 충의가 어떠해야 하는지 몸소 보여 주었다.

반면에 어떤 사람들은 '붕당정치의 폐해'에 대한 아쉬움을 이야기한다. 김효원의 이조전랑 임명 문제로 시작된 갈등은 사림을 동인과 서인으로 갈라놓는다. 김효원의 임명을 찬성하던 측은 동인으로 불리고, 심의겸을 천거한 측은 서인으로 불리게 된다. 동과 서로 불리게 된 것은 김효원의 집이 한양 동쪽에, 심의겸의 집이 한양 서쪽에 있었던 것에서 연유한다. 동인은 퇴계 이황과 남명 조식, 그리고 화담 서경덕의 제자들로 무리를 이뤘으며, 서인은 붕당 이후 율곡 이이의 학문을 서인의 사조로 받아들이게 된다. 두 갈래로 나뉜 당파는 임진왜란 중 정철의 처벌 문제를 두고, 북인과 남인으로 나뉘게 된다. 이렇게 사림이 여러 당으로 나뉜 것은 여러 이유가 있었지만, 그 이면엔 두 가지 주목할 점이 있다.

첫째, 오랜 재위 기간을 가진 선조가 왕권 유지를 위한 방편으로 사림의 분열을 자극한 측면이 있다. 한 명 한 명이 조선을 품을 만한 대단한 인물들을 앞에 두고 그에 한참 미치지 못하는 선조가 느꼈을 불안감은 상상을 초월했을 것이다. 사림의 분열은 선조의 불안감과 선조가 오랜 재위 기간에 습득한 정치술수에서 기인했을 듯하다.

둘째, 각자 대단한 학문과 지혜를 겸비했고, 동시대에 나라를 삼킬만한 위대한 인물들이 어떻게 하나의 정치 결사를 이룰 수 있었을까 하는 의문이 든다. 각기 다른 스승의 학풍을 계승해 각자 일가를 이룬 조선조 최고의 천재들이 갈라진 건 필연적 결과였을 것이다. 당시의 인물들에 비해 그 인물됨이 부족하기 그지없는 오늘날 일부 정치인들이 소인배들처럼 이 당 저 당 기웃거리며 파당을 짓는 걸 보면 한심해서 말이 안 나올 지경이다. 또한, 선조 당시 내로라하는 천재들도 최소한 당색이 정해지면 개인의 이익보다 의리를 앞세워 충실하게 당론을 지켰는데 요즘은 그마저 없으니 기회주의가 극에 달했다고밖에 할 수 없다.

이러한 시대적 배경 속에 조선을 한 몸에 품었던 천재 한 명이 더 있었다. 그는 바로 기축옥사의 주인공 정여립이다. 훈구파에 의해 자행된 4대 사화를 합친 것보다 몇 배는 더 잔혹했던 기축옥사는 황해도에서 날아든 한 통의 비밀 장계로부터 시작된다. 다음은 《연려실기술》이 기록하고 있는 옥사의 시작에 관한 이야기다.

기축년 10월 2일 황해 감사 한준韓準의 비밀장계秘密狀啓가 들어왔다. 이날 밤에 삼정승·육승지·의금부 당상관들을 급히 들어오게 하고, 다시 숙직에 들어온 총관·옥당 상하번番들도 모두 입시하도록 명하였는데, 검열 이진길李震吉만은 들어오지 못하게 하였다.

임금이 비밀장계를 내려서 보이니, 그것은 안악安岳군수 이축李軸·재령載寧군수 박충간朴忠侃·신천信川군수 한응인韓應寅 등이 역적 사건을 고

이재명 죽이기

변고變한 것이었다. 그 내용은, 수찬을 지낸 전주에 사는 정여립鄭汝立이 모반하여 괴수가 되었는데, 그 일당인 안악에 사는 조구趙球가 밀고한 것이었다. 즉시 의금부 도사를 황해도와 전라도에 나누어 보내고 이진 길을 의금부에 가두게 하였다. 진길은 곧 여립의 생질이었다.[1]

고변의 내용은 한강이 얼어붙는 겨울에 정여립이 자신이 만든 대동계를 동원해 황해도와 전라도에서 동시다발적으로 봉기하여 신립과 병조판서를 죽이고 조선의 군권을 장악하려 한다는 것이었다. 이에 놀란 선조는 그날 밤으로 중신들을 모아 역모가 있었음을 알리고 의금부에 명해 정여립을 추포하라는 명과 함께 급한 대로 동인에 속했던 우의정 정언신을 위관委官으로 삼아 국문을 시작한다. 당시는 동인이 정권을 잡고 있던 때라 동인 말고는 마땅히 국문을 지휘할 만한 위치에 있던 관원이 없었다.

정여립은 의금부 관원들이 도착하기 전 자결하였고, 그의 아들 정옥남이 추포되어 한양 국문장으로 끌려왔다. 정여립과 같은 당파인 정언신이 이끄는 국문이 서인들의 맘에 들 리 없었다. 당시 동인이자 영의정이었던 노수신은 "이번 일은 선비들 사이에서 일어났으므로 조용히 처리할 일이지 공연히 중간에서 생기는 거짓말에 끌려서는 아니 되옵니다"라고 선조에게 주청했으나, 선조는 노수신과 정언신을 파직해버리고, 서인인 정철을 위관으로 삼아버렸다. 또한, 서인인 성혼을 이조참판에 임명하는 등 서인을 중용하는 환국을 일으켰다. 성혼은 이이가 죽은 후 서인을 이끌던 인물이다. 선조는 여기서 멈추지 않고, 동인인 김우옹과 정인홍이 정여립의 난에 관계됐다는 증거가 없음에도 불구하고 이들이 평소 정여립과 친하다는 이유로 귀양을 보내버린다.

선조의 성급하고 과격한 반응을 보면, 당시 정여립이 내세운 주장이 얼마나 충격적이었는지 알 수 있다. 또한 선조는 동인 정권이 지속 되면서 그 위세에 눌려 있던 자신의 처지를 이번 일을 계기로 반전시키려고 했다. 의금부를 동원하여 관련자들의 집을 수색하던 중 정여립과 서신 한 장이라도 오간 사람은 그 내용과 상관없이 역도로 몰아 죽이거나 귀양 보내기 일쑤였다. 이러한 선조의 의중을 간파한 정철은 아예 동인의 존재를 지워버리려는 태도로 왕이 내린 권한을 잔혹하게 사용하게 된다.

정여립 이외에 또 한 명의 조선 천재와 그의 일가가 몰살당하는 일이 있었다. 이 인물의 파멸은 기축옥사의 참혹함을 선명하게 보여준다. 그는 정여립과 동갑내기이며, 정여립과 마찬가지로 호남 출신인 이발이었다. 그는 서인에서 동인으로 당적을 옮긴 후 서인으로부터 배척받고 있었다. 이발은 서인과의 알력이 계속되자 고향인 전남 나주로 낙향하고, 낙향한 지 한 달 만에 옥사를 맞이하게 된다.

이발 일가가 당한 형벌을 보면 당시 기축옥사가 얼마나 가혹했는지 알 수 있다. 이발과 동생인 이길은 옥사가 시작된 후 2년 동안 옥에 갇혀 있었다. 이발을 귀하게 여긴 대신들의 주청으로 2년 동안 목숨은 부지하고 있었다. 3년째 되던 해 마침내 선조는 옥사를 마무리하라고 어명을 내리지만 이발의 가족만은 다시 국문에 처하라는 명을 내린다. 혹독한 고문이 시작되었고, 가장 먼저 동생 이길이 죽었다. 그러고 나서 이발의 팔순 노모와 손자들 모두 끌려와 옥에 갇히고, 국문을 받게 된다. 80대 노모는 압슬형을 받다 죽었고, 10살도 되지 않은 그의 아들도 고문을 받다 죽게 된다. 이

이재명 죽이기

발의 형인 현감 이급과 그의 두 아들, 이발의 아들 효동은 옥중에서 병에 걸려 죽고, 이길의 아들 효손은 임진왜란 후 파옥되어 나왔는데 역질에 걸려 죽게 되니 이발의 일가는 멸문지화의 운명을 맞이한다.

이발의 일가가 몰살당하고 난 후, 참살의 증거가 된 이발과 정여립이 주고받은 서신은 위관 정철과 서인의 모사 송익필이 위조했다고 선조실록은 기록하고 있다. 이러한 호남 선비의 죽음이 천여 명에 달했다고 하니 가히 호남 선비의 씨를 말렸다고 할 수 있다.[2] 심지어 서산대사 휴정, 사명당 유정, 그리고 전라도 송광사 승려들도 추포되어 국문을 당했다고 한다. 기축옥사 직후 발발한 임진왜란에서 큰 활약을 한 휴정과 유정이 옥사로 인해 목숨을 잃었다면 임진왜란 당시 활약했던 승병은 없었을지도 모른다.

3년간 이어진 기축옥사에서 죽임을 당한 주요 인물들은 공통점이 있었다. 최영경은 남명 조식의 제자로서 뛰어난 학식을 가진 인물로 인정받던 중 서인인 성혼의 천거로 사헌부 지평의 관직을 받게 된다. 그러나 최영경은 자신을 추천한 서인이 아닌 이산해, 정언신 등 동인들과 교분이 깊어져서 성혼과 정철의 눈 밖에 나게 된다. 또 한 사람은 정개청이라는 인물이다. 정개청 또한 서인인 박순의 천거로 벼슬길에 올랐으나 최영경과 마찬가지로 이산해와 가깝게 지내게 된다. 결국, 정개청은 특별한 증거도 없이 심한 국문의 후유증으로 귀양길에 사망하고, 최영경은 이항복의 구명 노력에도 불구하고 선조의 화가 풀리지 않아 국문 중 옥에서 죽게 된다.

정여립 또한 본래 이이와 성혼에 사사한 뒤 서인 쪽에서 정치를 시작한다. 그러나 이이가 죽은 후 서인 세력이 약화하는 시점에서 동인에 가담하게 된다. 동인보다 보수적인 성리학 명분을 강조하던 서인의 관점에서 정여립은 스승을 배반한 난신적자亂臣賊子였다. 선조 또한 스승을 배신한 정여립을 곱게 보지 않았을 것은 당연한 일이었다. 이들 세 명은 '군사부일체君師父一體'가 강조되는 유교 사회에서 옥사 이전에 이미 감당하기 힘든 죄를 안고 있었다고 볼 수도 있다.[3] 그럼에도 불구하고, 정여립이 '천하는 공물이니 임금의 아들이 아니라 누구든 자격 있는 자가 왕위를 계승해야 한다'라고 주장하며, 대동세상을 꿈꾼 실패한 혁명가였음은 부인할 수 없는 사실이다. 왜냐하면, 정여립은 주자의 해석만을 유일한 진리라고 맹신하는 서인의 보수성을 반대했기 때문이다. 당파의 지나친 충돌을 반대했던 유연한 사고의 정치인 이이의 생존 시에는 서인의 당파를 떠나지 않았음을 볼 때, 동인으로 당적을 옮긴 이들이 마냥 기회주의자는 아니었다고 생각한다.

요약하자면, 조선을 뒤흔든 기축옥사는 동인을 견제하여 왕권을 강화하려는 선조의 술수와 권력을 독점하던 동인을 몰아내고 서인 정권을 만들려는 정철과 송익필의 조작과 날조, 그리고 대동세상을 꿈꾼 혁명가 정여립이 서로 도전하고 응전하여 만들어진 피비린내 나는 참극이었다. 나는 기축옥사를 '정적을 제거하려는 권력욕과 백성이 주인 되는 혁명정신, 그리고 온갖 조작과 학살이 뒤섞인 난세의 상징'이라고 정의하고 싶다.

기축옥사로 정여립의 '대동세상'이 세상에 처음 모습을 드러낸 후 432년이 지난 2021년 7월 1일, 또 한 명의 정치인이 '대동세상'을 만들겠다고 선언했다. 그는 바로 더불어민주당 20대 대통령 후보 경선에 나서겠다고 선언한 이재명 경기도지사다. 2021년은 정여립이 영국의 크롬웰보다 60년 앞서 주장한 공화주의가 나라의 근간으로 도입된 지 102주년(3.1운동 기준)

이재명 죽이기

이 되는 해였다. 이재명은 2021년 7월 〈월간중앙〉과의 인터뷰에서 다음과 같이 말한다.

> (억강부약은) 강자와 부자들의 '폭력성'을 제어하자는 거다. 인간이 욕망을 추구하는 것은 비난받을 일이 아니다. 부자가 가진 부를 이용해 더 많이 성취하려는 것 자체도 비난할 수 없다. 다만, 그 과정에서 약자에 대한 폭력성이 나타나거나 힘을 이용해 부당하게 취한다면 사회의 공정한 시스템을 해치는 것이니 바로잡아야 한다. 강자의 폭력을 절제시키고 약자의 정당한 권리를 최대한 보장해 함께하는 세상을 만들자는 거다.[4]

대한민국의 기득권 세력은 일관된 이재명의 주장과 성장 과정을 심각한 위협으로 받아들이고 있는 듯하다. 그것은 바로 이재명이 그들의 장기인 낡은 냉전시대 흑색선전으로 공략하기 힘든 탈이념 성향의 정치인이기 때문이다. 이런 가운데 현재 대한민국 기득권 세력이 이재명을 대하는 방식엔 몇 가지 특징이 있다.

첫째, 이재명의 존재 자체를 인정하지 않으려 한다는 것이다. 이런 태도는 대한민국의 가장 낮은 곳에서 출발해서 기득권에 대항하는 지도자로 성장한 이재명의 혁명적 삶 자체에서 기인한다. 노무현 대통령에 대한 경계심과 공포심을 '대학교육을 받지 않는 사람이 지도자가 되면 안 된다'라고 표현했던 그들이었다. 또한 윤석열 대통령이 범죄자와는 만날 수 없다며, 국회 제1당 대표와의 만남을 거부하고 있는 모습에서도 이재명을 부정하려는 태도를 엿볼 수 있다.

둘째, 김대중, 노무현, 문재인에게 가했던 냉전 수구 논리가 이재명에 겐 좀처럼 통하지 않는 데서 오는 '당황'이다. 당황하다 보니 평정심을 상실하고, 허공을 향해 자해하듯 무차별적으로 칼질을 해댄다. 종결된 사건의 재탕·삼탕은 기본이고, 피의사실 공표, 300번이 넘는 압수수색, 관련자들과 거래했다고 의심되는 느닷없는 진술 변화, 별 건에서 또다시 별 건을 집어 드는 구시대적 작태를 서슴지 않는다. 신체적 고문만 안 했을 뿐이지 기축옥사 당시 포박한 죄인 다루는 것과 별반 차이가 없다.

셋째, 주자의 해석에만 갇혀서 세계관이 소아병적으로 협소했던 이이 사후의 서인과 같은 세계관을 가지고 있다는 것이다. 윤석열 정권은 수십명의 검사를 동원해서 2년 가까이 샅샅이 먼지떨이를 해도 똑 부러지는 결과를 국민 앞에 내놓지 못하고 있다. 우리 사회는 이미 독재자의 결정이 두려워서 침묵하거나 맹목적으로 따라가는 사회가 아니다. 자신의 이익이 조금이라도 침해당하면 최소한 SNS에 글을 써서 작은 공감이라도 확보할 수 있는 민주 시민사회로 발전해 있다. 기축옥사 당시 동인을 무차별적으로 학살했던 서인과 선조는 당시 당파의 성격과 구조, 사림 전체의 여론 동향에 대해 주도면밀하게 이해한 지혜라도 가지고 있었다. 그렇지 못했다면 당시 집권 세력인 동인에게 역공을 당해 진짜로 왕조가 뒤집힐 수도 있었을 것이다. 그런데 현재 검찰 정권은 민주주의의 원천인 국민 여론, 국정 동반자인 민주당이나 이재명에 대한 정확한 이해도 없이 녹슬어버린 무딘 칼을 마구잡이로 휘둘러대고만 있다. 그 무딘 칼 놀림에 민생과 외교, 국방과 무역이 파탄 나고 있는 것도 모른 채 광기에 빠져들고 있다. 자신이 죽는 길인 줄도 모르고 날뛰는 격이다.

　16세기에 '천재의 혁명'으로부터 기축옥사가 시작됐고, 21세기에 이르러 '검사들의 쿠데타'로부터 기축옥사가 재현되고 있다.

남인 북인으로 갈라진 옥사의 피해자들

•

'권불십년 화무십일홍權不十年 花無十日紅'이라는 말이 있다. 권력은 십 년을 못 가고, 꽃의 아름다움도 열흘을 넘기지 못한다는 뜻이다. 권력의 무상함을 표현할 때 많이 사용하는 이 말은 권력과 아름다움이 있을 때 그만큼 자신을 경계하고, 겸손해지라는 뜻도 담고 있다.

기축옥사의 피바람이 있고 난 뒤 동인이 가지고 있던 권력은 자연스럽게 정철을 중심으로 한 서인에게 돌아갔다. 그러나 당파 간의 쟁투를 왕권 강화의 수단으로 이용하던 선조는 동인인 이산해와 류성룡까지 버리진 않았다. 왕이 곧 국가였던 왕조시대에 왕 스스로 권위를 세우지 못한 선조의 이러한 기회주의적 정치는 '붕당의 폐해'를 지속적으로 확대 재생산하게 된다. 이이의 사후 서인의 좌장 역할을 하던 성혼은 이산해와 류성룡을 내치지 않는 선조의 태도에 반감을 품고 이들을 축출하기 위한 노력을 계속했다. 이건창의 《낭의통략》에는 성혼이 동인을 제거하려고 한다는 걸

이재명 죽이기

기축옥사의 모사꾼 송익필이 누설했다고 적고 있다. 송익필의 누설로 자신들을 제거하려는 성혼의 계획을 알게 된 이산해는 이를 이용해 역으로 서인을 제거하려는 계획을 세우게 된다. 드디어 세자 건저(책봉) 문제를 이용해 서인을 축출하는 이산해의 코드명 '세자책봉'이 시작된다.

기축옥사가 3년여의 광풍을 끝낼 무렵, 조선엔 왜적의 침략이 서서히 감지되기 시작했다. 이를 확인하기 위해 1591년(선조 24년) 3월 황윤길(서인)과 김성일(동인)을 왜국에 통신사로 파견한다. 이때 정철은 국난의 위기 중 왕실의 권위를 세워 백성을 안심케 한다는 명분으로 세자를 책봉해야 한다는 주장을 들고나온다. 명분은 그랬으나 실상은 세자를 통해 차기 권력까지 서인의 힘을 이어가려는 포석이었을 것이다. 정철은 세자책봉이라는 위험한 주청에서 오는 부담을 줄이기 위해 동인인 이산해에게 함께 선조를 만나 세자책봉을 요구하자고 제안하고, 호시탐탐 옥사에서 사라진 동인들의 복수를 준비하던 이산해는 이를 핑계로 서인을 제거하려는 결심을 하게 한다.

그러나 선조를 만나기로 한 날 이산해는 사라지고, 정철 혼자서 영문도 모르는 류성룡과 선조에게 세자책봉을 제안하게 된다. 함정에 빠져든 순간이었다. 이산해는 정철이 간과하고 있던 한 가지를 알고 있었다. 신하들이 공빈의 소생인 광해군을 후계자로 생각한 것과는 달리 선조는 자신이 아끼는 후궁인 인빈의 소생 신성군을 마음에 두고 있었다. 신하와 정반대의 뜻을 품고 있던 선조는 정철의 주청을 받는 순간, "지금 내가 살아 있는데 경은 얻고자 하는 게 무엇인가?"라며 격노하고 정철과 영문도 모른 채 당황하고 있던 류성룡을 자리에서 내친다. 이산해는 전날 저녁 인빈의 동생 김공량을 조용히 불러 정철의 의도와 다음 날 있게 될 세자책봉 주청을 모두 일러주고, 이를 들은 인빈의 분노를 통해 선조의 마음을 움직인 것이다.

선조의 말이 끝나기 무섭게 동인 유생들의 상소가 어전에 쌓이고, 이산해의 지시를 받은 삼사에서 장계를 올려 정철의 전횡을 통렬히 비판하기 시작했다. 심지어 끝난 지 얼마 되지도 않은 기축옥사의 부당함과 정철은 당시 위관으로서 죄 없는 자를 마구 죽였다는 내용까지 포함돼 있었다. 이산해를 비롯한 동인들은 특히 동인의 미래로 여기던 이발과 최영경을 죽인 정철과 이를 배후에서 조종했다고 믿는 성혼을 가만히 둘 수 없었다. 결국 이 일로 정철은 강계(한양에서 북쪽으로 천 리 거리)에 위리안치(유배지에 가서 울타리를 쳐서 가둠)되었고, 정권은 다시 동인에게 돌아갔다. 천여 명의 선비를 무참히 죽이고, 어렵게 권력을 잡은 서인에겐 그야말로 '권불십년'이 아닌 '권불육개월'이었다.

기축옥사의 참상을 딛고 1년도 안 되는 기간 만에 다시 정권을 잡은 동인은 또 다른 혼란으로 분열되고 만다. 정권을 잡은 동인은 서인에 대한 처벌 수위 문제를 두고 둘로 갈라진다. 정철을 비롯한 서인들을 기축옥사에 상응한 형벌에 처해야 한다고 주장하는 이산해를 비롯한 강경파는 북인北人이 되었고, 선비의 죽음은 기축옥사로 족하다는 의견을 피력한 우성전, 류성룡을 비롯한 온건파는 남인南人이 되었다. 이산해의 집이 한양 북쪽에 있었고, 옥사에서 죽임을 당한 이발의 집 또한 북쪽에 있었던 이유로 북인으로 불렸다. 류성룡이 영남 출신이며, 같은 동인이면서 이발 생전에 의견을 달리했던 우성전의 집이 남산 밑에 있었기 때문에 남인이라고 불리게 됐다.

정철의 처벌 수위를 두고 의견을 달리하다 분당을 맞이한 남인은 주로 퇴계 이황의 제자들이었고, 북인은 남명 조식의 제자들이 무리를 이뤘다. 스승의 성향이 현실 정치에도 그대로 반영된 결과였다. 한 손엔 붓을 들고, 한 손엔 서책을 든 퇴계 이황의 온화한 이미지와 한 손엔 붓을 들고, 한 손엔 칼을 든 남명 조식의 절개 있는 이미지가 함께 하기 힘들었을 것이다.

분당 직후 발생한 임진왜란 중 남인은 류성룡을 중심으로 전시행정과 훌륭한 인물을 발굴하여 천거하는 일에 집중한 반면, 북인은 이산해, 정인홍, 곽재우 등을 중심으로 의병 활동과 광해군이 이끌던 분조를 지원하는 참여 활동에 집중했다. 전쟁 중에 광해군과 친밀해진 북인은 광해군 즉위 후 재위 기간 내내 일당독재를 하다시피 했다. 결국 북인의 이러한 선명하고 강경한 정치활동은 능양군의 쿠데타 이후 조선 역사에서 정치적 지위를 완전히 상실하는 결과로 이어지게 된다. 광해군이 즉위할 당시 북인은 선조의 적자인 영창대군의 즉위를 지지했던 소북小北(유영국, 유몽인, 남이신, 김개국 등)과 광해군을 끝까지 지지한 대북大北(이산해, 정인홍, 허균, 이이첨 등)으로 다시 나뉜다.

어느 시대나 철학과 견해의 차이에 의해 뭉치고 흩어지는 건 늘 있어온 일이다. 그러나 왜적의 침입을 앞둔 시점에 일어난 동인의 분열은 안타깝기 그지없다. 왜란의 징조가 곳곳에서 발견되던 시점에서 전란을 대비한 사회개혁이나 군사력 확충을 고민할 시간도 부족했을 터인데 정적 제거를 두고 생겨난 집권당의 분열은 전쟁 초기의 참담함을 초래한다.

1592년 4월 13일 단 이틀 만에 부산을 점령한 왜적은 막힘없이 한양을 향해 진군한다. 신립 장군이 8천 병력으로 충주 탄금대에서 배수진을 쳤으나 일순간에 무너지고 신립은 자결한다. 결국 선조는 한양을 버리고 개성을 거쳐 평양으로 몽진을 떠나게 된다. 이는 후일 삼전도에서 능양군(인조)이 당한 굴욕 못지않은 민족사의 치욕이었다. 세종대왕과 성종대왕 시절 찬란하게 빛나던 조선이 어쩌다 이 지경에 떨어지게 됐는지, 고통의 시간은 정유재란까지 합쳐 7년의 세월 동안 이어진다. 전쟁이 끝난 후 서애 류성룡은 신숙주가 《해동제국기》에서 일본에 대해 항상 교린에 힘쓰라고 당부했던 것을 잊어버렸기 때문이라고 탄식했다고 한다.

더 심각했던 것은 양반들은 군대에 가지 않던 조선사회의 구조적인 문제였다. 일반 양민은 16~60세까지 병역의 의무를 져야 했는데, 양반 사대부들은 여기에서 면제되었다. 사대부의 정치 독점은 성리학의 기본 이념이다. 그러나 조선 사대부는 권력만 독점할 뿐 권력을 외적으로부터 지키는 일은 오로지 양민의 몫이었다. 단, 남명 조식만은 이러한 성리학의 폐단을 경계하였고, 그 제자들은 전쟁이 나자 칼을 차고 양민들과 의병을 조직해 전장에 나선다. 정인홍이 그랬고, 곽재우가 그랬다.

당시 중국에는 '이업동도(異業同道, 각각의 일은 다르나 뜻은 하나로 통한다)'를 내세운 '양명학'이 등장해 있었다. 성리학보다 양민의 처지를 고려했던 양명학이 등장했을 때 조선의 사대부들은 이를 사문난적斯文亂賊[5]이라 부정하고, 오로지 주자의 해석만을 고집하는 폐쇄적인 자세로 일관했다. 이러한 철학의 폐쇄성과 병역을 면제받은 사대부들의 특권이 조선을 병들게 하고, 수십만의 백성을 왜적의 흉탄에 죽게 했다.

이러한 폐단은 중종 36년(1541)에 합법화된 군적수포제에서 비롯되었다. 군적수포제는 지방수령이 군역 의무가 있는 양인에게 포를 징수하여 중앙에 올리면 병조에서 이를 군사력이 필요한 지방에 나누어 보내 군사를 고용하는 제도였다.[6] 용병제가 도입된 것이다. 21세기 대한민국은 어떠한가? 겉보기엔 세계 6위의 군사대국이라고 할 수 있을지 몰라도, 재산이나 권세가 있다는 집안 병역 이행 상황을 보면 16세기와 별반 다르지 않다.

기축옥사 이후 벌어진 동인의 재집권과 서인의 몰락, 그리고 이어진 동인의 분열과정을 보면, 2002년 대통령선거를 전후해 벌어진 새천년민주당(이하 민주당)의 상황이 떠오른다. 당시 집권당이었던 새천년민주당은 사상 최초로 미국식 완전 국민경선제 방식을 일부 도입한 '국민참여경선'을 시행해서 신선한 바람을 일으키고 있었다. 월드컵 4강 진출이라는 역사적 쾌거와 맞물려 당시 민주당 경선은 축제 같은 분위기로 시작되었다. 직전 대선에서 신한국당을 탈당하여 만든 신당 후보로 출마해서 적지 않은 득표력을 과시했던 이인제 후보와 동교동계 후광을 업고 나온 한화갑 후보, 지역주의 타파를 걸고 나온 청문회 스타 출신 노무현 후보, 그리고 정동영, 김중권, 유종근, 김근태 후보 간의 치열한 경쟁이 벌어졌다. 결국 광주 경선에서 돌풍을 일으키며 호남 출신 후보였던 한화갑을 이긴 노무현 후보가 민주당 대선 후보로 선출된다. 문제는 이때부터 시작한다. 경선 과정에서 함께 한 국회의원이 천정배 의원 한 명뿐일 정도로 당내에서 비주류였던 노무현 후보는 인터넷으로 연결된 시민들의 참여를 기반으로 승리할 수 있었다.

그러나 노무현 후보의 경선 승리는 새로운 고난의 시작이었다. 가장 먼저 문제를 제기한 사람은 지난 대선에서 신한국당 탈당 후 독자 출마하여 김대중 대통령의 당선에 결정적으로 이바지했다고 생각하는 이인제 후보였다. 이인제 후보는 경선 후반부에 불공정 경선을 주장하며 사퇴하고, 경선이 끝난 직후 탈당하게 된다. 그리고 당시 2002 월드컵 조직위원회 위원장이며, 무소속 국회의원이었던 정몽준 의원이 월드컵 4강 진출이라는 신화를 업고 유력한 대선후보 중 한 명으로 떠오르며 대선판을 흔들기 시작했다. 무소속이었음에도 여야 후보와 대등한 지지율을 기록하거나 때론 그 이상의 지지율을 기록하기도 했다.

2002년 4월 30일 변수가 발생한다. 노무현 후보가 전격적으로 김영삼 전 대통령을 방문한 것이다. 아직 IMF 충격이 완전히 가시지 않은 상황에서 그 책임자로 국민의 손가락질을 받고 있던 김영삼을 방문한 것은 대혼란의 단초가 되고 만다. 노무현 후보의 지지율은 급전직하했고, 기회를 노리던 당내 기득권세력은 후보교체까지 거론하며 들고 일어난다. 노무현 후보 입장에선 자신을 정치에 입문시킨 분에 대해 예의를 차리고 김영삼의 텃밭인 부산·경남 지역의 지지를 확보하고 싶은 생각이었을 것이다. 그러나 그러한 바람은 수포로 돌아가고, 정몽준 후보를 앞세운 후보 단일화 국면을 맞이하게 된다. 호남의 지지를 발판으로 대선 후보가 된 노무현 후보를 호남 출신 당 주류들이 제거하려고 한 것이다.

후보 단일화를 성사시켜 대선에 승리하겠다는 명분으로 탈당해서 정몽준 후보 측에 합류하는 인사들이 줄을 이었다. 이러한 우여곡절을 지나 대선 막판에 여론조사를 통한 단일화 방식을 거쳐 노무현 후보는 극적으로 후보직을 유지하고, 그 힘으로 대선에서 승리하게 된다. 그러나 기쁨도 잠시, 민주당은 기축옥사의 참화를 딛고 재집권 후 분당의 길을 걸었던 동인과 같은 길을 걸어간다. 대선 과정에서 벌어진 후보 단일화 충돌과 자당 후보임에도 강 건너 불 보듯 했던 민주당 지도부의 무성의한 후보 지원은 대선이 끝나고, 열린우리당이라는 새로운 정당을 만들어내기에 이른다. 수십 년간 함께 독재에 대항해 싸웠고, 최초의 여야 간의 평화적 정권교체를 이뤄낸 민주세력이 분열의 길로 접어든 것이다. 2007년 대통령선거를 전후해 다시 뭉치게 되지만, 이때의 분열은 2017년 촛불혁명이 일어날 때까지 민주세력과 그들을 지지한 시민들에게 혹독한 시련이었다.

현재진행중인 민주당 내의 일부 분열적 흐름에 대해선 말하고 싶지 않다. 단지 동인의 분열로 빚어진 개혁세력의 몰락과 민주세력의 분열로 인해 시민들이 겪은 고통의 시간을 꼭 기억해주길 바라는 마음뿐이다.

우리의 진짜 왕은 명나라 황제였다

•

조선이라는 나라는 공자가 태어난 중화 문명을 표준으로 삼아 만들어진다. 이렇게 만들어진 조선은 중화를 계승한 적자이며, 조선을 '소중화'라고 인식했다. '소중화' 의식은 능양군의 쿠데타(인조반정) 이후 여진족(만주족)에 의해 만들어진 청나라의 정통성을 부정했으며, 중화 문명이 멸망한 명나라로부터 조선으로 넘어와 조선이 현존하는 유일한 중화 국가라고 믿는 데까지 이르게 된다. 청이 지배하는 대륙은 이제 더러운 오랑캐들에 의해 사상이 오염된 땅이며, 공자의 본향이 아니라는 것이다.

조선 후기 사대부들의 이러한 '소중화' 의식은 결국 대외관계에서 극단적 사대주의를 만들어내고, 멸망한 공자의 나라 '중국'의 빈자리를 청나라, 러시아, 일본, 미국 등으로 대체하는 외세의존, 기회주의, 매국활동이 판치게 만든다. 효종 당시 송시열을 비롯한 서인이 주장한 북벌은 조선 민족의 중흥을 위한 것이 아니고, 중화 문명을 공격하여 장악한 더러운 오랑

이재명 죽이기

캐를 몰아낸다는 '소중화' 의식의 발로였다. 그들에게 있어 진정한 왕은 조선의 왕이 아니고, 중화의 본토 중국(명나라)의 황제였다. 이것을 증명해주는 사건이 있었으니 그것은 바로 조선 후기를 두 차례에 걸쳐 뒤흔든 '예송논쟁'이다.

> 기해년(1659) 5월 4일에 예조(판서 윤강尹絳·참판 윤순지尹順之·참의 윤집尹鏶)에서 아뢰기를, "자의대비慈懿大妃께서 상복을 입으셔야 하겠는데, '오례의五禮儀'에 자세한 내용이 실려 있지 않습니다. 어떤 이는 3년복을 입어야 한다 하고 어떤 이는 기년복을 입어야 한다고 하는데, 의거할 만한 예문이 없으니, 대신과 유신儒臣들에게 의논함이 어떠하겠습니까." 하니, 답하기를, "아뢴 그대로 하되, 두 찬선贊善에게 함께 문의하라." 하였다. [7]

1659년 5월, 10년간의 재위를 끝내고 효종이 숨지면서 1차 예송논쟁이 시작된다. 왕이 사망하자 효종보다 5살 어린 계모 자의대비의 상복 입는 기간 문제가 원인이었다. 얼핏 보면 상복 입는 기간이 뭔 대수냐고 할 수도 있다. 하지만 예학이 지배하던 당시 상황에서 상복에 대한 예를 두고 벌어진 논쟁은 권력의 향배가 정해질 수 있는 대단한 문제였다. 조선 후기를 지배한 학문은 예학이라 할 수 있다. 김장생과 그의 아들 김집, 그리고 김집의 제자였던 송시열에 의해 집대성되고 계승된 학문이다. 예학은 유학을 총칭한다고 할 만큼 폭넓은 의미가 있는 학문이다. 간단하게 말하면, 예학은 크게는 국가 간의 관계, 임금과 신하의 관계, 작게는 일상에서 양반과 노비의 관계, 남성과 여성의 관계 등 국가나 마을, 개인 간의 관계를 질서 있게 유지시키기 위한 학문이다.

왜적과 청나라를 상대로 두 차례 큰 전쟁을 치른 이후 조선엔 신분제 철폐 등 지배 체제 전반에 걸친 개혁 요구가 거세게 일어나고 있었다. 그러나 조선의 권력을 장악하고 있던 주류(서인) 사대부들은 개혁의 요구를 뒤로하고, 예학을 내세워 그러한 요구를 억누르려 했다. 예학은 전쟁을 겪으며 땅에 떨어진 사대부들의 기득권을 다시 세우기 위한 도구였다. 백성들의 먹거리와 대륙에 새로 들어선 청나라, 서양문물을 본격적으로 받아들이기 시작한 일본과의 외교 관계 등을 재정립해야 하는 시대적 과제를 버리고, 사대부 중심의 신분제 강화 등 현실과 동떨어진 일에 매진한 결과는 고단한 백성의 삶일 수밖에 없었다. 이이의 사상을 계승했다고 자부하는 서인들은 대동법을 주장한 이이의 핵심 개혁 정신은 버리고, 오로지 자신들의 기득권을 강화하는 예학에만 집중한 것이다.

사대부들은 부모상을 당했을 경우 3년복을, 맏아들이 먼저 사망했을 경우 부모도 3년복을 입었다. 차남의 경우, 부모는 1년복을 입었다. 그러나 이러한 예법은 사대부들의 예법이었을 뿐, 하늘이 내린 국가 주권과 동일체인 임금의 경우는 이 경우에 해당하지 않았다. 임금은 즉위한 즉시 장남, 차남 이런 일반의 기준은 의미가 없는 존재이기 때문이다. 왕조국가의 임금은 일반의 법을 초월해 있는 존재라는 말이다. 그런데 송시열과 그를 따르는 서인들은 임금의 죽음 앞에 사대부의 예법을 들이댄다. 효종의 계모 자의대비는 1년복에 해당한다고 주장한 것이다.

송시열과 그를 따르는 무리는 중화 정신의 본향인 명나라 황제가 자신의 임금이고, 조선의 왕은 자신들과 같은 사대부이며, 사대부 중 가장 높은 자리에 있는 사람이라는 것이었다. 송시열은 효종이 차남이므로 장자에 적용되는 예법을 적용할 수 없다고 본 것이다. 논란이 생기자 송시열은 예법에 밝다고 알려진 남인 윤휴에게 의견을 묻는 서신을 보낸다. 그때 윤휴와 함께 있던 취규 이류라는 학자는 서신을 보고 "이 사람(송시열)은 '상례비요'를 다시 배워야 할 사람"이라고 말했다고 한다. 서신을 가져간 이가 그 까닭을 묻자 이류는 "사종지설은 원래 사서가(士庶家, 사대부가문)의 예법이니 어찌 오늘의 일(왕가)에 대해서 말할 수 있겠소?"라고 답했다.[8]

서인과 남인의 거친 공방이 계속되었고, 결국 남인인 윤선도의 거친 상소[9]가 빌미가 되어 이후로 다시는 예송에 관해 논하지 말라는 현종의 엄한 말과 함께, 장자·차자 구분 없이 '1년복을 규정한 경국대전에 따라' 1년복을 주장한 서인들의 승리로 끝났다. 기본 예법으로 참고하던 중국의 예법은 장자일 경우 3년복이었고, 왕은 둘째든 셋째든 간에 장자의 예법에 따르는 게 맞다고 주장한 남인의 주장은 무색해졌다. 윤선도가 왕실을 폄하하는 듯한 섭황제攝皇帝, 가세자假世子라는 단어를 사용한 것이 현종을 자극한 것이었다.

두 번째 예송논쟁은 1674년 현종 15년에 일어난다. 이번에도 자의대비의 상복기간 문제가 원인이었다. 효종의 부인이자 현종의 어머니였던 인선왕후 장씨가 세상을 뜨자 시어머니 되는 자의대비의 상복문제가 발생한 것이다. 예법을 관장하는 예조판서는 당시 귀양 가 있던 송시열을 대신하여 서인 김수항에게 물어본 후 현종에게 대공복인 9개월복을 주청했다. 이에 현종이 영의정 김수홍에게 "이번 국상에 고례(중국의 예법)를 쓰면

대왕대비의 복제는 무엇인가?"라고 물었다. 이에 영의정은 고례를 인용해 '대공복(9개월복)'이라고 대답했다. 이에 현종은 기해년(효종의 상)에는 경국대전을 사용하고, 어찌하여 이번엔 고례를 들어 가부를 묻는 거냐고 되물었다. 경국대전에는 맏며느리는 1년복, 둘째 며느리 이하는 9개월복으로 규정하고 있었다.

현종은 15년 전의 일을 되새기며 다시 물었다. 고례로 한다면 "장자의 상복은 무엇으로 하는 게 맞는가?"라고 다시 물었다. 영의정은 3년복이라고 대답했다. 이에 현종은 15년 전과 너무도 판이한 기준을 가져와서 답하는 영의정에게 재론을 명했다. 서인의 입장에서는 변함없이 효종은 둘째 아들이고, 인선왕후도 둘째 며느리일 뿐이었다. 당연히 재론의 결과도 9개월복이었다. 이때 왕가를 무시하고 사대부로 격하시키는 서인들의 참담함에 현종의 분노가 폭발했다. 현종실록에 현종의 분노가 그대로 실려 있다.

이 계사를 보고 더욱 나도 모르게 무상한 점에 대해 매우 놀랐다. 경들은 모두 선왕의 은혜를 입은 자들이 이제 와서는 감히 정체가 아니다는 것으로서 오늘날 예법을 단정지으려 한단 말인가. '서자란 동떨어지게 구분한 것이다.'는 말은 네 번째 조항인 '삼년복을 입어 줄 수 없다.'는 글과 문맥이 통하지 않는다. 아버지가 장자를 위해서라는 대목 밑에 풀이하기를 '둘째를 세우면 또한 장자라고 부른다.' 하였고 그 밑에 전(傳)에 '정체로 위를 계승한다.'고 하였는데 정체가 아니라고 할 수 있겠는가. 계사 가운데 네 종류의 설에 '정체이지만 대를 물려 줄 수 없는 것이니 석자가 몹쓸 병이 들어 종묘를 맡을 수 없는 경우를 말한 것이다.'고 운운한 말에 있어서는, 나는 크게 서로 어긋난다고 본다...(중략)...그런데 경들이 이와 같이 근리하지도 않는 어긋난 말로 예법이라고 정하여 선왕더러 정체가 아니다고 하였으니 임금에게 박하게 하였다고 할 만한데 어디에다 후하게 하려고 한 것인가. 더없이 중한 예를, 결코 촉탁받아 한 의논을 가지고 정제(定制)라고 단정할 수 없다. 애당초 국가 전례에 정해진 기년복의 제도에 따라 정하여 행하라.[10]

현종의 말은 한마디로 '선왕(효종)의 은혜를 그리도 많이 입었던 너희들이 임금에게 이렇게 인색하게 하면서 도대체 누구(송시열)에게 공경을 다하려고 하느냐!'는 것이다. 조선의 임금을 왕으로 인정하지 않는 서인들의 속내를 정확히 읽어낸 말이었다. 현종은 선왕의 은혜를 잊고 왕실을 능멸하는 서인의 죄를 묻기 시작했다. 그 일은 영의정 김수홍을 파직하고 춘천에 귀양보내는 것으로 시작됐다. 그러나 당시 서인들이 장악하고 있던 승정원, 홍문관, 사헌부가 일제히 반발하고 나섰다. 이러한 반발에 현종의 분노는 더욱 거세졌다. 사헌부 관료들을 삭탈관직하고, 한양 도성에서 내쫓아 버렸다. 또한 남이성을 진도로 유배 보내는 등 서인정권을 조정에서 거의 몰아내다시피 했다. 이어서 남인인 허적을 영의정으로 삼고, 예조판서는 남인 장선징으로 교체하는 등 대대적인 환국(서인정권을 남인정권으로)이 전개됐다.

임금의 정통성 문제를 놓고 벌어진 두 번의 예송논쟁은 성리학을 국가 이념으로 삼은 조선 사회에 큰 충격을 주었다. 또한 능양군의 쿠데타 이후 관제야당처럼 활용해 오던 남인이 정권을 잡는 계기로 작용하기도 했다. 남인도 예송논쟁을 겪으면서 두 갈래로 나뉘는데, 서인의 승리로 끝난 1차 예송논쟁에도 계속 관직을 지킨 남인은 탁남濁南, 관직을 거부한 남인은 청남淸南으로 불리게 된다. 이때 정권에 참여한 청남의 윤휴 등은 신분제 완화를 비롯해 새로운 조선을 만들기 위한 여러 가지 국가 개혁 비전을 제시하기 시작한다. 그러나 환국한 지 한 달 만에 윤휴의 비밀 북벌 상소를 뒤로하고 현종은 사망하게 된다.

현종이 죽은 지 236년이 지난 1910년 8월 4일, 예송논쟁에서 확인된 서인(노론)의 '소중화' 의식이 다시 한번 본색을 드러낸다. 노론(서인의 후신)의 마지막 당수 이완용의 비서실장이던 이인직은 이완용의 명을 받고 일본으로 건너가서 통감부 외사국장 고마쓰와 나라를 팔아먹기 위한 비밀 협상을 진행한다. 1905년 을사늑약으로 외교권이 일본으로 넘어간 상태였기 때문에 통감부 외사국장인 고마쓰는 조선의 외교부장관이었다고 할 수 있다. 당시 '일진회'는 일왕에게 합방청원서를 보내는 등 매국활동에 있어 이완용보다 한 걸음 앞선 행보를 보였다. 이에 놀란 이완용이 선수를 빼앗기지 않기 위해 일본 유학파인 자신의 비서 이인직을 비밀리에 일본으로 보낸 것이다. 이 자리에서 이인직은 조선을 합병한 후 조선 고위 관료들은 어떻게 대우할 것인지에 관해 묻는다. 이는 이완용의 최대 관심사였다. 이에 고마쓰는 '조선의 고위 관료들에게 일본 귀족 작위를 하사하고, 넉넉한 하사금을 지급할 것'임을 알려준다.(조선 강탈 직후 시행된 조선귀족령을 말한다) 이 말을 들은 이인직은 매우 기뻐하며, '이런 후한 조건이면 총리(이완용)께서 매우 흡족해하실 것'이라고 답했다.

외사국장 고마쓰는 황제인 순종과 상황인 고종의 처우에 내해서도 말했다. 고마쓰는 '순종과 고종은 귀국의 황제를 지낸 사람이니 한 단계 격을 낮춰 왕으로 삼겠다'라고 말한다. 이에 이인직은 '왕'이 아니라 '대공(자신들과 같은 귀족)'으로 삼아도 족하다고 말했다고 한다. 이 말에 놀란 고마쓰는 일국의 황제였는데 어떻게 대공에 봉할 수 있느냐고 반문하며, 황제에서 한 단계 격하하여 왕의 지위로 할 것이라고 말한다. 나라를 빼앗은 일본도 놀라게 할 정도로 뼛속 깊이 자리 잡은 '소중화' 의식을 확인할 수 있는 장면이다.

대한민국은 지금 미국 문명을 국가의 기준으로 삼는 '21세기 신新소중화주의'에 빠져 있다고 생각한다. 역사에서 이보다 더한 망국의 징조는 없었다. 냉전시대에 시계가 멈춰버린 대통령이 하루속히 2023년으로 돌아오기 바라는 마음 간절하다.

참고문헌

[1] E.H.카 지음, 김택현 옮김, [역사란 무엇인가], 까치, 2016. p48.

[2] 강준만 지음, [한국 현대사 산책-1960년대 편 3권], 인물과 사상사, p28~29.

[3] 1971년 4월 27일 제7대 대통령 선거 결과

민주공화당 박정희 후보-득표수 6,342,828표, 득표율 53.19%

신민당 김대중 후보-득표수 5,395,900표, 득표율 45.25%

[4] 1971년 5월 25일 제8대 국회의원 선거 결과: 민주공화당 113석, 신민당 89석, 국민당 1석, 민중당 1석.

[5] 동아일보 디지털아카이브 뉴스라이브러리(https://www.donga.com/archive/newslibrary), 1971년 8월
10일자, [불하 땅값 인하요구 광주단지 대규모 난동].

[6] 김동춘. (2011). 1971년 8·10 광주대단지 주민항거의 배경과 성격. 공간과 사회, 21(4), p18~19.

[7] 같은 논문, p14~15.

[8] 민주화운동기념사업회 한국민주주의연구소 발간, 『기억과 전망』 2012년 여름호 (통권 26호), 임미리,
[1971년 광주대단지 사건의 재해석-투쟁 주체와 결과를 중심으로], p264.

[9] 이재명 말하고, 서해성 쓰다, [이재명의 굽은 팔-굽은 세상을 펴는 이재명의 삶과 공부], 김영사, 2017, p56.

[10] 세상을 바꾸는 시민언론 민들레(https://www.mindlenews.com), '유시민의 관찰'

[11] 국제앰네스티 홈페이지 인권뉴스(https://amnesty.or.kr/29061), [천안문 사건 30년 :중국의 지울 수 없는
흔적], 2019년 6월 4일자.

[12] 한겨레신문 1989년 6월 4일자. [중국계엄군 첫 발포 /30여명 사망·2백명 부상]

[13] CNN, Sun November 13, 2016. (https://edition.cnn.com)

[14] 강원돈. (2017). 촛불집회와 민중정치. 기독교사회윤리, 38, p9. 이 논문은 2023년 서울 남대문과 용산 일
대에서 매주 열리고 있는 윤석열 퇴진 촛불집회 를 이해하는데도 큰 도움을 준다.

[15] 같은 논문, p29.

[1]   이덕일 지음, [조선왕을 말하다 1권], 역사의 아침, 2010. p44.

[2]   같은 책, p35~36 참고. (태종실록 3권, 태종 2년 6월 29일 신사 4번째기사)

[3]   한국고전번역원 DB (https://db.itkc.or.kr), 삼봉집 제4권, 기(記), [소재동기] 중.

[4]   계민수전計民授田은 말그대로 '백성의 인구를 계산해서 인구수대로 농경지를 나누어 준다'는 뜻이다. 귀족층이 토지를 독점하던 고려에서 계민수전을 원칙으로 한 과전법의 등장은 혁명 그 자체였다고 할 수 있다. 이재명 대표가 사회 공론장에 등장시켰던 '기본소득제'도 계민수전을 원칙으로 한 제도라고 할 수 있다.

[5]   한민족문화대백과사전은 고려 시대 부곡인에 대해 다음과 같이 설명하고 있다. 부곡의 주민은 크게 부곡리部曲吏와 부곡인으로 구성되어 있었다. 이들은 모두 농업생산에 종사한다는 점에서 군현제하의 일반 양인 신분층과 크게 다를 바 없었다. 그러나 반왕조적 집단이었다는 점에서 국가에 의해 부가적으로 특정한 역을 부담하게 되었다. 구체적으로 부곡인은 국가직속지인 둔전屯田·공해전公廨田·학전學田 등을 경작하였으며, 때로는 군사요충지에 동원되어 성을 수축하는 역을 부담하기도 하였다. 그리고 이들은 국학 國學입학, 승려가 될 수 있는 자격 등에서 법제적으로 제한을 받고 있었다. 부곡리 역시 관직 진출에 있어서 5품 이상을 초과할 수 없었다. 따라서, 이들은 법제적으로 양인 신분이면서도 일반군현제하의 양인 농민층에 비해 추가적인 역을 부담했기 때문에 사회경제적으로 훨씬 열세한 지위에 놓일 수밖에 없었다. 일반적으로 부곡인이 천시된 이유는 바로 여기에 있었다. 한편, 부곡리는 하급 이족吏族 신분층으로서 국가의 관료체계 아래서 부곡인을 동원하여 특정한 역을 부담하도록 지휘, 감독하는 국가권력의 대행 임무를 맡고 있었다.

(부곡인, 한국민족문화대백과사전, https://encykorea.aks.ac.kr)

[6]   프레시안, [다큐멘터리로 보는 오바마의 정치역정 〈상〉 시카고와 하버드], 2008

(https://www.pressian.com/pages/articles/57365)

[7]   황경상 글, 시대와 인물, [거부당한 기득권 정치인, 힐러리 클린턴], 2016

다른백년 홈페이지 (http://thetomorrow.kr/archives/2956)

[8]   전상숙. (2010). 정치적 리더십과 지역대표성-노무현대통령과 지역주의를 중심으로-. 담론201, 13(3), p142.

[9]   같은 논문, p150~151.

[10] 노무현사료관, 사료이야기 [지역주의에 맞서 바보 노무현이 되다] 중.

(https://archives.knowhow.or.kr)

[11] 한국고전번역원, 이정섭 (역), 1986.

(http://db.itkc.or.kr/inLink?DCI=ITKC_BT_1288A_0010_000_0010_2014_001_XML)

[12] 이재명, 앞의 책, p128.

[1] '정사 삼국지'는 3세기 '서진'의 역사가 진수에 의해 쓰인 역사서다. 현재 진수가 쓴 원본은 남아 있지 않고, 내용이 같은 여러 판본으로만 전해져 온다. 〈위지(魏志)〉 30권, 〈촉지(蜀志)〉 15권, 〈오지(吳志)〉 20권, 합계 65권으로 구성돼 있다. 일반적으로 역사서인 '정사 삼국지'보다는 명나라 초 나관중에 의해 쓰여진 소설 '삼국지 연의'를 역사로 이해하는 경향이 있다. 인용한 '제갈량 출사표'는 정사 삼국지의 기록이며, 나관중은 원문을 소설에 그대로 담았다.

[2] 이덕일 지음, [조선이 버린 천재들], 옥당, 2016. p208~212 참고. / 박석무 지음, 황헌만 사진, [조선의 의인들-역사의 땅, 사상의 고향을 가다], 한길사, 2010. p284~285 참고.

[3] 한국고전번역원 | 성백효 이동환 임정기 장순범 정기태 정연탁 (공역) | 1978
     (http://db.itkc.or.kr/inLink?DCI=ITKC_BT_1368A_0080_010_0050_2002_003_XML)

[4] 한국고전번역원 | 김철희 (역) | 1978
     (http://db.itkc.or.kr/inLink?DCI=ITKC_BT_1368A_0110_010_0210_2002_004_XML)

[5] 한겨레신문 2008년 11월 20일자, [YS "하나회 있었다면 DJ·노 대통령 못됐을 것"]
     (https://www.hani.co.kr/arti/politics/politics_general/322985.html)

[6] 담화문의 제목은 '금융실명제는 개혁 중의 개혁'이었다.

[7] 김병문. (2012). 김영삼, 김대중, 노무현 정부의 개혁 정책 비교. 비교민주주의연구, 8(1), p137.

[8] 김대중 지음, [김대중 자서전 1권], 삼인, 2010. p572~573.

[9] 보리스 파우스투 지음, 최해성 옮김, [브라질의 역사], 그린비, 2012. p433~434.

[10] 리차드 본 지음, 박원복 옮김. [대통령의 길, 룰라], 글로연, 2012. p199~201

[11] 페리 앤더슨, [기고문 : 브라질 부패스캔들의 진실], 참고.
     2014년 시작된 '라바 자투' 작전은 뇌물이 관행처럼 돼버린 브라질의 부조리를 라바 자투(Lava Jato; 세차용 고압 분사기)로 씻어내겠다는 브라질 사법당국의 기업 부정부패 수사를 말한다. (2019.08.30.르몽드디플로마티크http://www.ilemonde.com)

[12] 페리 앤더슨, 같은 글, 참고.

[13] 한국고전번역원 | 김유성 이교훈 (공역) | 1977
     (http://db.itkc.or.kr/inLink?DCI=ITKC_BT_0224B_0080_010_0150_2005_001_XML)

[14] 박석무, 앞의 책, p124~125 참고.

[15] 유성룡 지음, 김홍식 옮김, [지옥의 전쟁 그리고 반성의 기록, 징비록], 서해문집, 2022, p39. 유성룡(본관은 풍산豊山. 자는 이현而見, 호는 서애西厓)은 1542년(중종 37)에 태어나 1607년(선조 40)에 사망하였다. 1591년 건저문제建儲問題로 서인 정철鄭澈의 처벌이 논의될 때 동인의 온건파인 남인南人에 속해, 같은 동인의 강경파인 북인北人의 이산해李山海와 대립하였다. 왜란이 있을 것에 대비해 형조정랑 권율權慄

과 정읍현감 이순신李舜臣을 각각의 주목사와 전라도좌수사에 천거하였다. 그리고 경상우병사 조대곤曺大坤을 이일李鎰로 교체하도록 요청하는 한편, 진관법鎭管法을 예전대로 고칠 것을 청하였다. 1592년 3월에 일본 사신이 우리 경내에 이르자, 선위사宣慰使를 보내도록 청했으나 허락하지 않아 일본 사신 이 그대로 돌아갔다. 그 해 4월에 판윤 신립申砬과 군사軍事에 관해 논의하며 일본의 침입에 따른 대책을 강구하였다. 1592년 4월 13일 일본이 대거 침입하자, 병조판서를 겸하고 도체찰사로 군무軍務를 총괄하였다. 이어 영의정이 되어 왕을 호종扈從, 평양에 이르러 나라를 그르쳤다는 반대파의 탄핵을 받고 면직되었다. 이 해 다시 영의정에 올라 4도의 도체찰사를 겸해 군사를 총지휘하였다. 이여송이 벽제관碧蹄館에서 대패하여, 서로西路로 퇴각하는 것을 극구 만류했으나 뜻을 이루지 못하였다. 1594년 훈련도감이 설치되자 제조提調가 되어 『기효신서紀效新書』를 강해講解하였다. 1598년 명나라 경략經略 정응태丁應泰가 조선이 일본과 연합해 명나라를 공격하려 한다고 본국에 무고한 사건이 일어났다. 이에 이 사건의 진상을 변명하러 가지 않는다는 북인들의 탄핵으로 관작을 삭탈당했다가, 1600년에 복관되었으나 다시 벼슬을 하지 않고 은거하였다. 1604년 호성공신扈聖功臣 2등에 책록되고 다시 풍원부원군에 봉해졌다. 도학道學·문장文章·덕행德行·글씨로 이름을 떨쳤고, 특히 영남 유생들의 추앙을 받았다. 묘지는 안동시 풍산읍 수리 뒷산에 있다. 안동의 병산서원屛山書院등에 제향되었다. 시호는 문충文忠이다. 저서로는 『서애집西厓集』·『징비록懲毖錄』·『신종록愼終錄』·『영모록永慕錄』·『관화록觀化錄』·『운암잡기雲巖雜記』·『난후잡록亂後雜錄』·『상례고증喪禮考證』·『무오당보戊午黨譜』·『침경요의鍼經要義』 등이 있다.

(유성룡, 한국민족문화대백과사전, https://encykorea.aks.ac.kr)

[16] [징비록懲毖錄]'징비懲毖'란 『시경詩經』『소비편小毖篇』의, "내가 징계해서 후환을 경계한다予其懲 而毖後患]."는 구절에서 따온 말이다. 이 책은 1592년(선조 25)에서 1598년(선조 31)까지 7년간의 기사로, 임진왜란이 끝난 뒤 저자가 벼슬에서 물러나 있을 때 저술한 것이다. 그리고 외손 조수익趙壽益이 경상도 관찰사로 있을 때 손자가 조수익에게 부탁해 1647년(인조 25)에 간행했으며, 자서(自敍: 자신이 쓴 서문)가 있다. 16권 7책으로 된 목판본이다. 1969년 11월 7일에 국보 132호로 지정. (징비록, 한국민족문화대백과사전, https://encykorea.aks.ac.kr)

[17] 유성룡, 앞의 책, p39~40.

[18] 국사편찬위원회, [조선왕조실록], [선조실록 25권, 선조 24년 2월 16일 계미 2번째기사]
https://sillok.history.go.kr/id/kna_12402016_002

[19] [난중일기] 1592년(선조 25) 임진왜란이 일어난 다음 달인 5월 1일부터 전사하기 전 달인 1598년 10월 7일까지의 기록으로, 친필 초고주2가 충청남도 아산 현충사에 보관되어 있다. 본래 이 일기에는 어떤 이름이 붙어 있지 않았다. 그러다가 이후 1795년(정조 19) 『이충무공전서李忠武公全書』를 편찬하면서 편찬자가 편의상 '난중일기'라는 이름을 붙여 전서 권5부터 권8에 걸쳐서 이 일기를 수록한 뒤로, 사람들은 이 이름으로 부르게 되었다. 7책 205장. 필사본. 1962년 국보 76호로 지정.

(난중일기, 한국민족문화대백과사전, https://encykorea.aks.ac.kr)

[20] 이순신 지음, 송찬섭 엮어옮김, [임진년 아침이 밝아 오다, 난중일기], 서해문집, 2022. p180.

[21] 이덕일 지음, [한국사로 읽는 성공한 개혁 실패한 개혁], 마리서사, 2005, p250~251 참고.

[22] 이덕일, 앞의 책, p29.

[23] 국사편찬위원회, [조선왕조실록], [명종실록 19권, 명종 10년 11월 19일 경술 1번째기사], https://sillok. history.go.kr/id/kma_11011019_001

[24] 2011년 6월의 전당대회 출마 당시 유승민 의원은 "정치인생을 건 '용감한 개혁'으로 한나라당과 나라, 보수를 구하겠다"며 7.4 전당대회 당 대표 경선 출마를 공식 선언했다. 용감한 개혁의 요지는 한나라당의 노선과 정책의 새로운 지향을 빈곤층, 실업자, 비정규직, 택시운전사, 무의탁노인 등 고통받는 국민에게 둬야 한다는 것이었다.

[25] 유승민 지음, [나는 왜 정치를 하는가], 봄빛서원, 2017. p129.

[26] 유승민, 같은 책, p140~142, p150~153.

[27] 유승민, 같은 책, p20.

[28] 조식(본관은 창녕昌寧. 자는 건중健中, 호는 남명南冥)은 조선전기 『신명사도』, 『파한잡기』 등을 저술한 학자이다. 1501년(연산군 7)에 태어나 1572년(선조 5)에 사망했다. 과거에 실패한 후 처사로 살면서 학문연구에 전념했다. 학자로서 명망이 높아지면서 수차례 관직 천거가 있었으나 응하지 않았다. 대신 척신정치의 폐단과 비리를 통절히 비판하고 시정을 요구하는 상소를 올려 정치에 대한 견해를 피력했다. 정인홍·최영경·정구로 대표되는 그의 문인들은 남명학파를 이루어 북인의 주축이 되었고, 실천을 강조하는 그의 학문적 특징을 현실 정치에서 구현하며 투철한 선비정신을 보여주었다.
(조식, 한국민족문화대백과사전, https://encykorea.aks.ac.kr)

[29] 한국고전번역원, 한시감상, 민본 사상의 결정판, [민암부民巖賦]
(https://www.itkc.or.kr/bbs/boardView.do?id=75&bIdx=31608&page=1&menuId=126&bc=0)

[1] 유성룡, 앞의 책, p193.

[2] 정탁(본관은 청주淸州. 자는 자정子精, 호는 약포藥圃·백곡栢谷)은 예천출신이며, 이황李滉과 조식曺植의 문인이었다. 1526년(중종21)에 태어나 1605년(선조 38)에 사망했다. 1592년 임진왜란이 일어나자 좌찬성으로 왕을 의주까지 호종하였다. 1594년에는 곽재우郭再祐·김덕령金德齡 등의 명장을 천거하여 전란 중에 공을 세우게 했으며, 이듬해 우의정이 되었 다. 1597년 3월에는 옥중의 이순신李舜臣을 극력 신구伸救하여 죽음을 면하게 하였으며, 수륙병진협공책水陸倂進挾攻策을 건의하였다. 1600년 좌의정에 승진되고 판중추부사를 거 쳐, 1603년 영중추부사에 올랐다. 이듬해 호종공신扈從功臣 3등에 녹훈되었으며, 서원부원군西原府院君에 봉해졌다. 저서로 『약포집』·『용만문견록龍灣聞見錄』 등이 있다. 시호는 정간貞簡이다. (정탁, 한국민족문화대백과사전, https://encykorea.aks.ac.kr)

[3] 유성룡, 앞의 책, p194~195.

[4] 이긍익은 조선후기 『연려실기술』을 저술한 학자이다. 1736년(영조 12)에 태어나 1806년 (순조 6)에 사망했다. 신임옥사와 이인좌의 난으로 가문이 크게 화를 당했고, 20세 때 아버지 이광사도 나주괘서사건에 연루되어 죽었다. 역경과 빈곤 속에 벼슬을 단념하고 평생 야인으로 살며 학문에 매진했다. 가문은 전통적으로 소론에 속했으나 학파는 아버지 때부터 양명학을 받아들인 강화학파에 속했다. 실학을 연구한 고증학파 학자로서 조선사 연구의 선구자이다. 『연려실기술』에는 고증학과 민족 주체성을 강조한 그의 역사관이 뚜렷이 드러나 있다.(이긍익, 한국민족문화대백과사전, https://encykorea.aks.ac.kr)

[5] 이긍익 지음, [연려기술 별집 제6권/관직전고官職典故/사헌부司憲府], 한국고전번역원 이민수(역). 1967. (http://db.itkc.or.kr/inLink?DCI=ITKC_BT_1300A_0450_010_0190_2002_009_XML)

[6] 사헌부, 사간원을 칭하여 양사兩司 또는 대간臺諫이라고 불렀으며, 두 기관 모두 백관에 대한 탄핵권을 가졌지만 수사권은 사헌부에만 부여되었다.

[7] 이덕일 지음, [칼위의 역사], 인문서원, 2016. p215~221 참고.

[8] 이긍익, [연려실기술 별집 제6권/관직전고官職典故], 한국고전번역원 | 이민수(역). 1967.

[9] 김태명. (2022). 최근 검찰개혁입법의 역사적 의의와 전망. 경찰법연구, 20(2), p167 참고.

[10] 김태명, 같은 논문, p169.

[11] 삼사, 한국민족문화대백과사전, https://encykorea.aks.ac.kr

[12] 국사편찬위원회, [조선왕조실록], [세종실록 51권, 세종 13년 3월 20일 갑신 2번째기사], https://sillok.history.go.kr/id/kda_11303020_002

[13] 박태웅 지음, [눈 떠보니 선진국-앞으로 나아갈 대한민국을 위한 제언], 한빛비즈, 2021, p90~92.

[14] 이연주 지음, 김미옥 논평, [내가 검찰을 떠난 이유], 포르체, 2020. p170~171.

[15] 한겨레 21, 365호, 2001.06.26., [불멸의 언론, 신화여 안녕!]

(https://h21.hani.co.kr/)

[16] 동아일보 2001년 6월 29일자. [국세청, 동아·조선·국민일보 사주 고발].

국세청이 법인과 별도로 고발한 언론사 사주 일가는 동아일보 김병관 명예회장과 김병건 부사장, 조선일보 방상훈 사장, 국민일보 조희준 전 회장 등 4명이다. 한국언론 사상 2개사 이상 언론사 사주가 함께 고발된 것은 이번이 처음이다.

[17] 김동춘 지음, [대한민국은 왜? 1945~2020], 사계절, 2020. p280.

[18] 미디어오늘, 2017년 2월 13일, [한 번도 안 펼쳐본 깨끗한 신문 팔아요]. (http://www.mediatoday.co.kr)

[19] 헨리 조지 지음, 전강수 옮김, [사회문제의 경제학], 돌베개, 2013, p70~71.

[20] 청주일보, 2021년 8월 2일자, [민주당 이재명 대선 후보 언론 징벌법 "악의적 가짜뉴스 생산하는 언론은 망해야 한다"], (https://www.cj-ilbo.com)

[21] 이수광(본관은 전주全州. 자는 윤경潤卿, 호는 지봉芝峯)은 조선시대 공조참판, 대사헌, 이조판서 등을 역임한 문신이자 학자이다. 1563년(명종 18)에 태어나 1628년(인조 6)에 사망했다. 세 차례 명나라에 사신으로 다녀왔고 인조반정 후 고위직을 지내며 시무책 12조를 올렸다. 임진왜란·정묘호란·광해군 재위기의 정치적 갈등 같은 어려운 정국에도 당쟁 에 휩쓸리지 않았다. 1614년(광해군 6) 우리나라 최초의 백과사전인 『지봉유설』을 편찬하면서 서양문물과 『천주실의』 등 천주교 교리를 처음으로 소개했다. 조선후기 실학파의 선구적 인물로, 사상사·철학사에서 중요한 위치를 가진다. (이수광, 한국민족문화대백과사전, https://encykorea.aks.ac.kr)

[22] 이수광 지음, 남만성 옮김, [지봉유설 1], 올재클래식, 2016. p187.

[23] 이수광, 같은 책, p232.

[24] 이건창(1852년~1898, 본관은 전주全州, 아명兒名은 이송열李松悅, 자는 봉조鳳朝, 鳳藻, 호는 영재寧齋) 의 문필은 송대宋代의 대가인 증공曾鞏·왕안석王安石의 영향을 많이 받았다. 그리고 정제두鄭齊斗가 양명학陽明學의 지행합일知行合一의 학풍을 세운 이른바 강화학파江華學派의 학문태도를 실천하였다. 한말의 대문장가이며 대시인인 김택영이 우리나라 역대의 문 장가를 추숭할 때에 여한구대가麗韓九大家라 하여 아홉 사람을 선정하였다. 그 최후의 사람으로 이건창을 꼽은 것을 보면, 당대의 문장가일 뿐 아니라 우리나라 전대全代를 통해 몇 안 되는 대문장가의 한 사람이라고 해도 과언이 아니다. 글씨에도 뛰어났으며, 성품이 매우 곧아 병인양요 때에 강화에서 자결한 할아버지의 유지를 받들어 개화를 뿌리치 고 철저한 척양척왜주의자로 일관하였다. 저서로는 『명미당집明美堂集』·『당의통략』 등이 있는데, 비교적 공정한 입장에서 당쟁의 원인과 전개과정을 기술한 명저로 높이 평가되고 있다.

(이건창, 한국민족문화대백과사전, https://encykorea.aks.ac.kr)

[25] 이건창 지음, 이덕일·이준영 해역, [당의통략-조선시대 당쟁의 기록], 자유문고. 2015. p31~32. : '당의통략黨議通略'-1575년(선조 8)에서 1755년(영조 31)까지의 약 180년간을 대상으로 하여 당론(黨論) 전개의 줄기를 잡고, 머리에 자서(自序), 말미에 원론(原論)을 붙였다. 자서에 따르면, 할아버지 시원(是遠)

의 《국조문헌 國朝文獻》 가운데서 당론 관계를 발췌해 정리한 것이라고 한다. 이 책은 저자가 33세에 모친상, 35세에 부친상을 잇달아 당해 강화도 향리에 머무르고 있을 때 저술한 것인데, 1890년경에 완성된 것으로 보인다. 1800년대 초부터 각 당파에서 편간하기 시작한 당론사서류(黨論史書類)에 해당하는 것이다. 다른 당론사서에 비해 비교적 객관적인 입장을 견지한 것으로 평가되지만, 저자 집안의 당색인 소론의 입장을 완전히 벗어나지 못하였다는 평도 있다. (당의통략, 한국민족문화대백과사전, https://encykorea.aks.ac.kr)

[26] 이건창, 같은 책, p29.

[27] 정해구, "미군정기 이데올로기 갈등과 반공주의", 역사문제연구소 편, [한국정치의 지배이데올로기와 대항이데올로기], 역사비평사, 1994. p14.

[28] "소위 '민족주의 우파'라고 일컫는 이들 대부분은 친일행위와 개량적인 독립운동의 경력 때문에 해방이 되자 '건준'을 비롯한 '민족주의 좌파'의 대중적 지지력과 활동에 심리적으로 압도되어 그 세력이 위축되어 있었다. 그러나 미군이 진주를 시작하고 해외파 독립운동세력(김구, 이승만등)이 귀국함과 동시에 '인민공화국 타도'와 '임시정부 추앙'을 내 걸고 활동을 본격화하였다. 또한 이들은 당시 좌익에 대항할 만한 독자적인 세력을 갖춘 정당을 원했던 미군정과 쉽게 결탁함으로써 점차 정치·경제·사회적으로 실권을 장악하 게 되었으며, 남한에 반공친미정권을 수립하는데 앞장섰다." ; 한국민중사연구회, [한국민중사Ⅱ], 풀빛, 1986. p235 참조.

[29] 김학준, "분단의 배경과 고정화 과정", 송건호외 저, [해방전후사의 인식 1], 한길사, 1992. p83.

[30] 브루스 커밍스 지음, 김자동 옮김, [한국전쟁의 기원], 일월서각, 1992. p145. "1945년에서 1950년에 이르는 전기간 동안 이 반도는 완전한 자족과 완전한 통합이란 양극 사이의 중간적 위치에 놓여 있었다."

[31] 오마이뉴스 2003년 6월 10일자, [노 대통령의 방일중 '공산당 허용' 발언 논란] https://ohmynews.com/

[32] 위키백과, [대한민국의 민주당계 정당] 참고. https://ko.wikipedia.org

[33] 박경미. (2010). 제1공화국의 정당 교체: 자유당과 민주당 형성. 한국정당학회보, 9(1), p31.

[34] 임금의 시호이며, 임금의 사후에 지어졌다. 묘호로는 宗宗과 祖祖의 두 가지를 사용했다.

[35] 국내에는 한국개발연구원 외에도 세종연구소, 동아시아연구원, 대외경제정책연구원, 삼성경제연구소, LG경영연구원, 아산정책연구원 등이 있다. 세계로 범위를 넓히면, 미국의 브루킹스연구소, 카네기국제평화재단, 전략국제문제연구소(CSIS), 영국의 채텀하우스, 국제전략문제연구소(IISS), 벨기에의 브뤼겔, 스웨덴의 스톡홀름국제평화연구소(SIPRI) 등이 있다.

[36] 국사편찬위원회, [조선왕조실록], https://sillok.history.go.kr 세종실록 3권, 세종 1년 2월 16일 신묘 3번째기사, http://sillok.history.go.kr/id/kda_10102016_003 세종실록 6권, 세종 1년 12월 12일 임오 1번째기사, http://sillok.history.go.kr/id/kda_10112012_001 세종실록 7권, 세종 2년 3월 16일 갑신 1번째기사, http://sillok.history.go.kr/id/kda_10203016_001

[37] 이덕일, 앞의 책, p305~306.

[38] 한영우. (2021). [특별기고] 세종과 집현전. 한국문화, 93, p5.

[39] 집현전, 한국민족문화대백과사전, https://encykorea.aks.ac.kr, 참고.

[1] Elisabeth Kübler-Ross, 1926년 7월 8일~2004년 8월 24일. 스위스 출신의 미국의 정신과 의사이자 임종 연구near-death studies 분야의 개척자이다. 죽음과 임종에 관하여On Death and Dying, 1969를 출간하였고, 분노의 5단계five stages of grief 이론을 처음으로 주장한 인물이다. 그녀는 2007년 미국 국립 여성 명예의 전당American National Women's Hall of Fame에 이름을 올리게 되었다.

[2] 슬라보예 지젝 지음, 강우성 옮김, [팬더믹 패닉], 북하우스, 2020. p67~68.

[3] 국사편찬위원회, [조선왕조실록], https://sillok.history.go.kr
고종실록 46권, 고종 42년 11월 17일 양력 1번째기사 http://sillok.history.go.kr/id/kza_14211017_001

[4] 이덕일 지음, [조선왕을 말하다 2권], 역사의 아침, 2010. p464.

[5] 황현 지음, 허경진 엮어옮김, [매천야록], 서해문집, 2017. p244~245.

[6] 최형익. (2004). 한국에서 근대 민주주의의 기원: 구한말 독립신문, '독립협회', '만민공 동회' 활동. 한국학, 27(3), p198~199.

[7] 황현, 앞의 책, p266.

[8] 국사편찬위원회, [조선왕조실록], https://sillok.history.go.kr
고종실록 38권, 고종 35년 11월 6일 양력 2번째기사 http://sillok.history.go.kr/id/kza_13511006_002

[9] 황현, 앞의 책, p416~417.

[10] 국사편찬위원회, [조선왕조실록], https://sillok.history.go.kr
선조실록 26권, 선조 25년 4월 13일 임인 1번째기사 http://sillok.history.go.kr/id/kna_12504013_001

[11] 유성룡, 앞의 책, p178~179.

[12] 신숙주 지음, 이을호 옮김, [간양록·해동제국기], 올재클래식, 2022. p208~209.

[13] 국사편찬위원회, [조선왕조실록], https://sillok.history.go.kr
순종실록 4권, 순종 3년 8월 29일 양력 2번째기사 http://sillok.history.go.kr/id/kzb_10308029_002

[14] 쿼드체제 : '쿼드Quad'는 숫자 '4'를 뜻하는 단어이다. 쿼드체제도 이 단어의 뜻과 같이 미국, 인도, 일본, 호주 등 인도 ·태평양 4개국으로 이뤄진 정부 간 안보 협의체를 말한다. 쿼드의 공식 명칭은 '쿼드안보대화 QSD: Quadrilateral Security Dialogue'로, 이들 4개국 간의 비공식적인 대화기구다.

[15] 김준형 지음, [대전환의 시대, 새로운 대한민국이 온다], CRETA, 2022. p246~247.

[16] 리영희, 「우상과 이성」, 한길사, 1992, p276~80 참고.

[17] 정세현 지음, [정세현의 통찰], 푸른숲, 2023, p106~107.

[18] '공화국 연합제'란 명칭은 3단계 통일방안의 첫 번째 과제인 공화국 연합 단계를 가리키는 것으로써 김대중 대통령이 임기중에 추진했던 통일정책을 상징하는 것이다.

[19] 아·태평화재단 편, [아·태 통일연감], 아시아·태평양 평화재단, 1995, p57~58.

[20] 아태평화재단, [김대중의 3단계 통일론:남북연합을 중심으로], 아·태평화출판사, 1995, p34~44참고.

[21] 대통령비서실, [김대중대통령연설문집 제1권], 문화관광부, 1999 p65~66

[22] 6.15 공동선언 남측실천위원회 홈페이지, https://www.i615.net/sub/declaration_3.php

[23] 네오콘 : 신보수주의(新保守主義, 영어: neo-conservatism), 줄여서 네오콘(neocon)은 미국의 정치에 있어서 주류 민주당의 평화주의적 외교정책과 1960년대 베트남전에 대한 반전 운동 등에 환멸을 느낀 민주당계 매파(liberal hawks)로부터 생겨난 정치 운동이다. 신보수주의를 특징짓는 정책은 국제 정치에 있어서의 간섭주의이다. 이들은 민주주의의 확산을 적극적으로 옹호하고, 공산주의와 정치극단주의에 대해 전투적 태도를 보이며 "힘을 통한 평화"라는 모토를 신봉한다.

위키백과, https://ko.wikipedia.org/wiki/신보수주의

[24] 문정인 지음, [문정인의 미래 시나리오-코로나19, 미·중 신냉전, 한국의 선택], 청림출판, 2021. p192~193.

[25] 〈출처〉 김용균, [IRA 발효가 한국의 관련 산업에 미치는 영향 검토], 국회예산정책처 나보포커스 제52호, 2022. p2.

① IRA는 기후변화 대응 및 청정산업 인프라 확충을 위하여 첨단, 청정분야 산업군에 대한 광범위한 생산 및 투자 촉진 방안을 포함. 청정에너지 생산 및 청정시설 투자에 대한 세액공제 일반 친환경차 세액공제 외에도 상업용 친환경차 세액공제, 첨단제조 생산 세액공제 등의 내용을 포함

② 미국 내 생산시설을 갖추고 있는 청정에너지 발전 관련 국내 기업은 IRA로 인한 수혜를 기대할 수 있음, 미국 내 생산설비를 갖춘 국내 태양광 업체에 대한 세제 혜택을 통한 가격경쟁력 제고를 기대할 수 있음

에너지저장장치(ESS)와 같은 에너지원 생산 기업 또한 세제 혜택을 기대할 수 있음

③ 미국 내 생산시설을 갖추고 있는 국내 배터리 기업(LG에너지솔루션, 삼성 SDI, SK온)에게 호재로 작용할 수 있음, 배터리 생산 시 필요한 핵심 소재 및 부품의 중국 의존도를 낮출 경우, 보조금 지급의 효과로 현지 시장이 확대될 것을 기대, 현재 세계 1위 배터리 기업인 CATL과 미국 자동차업체 포드사가 합작공장 짓기로 합의·발표

[26] 백호白湖 윤휴尹鑴 1617년(광해군 9)~사망 연도 1680년(숙종 6)(본관은 남원南原. 초명은 윤갱尹鍞. 자는 희중希仲, 호는 백호白湖·하헌夏軒)-어린 시절의 학업은 외할아버지의 훈도가 있었을 뿐 거의 독학하다시피 하였다. 그러나 윤휴의 학문은 1635년(인조 13) 19세 때에 이미 10년 연장자로 당대의 석학이던 송시열宋時烈과 속리산 복천사에서 만나, 3일간의 토론 끝에 송시열이 "30년 간의 나의 독서가 참으로 가소롭다."고 자탄할 정도로 높은 경 지에 이르고 있었다. 권시權諰와 처남인 권준權儁 그리고 이유李유·장충함張沖涵·이해李澥 등 남인계 인사들과 교분이 특별했으며, 서인측 인사들과도 1659년(효종 10) 43세 무렵의 기해예송 이전까지는 친교가 잦았다. 유천 시절부터 송시열·송준길宋浚吉·이유태李惟泰·유계兪 啓·윤문거尹文擧·윤선거尹宣擧 등 서인 계열의 명유들과 교분을 나누었으며, 민정중閔鼎重·유중維重 형

제는 특히 여주를 자주 찾았다고 한다. 1636년에 벼슬에 나갈 뜻으로 만언소萬 言疏를 지었으나, 바로 그 해에 병자호란이 일어나 성하지맹城下之盟이 맺어지자 신하로서의 부끄러움을 자책해 치욕을 씻을 때까 지 벼슬에 나가지 않겠다고 결심하였다. 다시 벼 슬에 나갈 뜻을 가진 것은 38년 뒤인 1674년(현종 15) 7월 으로, 중국에서 오삼계吳三桂의 반청反淸 반란이 일어난 소식을 듣고, 이때가 전날의 치욕을 씻을 수 있 는 기회라고 해 대의소大義疏를 지어 왕에게 올렸다.

그러나 마침 현종이 죽자 숙종이 즉위한 뒤인 이듬해 정월에 유일遺逸로서 정4품 벼슬인 성균관사업成均 館司業의 직을 받았다. 이후 5개월 만에 대사헌에 오르고, 이어서 판서직을 몇 차례 거쳐 1679년(숙종 5) 9월 우찬성에 올랐다. 그러나 이듬해 경신환국의 정변으로 사사賜死되었다.

본래 당색에 구애됨이 적었으나, 예송으로 서인 측과 틈이 생겨 출사 뒤에는 남인으로 활약하였다. 기해예 송 때 포의布衣로서 송시열의 주장의 오류를 가장 먼저 지적했으며, 1674년 갑인예송 때에도 같은 기준에 서 서인측 견해의 잘못을 지적하였다. 남인으로서 허적許積을 중심으로 한 탁남濁南과는 입장을 달리해 허목許穆과 함께 청남淸南을 이루었 다. 재직 중의 업적으로 도체찰사부都體察使府를 설치하고, 무과인 만과萬科를 실행하는 한편, 병거兵車: 戰車와 화차火車의 개발을 고안해 보급하고자 한 것 등은 모두 평 생의 신념 이던 북벌을 실현시키려는 뜻에서였다. 그 중에 군권軍權의 통합을 기한 도체찰사부의 설치는 서인 및 종척인 김석주金錫胄 등의 반발을 사서 경신환국을 일으킨 직접적인 원인이 되기도 하였다. 주자 朱子가 성학聖學 발전에 최대의 공로를 세웠다고 높이 평가하는 한편, 후학들이 성학 발전에 기여하는 길 은 주자가 일생 동안 학인學人의 자세로 일관해 새로운 업적을 이루었듯이 선유의 업적을 토대로 새로운 해석과 이해의 경지를 개척해야 한 다는 견지에서 새로운 분장·분구 및 해석을 시도하였다. 윤휴의 이러한 학문 자세는 처음에는 당색을 초월해 칭양받았으나, 나중에 정치적으로 악용되어 사문난적斯文亂賊으로 규탄받았다. (윤휴, 한국민족문화대백과사전, https://encykorea.aks.ac.kr)

[27] 국사편찬위원회, [조선왕조실록], https://sillok.history.go.kr
    현종실록 22권, 현종 15년 7월 1일 계해 1번째기사 http://sillok.history.go.kr/id/kra_11507001_001

[28] 하름 데 블레이 지음, 유나영 옮김, [왜 지금 지리학인가], 사회평론, 2020, p25~30 참고.

[29] 문정인, 앞의 책, p112~113, 참고.

[30] 일대일로一帶一路는 시진핑 지도부가 추진하는 신 대외전략으로서 기존동부연해지역 위주의 대외개방 전략에서 벗어나 유라시아대륙국가들과 육상·해상 네트워크 구축을 통해 지역통합을 목표로 하는 장기적 이고 거시적인 국가프로젝트이다. 일대일로는 2013년 중국 지도부의 해외순방길에 최초로 제기되었고, 중국정부는 주변국의 참여를 이끌어내기 위 해 적극적인 외교적 노력을 가하고 있다. 우선 시진핑 주석은 2013년 9월, 10월 카자흐스탄과 인도네시아를 차례로 방문하여 '실크로드 경제벨트'와 '21세기 해상 실크 로드'의 공동 건설을 강조하면서 일대일로 전략을 대외적으로 홍보하기 시작했다.
    중국의 신(新)실크로드 구상인 일대일로(一帶一路) 전략은 중국 내륙지역을 중심으로 한 육상 실크로드 와 연해지역을 중심으로 한 해상 실크로드로 나뉜다. 육상 실크로드 해당 지역의 대부분은 기존 동부연해

지역 위주의 대외개방 정책에서 소외되었던 중국 중서부 및 동북부 등 내륙지역으로, 향후 대외교류확대를 위해 주변 인접국가와의 인프라 연결 및 무역원활화 추진에 더욱 역점을 두고 있다. 해상 실크로드 선상의 주요 지방정부는 아시아·유럽·아프리카를 잇는 해상 인프라 구축과 해양 협력 강화를 일대일로 전략의 핵심으로 제시하고 있다.

이승신 외 6인 지음, 연구보고서 17-3 [중국의 일대일로 전략 평가와 한국의 대응방안], 대외경제정책연구원, 2017, p6, 34.

[1] 이긍익, [연려실기술 제14권 / 선조조 고사본말 / 기축년 정여립의 옥사獄事]

한국고전번역원 | 김규성 (역) | 1967 http://db.itkc.or.kr/inLink?DCI=ITKC_BT_1300A_0150_010_0010_2000_003_XML

[2] 신정일 지음, [조선의 천재들이 벌인 참혹한 전쟁], 상상출판, 2019, 187~192 참고.

[3] 이덕일 지음, [당쟁으로 보는 조선역사], 석필, 2004, ρ94~100 참고.

[4] 월간중앙 2021년 7월, ['대동세상' 내건 이재명 경기도지사의 국가개조론]

https://www.joongang.co.kr/article/24110101

[5] 성리학이 통치이념으로 채택된 조선시대에 '사문난적斯文亂賊' 이라는 말이 종종 등장하곤 했다. 주자의 해석을 벗어난 학설을 주장하거나, 주자 이외의 성현의 말을 주자와 같은 격으로 다루고 이해할 때 등장했던 말이다. 풀어쓰자면 '유학(주자학)의 가르침을 어지럽게 하는 적'이라고 할 수 있겠다. 특히 주자학이 종교적 수준으로 교조화된 조선중기 이후, 이 말은 곧 죽음을 의미하기도 했다. 조선 중기 이후 주자학에 반反하는 사상가나 정치인을 제거하는 수단으로 많이 활용됐다. 진정한 북벌론자이며, 혁신적 개혁을 주장하며 '공자의 도를 어찌 주자만 알고 나는 모른다고 할 수 있나?'라고 말했던 백호 윤휴와 양명학을 수용했던 소론 출신 강화학파 유학자들, 조선 후기에 서학을 받아들이거나 천주교도가 된 유학자나 관리를 죽일 때 주로 활용했던 말이다.

[6] 이덕일, 앞의 책, p117 참고.

[7] 이긍익, [연려실기술 제31권 / 현종조 고사본말 / 기해년 자의대비의 복제服制]

한국고전번역원 | 김용국 이민수 (공역) | 1967 http://db.itkc.or.kr/inLink?DCI=ITKC_BT_1300A_0320_010_0030_2002_007_XML

[8] 이덕일 지음, [이덕일의 한국통사], 다산초당, 2021. p437~441 참고.

[9] 이덕일, 같은 책, p440. "……차장자(효종)로서 아버지를 계승하고 천명을 받아서 할아버지의 체로서 임금의 후사가 된 후에도 적통이 되지 못하고 오히려 적통이 타인에게 있다고 한다면, 이는 곧 가세자假世子란 말입니까? 섭황제攝皇帝란 말입니까?……" (현종실록 1년 4월 18일 자)

[10] 국사편찬위원회, [조선왕조실록], https://sillok.history.go.kr

현종실록 22권, 현종 15년 7월 15일 정축 1번째기사 http://sillok.history.go.kr/id/kra_11507015_001